女性发展与共同富裕

——浙江妇女研究（第六辑）

徐春法　高立水　主编

浙江工商大学出版社
ZHEJIANG GONGSHANG UNIVERSITY PRESS
·杭州·

图书在版编目(CIP)数据

浙江妇女研究. 第六辑,女性发展与共同富裕 / 徐
春法,高立水主编. —杭州:浙江工商大学出版社,
2023.9

ISBN 978-7-5178-5567-5

Ⅰ.①浙… Ⅱ.①徐… ②高… Ⅲ.①妇女工作—研
究—浙江 Ⅳ.①D442.855

中国国家版本馆 CIP 数据核字(2023)第130257号

女性发展与共同富裕——浙江妇女研究(第六辑)
NYUXING FAZHAN YU GONGTONG FUYU——ZHEJIANG FUNYU YANJIU (DI-LIU JI)
徐春法　高立水 主编

责任编辑	张莉娅
责任校对	韩新严
封面设计	符　琼
责任印制	包建辉
出版发行	浙江工商大学出版社
	(杭州市教工路198号　邮政编码310012)
	(E-mail: zjgsupress@163.com)
	(网址:http://www.zjgsupress.com)
	电话:0571-88904980,88831806(传真)
排　　版	杭州朝曦图文设计有限公司
印　　刷	杭州宏雅印刷有限公司
开　　本	710 mm×1000 mm　1/16
印　　张	22.75
字　　数	330千
版 印 次	2023年9月第1版　2023年9月第1次印刷
书　　号	ISBN 978-7-5178-5567-5
定　　价	60.00元

序 言

在杭州第19届亚运会隆重开幕之际，《女性发展与共同富裕——浙江妇女研究（第六辑）》与大家见面了。凝聚巾帼之力，汇集巾帼之智。本书选取了浙江省妇女研究会会刊《浙江妇女研究》2022年的优秀成果，对女性发展与共同富裕的内在逻辑予以集中探讨和分类呈现。这既是学习贯彻党的二十大精神和浙江续写"八八战略"大文章的内在要求，也是贯彻落实浙江省第十五次妇女代表大会精神和展示浙江女性谱写中国式现代化浙江篇章的重要举措。

共同富裕是社会主义的本质要求，是中国式现代化的重要特征。自2021年《中共中央 国务院关于支持浙江高质量发展建设共同富裕示范区的意见》实施以来，浙江省妇联团结引领广大妇女群众，通过赋能女性投身创新创业促进增收致富、参与家庭建设促进社会和谐、提升公共服务护航女性发展和推进妇女工作方式方法创新等方式，带领广大妇女在高质量发展中奋力推进中国特色社会主义共同富裕先行和省域现代化先行。推动高质量发展，实现女性发展与共同富裕的互促共进，既需要广大女性在创业就业方面的充分参与和出彩表现，也需要在维护女性权益、筑牢法律保障，建设文明家庭、构建和谐社会，创新妇女工作、提高实践效能等方面提供助力和支撑。有鉴于此，本书从女性发展与共同富裕、女性权益与法律保障、家庭建设与社会发展、妇联工作创新与实践等方面展开了深入探析。

第一，女性发展与共同富裕。女性既是共同富裕的参与者、践行者，又是共同富裕的获益者、共享者。女性发展与共同富裕是不可分割、互相促进、相辅相成的。本书既展示了浙江省妇联关于妇女工作的实践先行和机制创新，也涵盖了全省各级各地妇联在基层党建、儿童友好、美丽经济等方面的积极探索，为妇联组织的工作提供了一定的借鉴。本书在共同富裕战略背景下，就数字乡村建设助力农村妇女发展、社会工作助力农村妇女创业的路径、女大学生就业现状与对策、女性劳动力就业发展状况、女性构建性别自信的理路与途径、智慧养老产业发展现状及对策、妇联赋能女性社会组织参与社会治理的路径、"她力量"作用发挥的路径、乡村女性教育变迁及社会影响等问题进行了探索分析。

第二，女性权益与法律保障。维护女性权益，筑牢法律保障，是女性发展与共同富裕的必然要求和重要内容。近年来比较热门的一些女性权益与法律保障话题，如家务劳动补偿制度的现状及纾困、抚养费之外约定大额给付的性质认定、夫妻离婚后未成年子女权益保障、离婚诉讼中设立法定居住权制度、宣告死亡及撤销制度对婚姻效力的影响、预防和制止家庭暴力相关条例执行情况及推进建议、三孩政策背景下的生育假期制度等，在本书中得到了重点关注。

第三，家庭建设与社会发展。女性发展与共同富裕，需要通过家庭建设与社会发展得以体现。围绕这一话题，本书选取了一系列文章，具体内容涉及在共同富裕背景下浙江城乡家庭服务均衡发展、浙江省家政服务业数字化的发展现状、家庭治理数字化的积极经验与升级路径、家庭教育数字化改革的探索与实践、家庭教育指导中的以问题为导向（Problem-Based Learning，PBL）模式探索、浙江省学龄前儿童的阅读状况、家校合作制度化困境及破解路径等不同侧面。

第四,妇联工作创新与实践。妇联是中国共产党领导下的各族各界妇女的群众组织,是党和政府联系妇女群众的桥梁和纽带。浙江省各级妇联在妇女工作创新与实践方面的积极探索,为女性发展和共同富裕注入了蓬勃活力。本书选取了浙江省妇联"四必访"制度的实践与思考、浙江省妇联组织参与市域社会治理现代化创新研究、以数字化改革推动妇女儿童共同富裕的实践路径、妇联组织助力共同富裕示范区建设的路径探索、基层妇联创建党建工作品牌的实践与探索等方面的一系列文章,以展示妇联工作成果,彰显浙江妇女风貌。这些文章大多具有鲜明的创新特点和重要的启发意义。

实现包括广大女性在内的全国人民的共同富裕,是践行男女平等基本国策,坚持包容发展、共建发展、平等发展的政策要求和发展取向。《女性发展与共同富裕——浙江妇女研究(第六辑)》集聚了全国妇女/性别/家庭研究者的重要成果,这些专家学者多年来一直深耕妇女研究领域,他们治学严谨、成果丰硕,勇于站在新时代的潮头。《浙江妇女研究》将一如既往地以加强理论研究、深化实践探索、助推妇女工作为己任,做深理论成果的转化,做实实践成果的提炼,做精咨政成果的运用。基于各地各级妇联工作的多元创新、多彩呈现,我们渴望与广大专家学者一道,共同推动妇女/性别/家庭研究不断创新发展,为实现广大人民群众对美好生活的向往贡献智慧和力量。

目 录

女性发展与共同富裕

女性权益与法律保障

家庭建设与社会发展

妇联工作创新与实践

女性发展与共同富裕

共同富裕战略背景下的妇女发展探析

——以温州市为例

吴晓娟　刘圆圆*

摘　要:共同富裕是社会主义的本质要求,是人民群众的共同期盼。广大妇女是推动党和人民事业发展的重要力量,妇女的发展是共同富裕战略的题中应有之义。本文围绕共同富裕战略背景下温州妇女发展这一中心,从共同富裕与妇女发展的内在联系、当前温州妇女发展的亮点与不足、温州妇女进一步发展的路径思考等方面进行探讨,探索在共同富裕战略背景下如何深入推进妇女发展。

关键词:共同富裕;温州妇女发展;现实路径

共同富裕是社会主义的本质要求,是人民群众的共同期盼,是党的宗旨的重要体现和社会主义建设的方向。随着我国全面开启新征程,中共中央和国务院把推动共同富裕作为现代化建设的重要目标,并作出一系列重大战略部署。2021年5月,中共中央和国务院发布《关于支持浙江高质量发展建设共同富裕示范区的意见》;2021年7月,浙江省发布《浙江高质量发展建设共同富裕示范区实施方案(2021—2025年)》,率先探索建设共同富裕示范区。广大妇女是推动党和人民事业发展的重要力量,妇女的发展是共同富裕战略的题中应有之义。本文立足第七次全国人口普查相关数据,基于数

---

* 吴晓娟,温州市妇联党组书记、主席,研究方向为妇女与儿童工作。刘圆圆,温州市家庭暴力投诉中心副主任,研究方向为妇女与儿童工作。

据分析,厘清共同富裕和妇女发展之间的逻辑关系,分析温州妇女发展的现状、优势及面临的挑战,探索共同富裕战略下推进妇女发展的现实路径。

一、共同富裕与妇女发展的内在联系

作为一种社会形态,共同富裕具有发展性、共享性和可持续性三大特征。妇女是推动经济社会发展和人类文明进步的伟大力量,既是共同富裕的参与者、践行者,又是共同富裕的获益者、共享者,妇女发展与共同富裕存在密切关系。

(一)妇女发展是建设共同富裕美好社会的内在要求

共同富裕美好社会是文明全面提升的社会形态,形成的是人民物质和精神生活丰富、人与自然和谐共生、社会团结和睦的文明图景。女性是社会的重要组成群体,男女均衡发展是实现社会团结和睦、提升社会文明程度的重要体现。从文明图景看,要实现共同富裕,推进男女平等、促进妇女发展是必然要求。

(二)妇女是实现共同富裕的主体力量

共同富裕美好社会是高质量发展、现代化建设与共同富裕相互促进、螺旋上升的社会形态,形成的是效率与公平、发展与共享有机统一的富裕图景,需要男女通力合作与共同创造。2020年,温州市女性人口达402.3万,占温州市总人口的48.3%,女性就业人员占温州市总体就业人员的40%以上。作为推动社会进步与发展的重要人力资源,妇女在高质量发展、竞争力提升、实现共同富裕的过程中具有不可替代的重要作用。

(三)妇女发展是实现共同富裕的必然路径

共同富裕美好社会是社会结构更优化、体制机制更完善的社会形态,是一场以缩小地区差距、城乡差距、收入差距为标志的社会变革,形成的是全域美丽、全面提升、全民富裕的均衡图景。女性是社会发展的参与者,也应是社会成果的共享者。女性是推动社会发展的重要力量,女性发展是共同富裕战略的重要内容,也是实现共同富裕的必然路径。

二、当前温州妇女发展的亮点和不足

温州作为改革开放的前沿阵地,有特色鲜明的经济发展和敢闯敢拼的创业精神,"温州模式"是其最亮丽的金名片。妇女是推动温州发展的重要力量,在温州蓬勃发展的过程中妇女发展同样面临机遇和挑战,呈现出鲜明的特色。为了更全面更清晰地了解温州妇女发展现状,有必要对比分析第七次全国人口普查、浙江省妇女发展指数评估、温州市妇女发展规划监测评估等相关数据,对其中能直观体现妇女发展与共同富裕内在联系的"经济参与"指标、体现女性后续竞争力的"教育"指标和体现女性外在发展环境的"性别比"指标进行深入分析。

(一)温州妇女发展整体态势良好,与温州经济发展同向

在温州经济发展的过程中,妇女参与的经济领域越来越广泛,女性已成为创业主力军,大批女企业家投身新一代信息技术、数字创意、节能环保等产业领域,成为推动经济转型升级的重要力量,得到了社会的广泛认可。综观2015—2019年人均GDP情况(图1),全国、浙江省人均GDP呈稳步上升态势,温州市除2016年较2015年下降0.16万元外,其他年度均较上一年度有所上升。

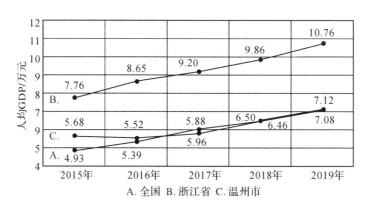

图1　2015—2019年全国、浙江省、温州市人均GDP曲线图

从具体数值（表1）看，浙江省人均GDP6个年度均高出全国人均GDP且数值差距较大。反观温州市人均GDP，历年来均低于全省平均水平且数值差距较大，与全国平均水平相近，2017年、2020年更是低于全国平均水平，在全省排名虽整体上升，但一直居于第9～11位（表1）。

表1　2015—2020年全国、浙江省、温州市人均GDP统计表

单位：万元

类目	2015年	2016年	2017年	2018年	2019年	2020年
全国人均GDP	4.93	5.39	5.96	6.46	7.08	7.24
浙江省人均GDP	7.76	8.65	9.20	9.86	10.76	11.04
温州市人均GDP	5.68	5.52	5.88	6.50	7.12	7.17
温州市人均GDP在全省排名	11	11	11	10	9	9

再看2015—2019年温州市妇女发展相关指数省内排名一览表（表2），温州妇女"经济社会参与"指数整体呈上升趋势，2019年排序上升至全省第五。相较其他领域的年度排名（表3），"教育与培训"和"法律与环境"排名相对优异，说明温州市妇女劳动力再投资、女性发展潜力、法律维权环境等已逐年提升。

表2　2015—2019年温州市妇女发展相关指数省内排名一览表

领域	2015年	2016年	2017年	2018年	2019年
健康与保障	11	10	11	5	8
教育与培训	7	1	1	2	3
经济社会参与	11	10	9	8	5
法律与环境	7	6	7	3	3
公众评价	10	10	9	8	9

表3　2015—2019年浙江省及地级市妇女发展相关领域指数一览表

地区	2015年	2016年	2017年	2018年	2019年
全省	98.94	104.58	101.93	97.55	103.38
杭州	104.89	109.85	115.87	116.45	123.42
宁波	115.10	116.64	113.78	119.60	117.27
温州	83.07	95.06	95.93	95.30	102.63
嘉兴	109.02	110.75	111.02	98.90	99.75
湖州	105.59	109.58	108.90	102.97	108.26
绍兴	97.79	104.34	99.40	99.97	99.49
金华	92.17	99.87	93.68	88.28	99.14
衢州	106.38	107.79	103.45	88.72	93.82
舟山	104.62	111.72	110.59	102.13	102.90
台州	83.91	94.47	88.84	93.61	99.76
丽水	103.02	104.96	103.58	96.27	98.06

综合分析,温州妇女各个领域发展整体呈上升趋势,"经济与社会参与"发展虽低于全省平均水平,但其排序上升幅度大于人均GDP上升幅度。其中,"教育与培训""法律与环境"处于全省领先水平,"健康与保障""公众评价"相对落后。整体上看,温州妇女发展与温州发展同向,温州妇女发展优先于温州经济整体发展。

（二）女性平均受教育年限低于男性,共同富裕示范区建设背景下的妇女发展仍面临压力和挑战

2020年温州市各阶段受教育人数统计（表4）显示,受教育程度为小学、中学（初中＋高中）、大学（专科＋本科）、硕士研究生、博士研究生的女性受教育人数在受教育总人数中的占比分别为49.45%、42.33%、47.86%、48.83%、35.61%。

表4 2020年温州市受教育程度性别统计表

受教育程度	常住人口/人	男性人数/人	女性人数/人	女性占比/%
小学	2805725	1418161	1387564	49.45
中学	4425945	2552405	1873540	42.33
大学	1174201	612251	561950	47.86
硕士研究生	31805	16276	15529	48.83
博士研究生	3690	2376	1314	35.61

　　温州女性受教育人数小学阶段占比达49.45%,说明女性无差别接受教育得到有效体现,但在中学阶段占比明显下降,部分女性未完成九年制义务教育。这一定程度上是由于部分女性及其家人仍然认为女性不必追求高学历,满足于能识字就行。女性在高中到硕士研究生阶段的升学率有所提高,这也是近年来女性在升学考试方面能力普遍提高的体现。具有博士研究生学历的女性占比下降明显,可能是因为育龄女性在面临事业、学业和家庭的冲突时更多地会选择家庭,这很大程度上影响了女性在更高层次领域获得成就。

　　从温州市各地区15岁及以上文盲人数情况表(表5)可以看到,在女性人口各年龄段人数均少于男性的情况下,温州各地区女性文盲人数占比远高于男性,平均占比达71.40%,洞头区的占比甚至高达81.31%。从平均受教育年限数据看,全市女性平均受教育年限为8.75,男性为9.51,女性平均受教育年限较男性少0.76年,且各县(市、区)女性受教育年限均少于男性。当然也存在地区不平衡现象,经济越不发达地区的平均受教育年限越低。对比2020年统计数据,全国15岁及以上人口平均受教育年限为9.62年,浙江省15岁及以上人口平均受教育年限为9.79年,温州平均受教育年限低于浙江省和全国平均水平,温州女性平均受教育年限与全国和浙江省的差距更大。

**表5　2020年温州市各地区15岁及以上常住人口文盲人数
和平均受教育年限统计表**

地区	文盲总数/人	男性文盲人数/人	女性文盲人数/人	女性文盲占比/%	平均受教育年限/年	男性平均受教育年限/年	女性平均受教育年限/年
温州市	445555	127386	318169	71.40	9.15	9.51	8.75
鹿城区	22422	5461	16961	75.64	10.51	10.63	10.37
龙湾区	17521	5106	12415	70.86	9.59	9.84	9.28
瓯海区	35816	9762	26054	72.74	9.82	9.99	9.61
洞头区	7611	1422	6189	81.31	9.06	9.76	8.35
永嘉县	46335	12456	33879	73.12	8.83	9.25	8.34
平阳县	56458	16500	39958	70.77	8.53	8.98	8.04
苍南县	63686	20080	43606	68.47	8.30	8.84	7.73
文成县	13771	4960	8811	63.98	8.36	8.57	8.13
泰顺县	16376	5754	10622	64.86	8.11	8.44	7.76
经开区	10127	3239	6888	68.02	9.23	9.59	8.73
瓯江口	1655	457	1198	72.39	9.97	10.50	9.17
瑞安市	105165	30546	74619	70.95	8.66	9.09	8.18
乐清市	30748	7204	23544	76.57	9.36	9.73	8.95
龙港市	17864	4439	13425	75.15	8.90	9.48	8.25

教育是发展的基础,是阻断贫困代际传递的关键,受教育程度事关女性在职场上的竞争优势,影响女性整体素质和价值实现。男女受教育不平等问题尤其是女性文盲问题,使女性在资源获得和运用上缺少必要支撑,直接影响其后续发展,成为发展的瓶颈。

(三)性别结构得到明显改善,但男女性别比仍偏高,女性发展的外部环境仍不容乐观

《第七次全国人口普查公报》显示,全国男性人口为72334万,占

1. 注重调查研究

聚焦妇女创业就业、妇儿权益保障、女性人才体系培养、妇女及家庭教育培训、困境妇女儿童及家庭关爱机制等现实问题,提出合理化建议。积极发挥妇女研究会的作用,开展课题调研,深入调查,摸清实情。认真查找存在的困难和问题,分析发展趋势和需求,提出工作方向和措施。利用妇儿工委办设在妇联的优势,积极向政府建言献策,推动相关政策出台。

2. 发挥职能优势

加强理论宣传引导,大力开展男女平等基本国策"六进"(进机关、进乡村、进社区、进学校、进企业、进单位),进一步强化男女平等思想意识,引导更多人自主践行男女平等基本国策,提高基本国策的社会知晓率和认同感。倡导先进性别理念,在全社会营造尊重妇女、促进男女和谐发展、共同创建和美家庭的良好社会氛围。

3. 加大引领扶持

强化"两个健康"引领,持续优化营商环境,激发女性创业的活力、创新力和竞争力。推动简化创业担保贷款手续和程序,为创业女性提供方便快捷的服务。大力培树现代服务业女能手、女标兵、女工匠,引领妇女积极参与家政服务、健康养老、金融服务等现代服务业。加强对弱势妇女的帮扶力度,健全困境妇女关爱服务体系,大力提升女性素质,实施"母亲素养工程",更好地推进女性均衡发展。

(三)社会层面:广泛动员社会力量为妇女发展注入活力

共同富裕美好社会需要政府、社会、企业及个人共创共建。实现女性对共同富裕美好生活的有效参与,社会层面的推动至关重要。要积极培育社会组织,不断提升社会组织能力,引导社会力量参与妇女发展事业,形成广泛参与推动妇女发展、妇女事业助推共同富裕的良性互动局面。

1. 大力发展女性社会组织

努力营造关爱女性的氛围,采取孵化、支持、培训等方式,为服务妇女儿童以及具有发展潜力的各级各类社会组织发育提供组织运作、活动场地、活动经费、人才队伍等方面的支持、服务和指导,便于服务组织开展活动,助推女性社会组织高质量发展。

2. 广泛链接社会资源

联系和培育女性社会组织,加强政府和女性社会组织间的合作。面向全市专业社会机构和妇女儿童服务机构,通过链接和撬动社会资源,促进社会组织更加准确地对接妇女需求,提供更加全面的服务。不同的服务机构之间要实现功能互补,通过优质服务获取社会认同,从而激发妇女群众的参与意识。

3. 加强项目化专业运作

积极搭建"社会组织＋项目化"平台,提供创业创新、婚姻指导、女性健康、心理咨询、法律援助、特殊家庭帮扶等服务。遴选一批共同富裕实施项目,通过购买服务等形式,支持女性社会组织参与经济社会建设,培育一批"可复制、接地气、有特色、受欢迎"的社会组织服务团队。推广一批关心服务妇女并对妇女提供切实帮扶的社会化服务项目,有效弥补政府服务的不足。

数字乡村建设背景下的农村妇女发展

——以浙江省农村地区为例*

叶　晖**

摘　要:数字乡村既是乡村振兴的战略方向,也是建设数字中国的重要内容。数字化时代为农村建设注入了新活力,也为农村妇女的发展带来了新契机。通过对浙江省部分农村的走访调研发现,由于乡村治理和建设队伍水平较低、妇女自身素质与数字化建设不适配以及受限于"女主内"传统观念的影响,农村妇女在数字乡村建设中面临着诸多困难。可以通过健全数字乡村治理体系,加快建设数字型政府,解放妇女思想,鼓励农村妇女实现自我价值,开展媒介素养教育,全面提升农村妇女的综合素质,推动农村妇女真正融入数字化时代。

关键词:数字乡村建设;农村妇女;发展

乡村兴则国家兴。2022年中央一号文件明确提出,全面推进乡村振兴,实施数字乡村建设工程。数字乡村既是乡村振兴的战略方向,也是建设数字中国的重要内容。新时代的广大妇女是全面建设社会主义现代化国家的重要力量,是乡村振兴的享有者和受益者,也是乡村振兴的推动者和建设者。对农村妇女来说,数字乡村建设既是进步和发展的机遇,又是不容忽视的挑战。

---

* 本文为2020年度浙江省妇女研究会课题"数字乡村建设与农村留守妇女发展"的阶段性成果。

** 叶晖,浙江师范大学马克思主义学院副教授,研究方向为马克思主义中国化。

一、数字乡村建设为农村妇女发展带来新契机

数字乡村是生产、生活、生态空间呈现数字化、信息化、智能化特征的乡村类型,也是乡村经济社会发展理念、制度、手段持续网络化、信息化和数字化的社会变迁。随着我国经济社会的不断发展,越来越多的农村家庭发生了变化。在角色定位上,农村妇女逐渐从家园的"守护者"变为"建设者",从原本的"主内"转变为现在的既"主内"又"主外"。数字乡村建设战略的提出,不仅缩短了城乡建设的差距,也为更高水平促进男女平等和妇女全面发展带来了重大机遇。

为全面了解浙江省数字乡村建设现状,课题组选择金华市沙溪村和下裴村,绍兴市东凌湖村、北岙村、山下湖村和大湖头村,湖州市许家滨村,台州市旧下渡村和渭溪村,衢州市齐溪镇上村等10个村落,对农村妇女进行问卷调查和实地访谈,共计发放问卷200份,回收有效问卷195份,回收率为97.5%。被调查者中29岁及以下的占9.74%,30~39岁的占14.87%,40~49岁的占30.77%,50~59岁的占28.21%,60岁及以上的占16.41%。被调查者年龄分布较为均匀,其中30~59岁的占73.85%,是被调查的主要群体,该年龄段的农村妇女有较丰富的生活经历,能够较为全面深刻地认识社会问题。被调查者的职业包括农民、工人、事业单位工作人员、公司职员、个体户、自由职业者等。

(一)农村数字发展环境持续优化

浙江省农村数字化发展水平走在全国前列,数字发展活力强劲,数字发展环境持续优化。2021年初印发的《浙江省数字乡村建设实施方案》为浙江省推动数字乡村建设提供了重要指导和基本原则。

随着数字乡村战略在浙江的深入实施,乡村数字基础设施支撑能力得到稳步增强。全省城乡同网同速,建有光缆线路总长度349.8万公里,移动电话4G基站36万个,5G基站超6万个,实现行政村4G和光纤全覆盖,基本实现重点乡镇5G全覆盖、农村100M以上固定宽带接入速率。调查结果显

示,浙江省农村网络基础建设普遍较为完善,95.38%的妇女认为本村的网络基础建设处在中等及以上水平,仅4.62%的妇女认为村内的网络基础建设不够完善。

浙江省大多数乡村已具备数字化发展的基本条件,为适应数字化浪潮打下了坚实的硬件基础。浙江多地还结合数字化改革,进一步开发基层治理数字化平台,打通"信息孤岛",把数字建设有效运用于村民档案、村务宣传等方面,让数据多跑路、群众少跑腿,积累了基层智治的基本经验。

(二)农村妇女思想观念持续转变

大数据时代,互联网不仅是一种客观的物质存在,也是一种思想和文化的存在,正悄无声息地改变着农村妇女的传统思维。当远程教育、电子购物、视频软件等网络应用平台融入妇女的日常生活时,她们的生活观念、消费观念、教育观念等都发生了相应的变化。

调查结果显示,日常生活中,86.67%的农村妇女都会使用社交软件及短视频平台,仅13.33%的妇女不使用,而后者中近9成妇女都是因身体状况或知识水平等条件受限。可见,农村妇女非常愿意接受数字建设衍生出来的新事物,对智能化软件的认知水平不断提高。

调查发现,34.7%的农村妇女使用微信、抖音等软件的动因是希望通过网络了解外界信息,在网络平台上学习自己感兴趣的各种技能,扩大学习面。多数受访妇女对村内"钉钉群""微信群"的开设持认可态度,对电商直播、网络销售等一系列数字化创新创业渠道跃跃欲试。在数字化浪潮中,农村妇女利用信息技术实现多途径创收的意识正在被激活。

二、农村妇女在数字乡村建设中面临的困难及成因

中国特色社会主义进入新时代,我国社会主要矛盾发生了历史性变化,就妇女群众而言,她们对美好生活的需要日益增强,而妇女发展的不平衡不充分问题仍然突出。城乡、区域和群体之间妇女发展存在差距,农村尤其是欠发达地区妇女民生保障力度亟待提高。

（一）数字化建设中农村妇女面临的困境

1. 数字平台建设流于形式，未能发挥应有作用

虽然乡村数字发展环境持续优化，在应用方面取得了一定成果，但多数应用仅能保持信息畅通，停留在初步网络化阶段，远未迈入智慧化阶段。

调查显示，浙江部分地区已开发的乡村治理数字化平台处于"有建设无使用"状态。如绍兴市大湖头村为进一步推进垃圾分类工作，已完成智能积分兑换发袋一体机、智能分类可回收箱及垃圾分类管理平台等智能化设备的安装，但实际选择使用智能积分兑换发袋一体机的妇女仅占25.6%，58%的妇女更习惯于在网上购买，仍有16.4%的妇女对此并不了解。同时，垃圾分类管理平台的运用并没有呈现出公正透明的实体成果，有些村民认为这套新系统"形同虚设"。

此外，数字平台未能在民生服务方面发挥应有作用。41.54%的妇女对健康医疗网络基础设施提出了需求期待，希望能够建立网络医疗档案、支持网上预约就近医院、完善医疗咨询体系、定期科普健康知识等的占比超过其他选项，集中表现出农村妇女对解决以医保为首的公共服务问题的迫切愿望。

在数字乡村建设过程中，或存在先进技术设备宣传不到位的弊病，或存在民生服务智慧化建设力度不够的问题，乡村真正实现服务数字化任重而道远。

2. 农村妇女缺乏数字思维意识，参与度不高

对于大部分农村妇女而言，手机只是满足日常需要和娱乐消遣的工具，她们对现代网络的运用往往流于表面。时至今日，以家庭经营为主要特征的小农经济仍在我国农村扮演着不可或缺的角色，大多数农村妇女主要从事农业生产和工厂零工工作。不论是数字经济发展正在起步的金华市下裴村，还是数字经济发展成果显著的湖州市许家浜村，其数字产业线上经营销售、产品网络营销的主导力量均为男性。男性开创和主导着数字经济的发展，女性较少关注数字经济，缺乏数字思维意识，参与率明显低于男性。

此外，受传统文化和发展水平等因素制约，乡村妇女参与村民自治的基础、意愿和能力比较弱，村委会成员中女性的平均比例仅为18.23%，村委

主任中女性的比例仅为3.1%，远低于男性，这种情况极大影响了女性参与数字化乡村建设的积极性和主动性。

（二）影响数字乡村建设和妇女发展的因素

1. 乡村治理和队伍建设水平较低

一方面，乡村治理模式亟须完善。在传统乡土社会结构的长期影响下，权力、信息、资源主要集中在基层政府和村委会，村民参与乡村治理的机会较少，但在数字乡村建设背景下，乡村治理内容逐渐线上化、透明化。数字乡村治理倡导治理主体多元化、治理动力前置化，希望利用数字技术构建起个人与集体的桥梁，使乡村的各个组成部分在乡村治理中各有定位、各司其职。同时，新模式通过数据整合与分析，预测相关事务的发生概率，有利于将乡村社会的矛盾与冲突解决在萌芽状态。传统治理模式阻碍着数字乡村发展战略的推行，不利于重塑数字乡村建设背景下的乡村社会关系和社会结构。

另一方面，队伍建设"老龄化"问题亟待解决。在访谈中，我们了解到，大部分村委缺少年轻力量，年纪较大的村委成员在处理网上出纳、档案登记等数字化办公事务时略显吃力。由于缺少熟悉推文制作的专业人员，部分村务公众号不能按期运行或信息更新较慢。年轻一代作为实现乡村振兴的重要力量，学习能力强，能快速接纳新事物，在瞬息万变的数字时代有较强的适应能力。但鉴于目前农村干部群体年龄普遍偏大，对数字化了解不多、接触不深，一定程度上影响了数字乡村建设的顺利推进。

2. 妇女自身素质与数字化建设不适配

妇女的受教育程度直接决定了她们参与社会事务的能力基础和职业发展潜力，也一定程度上决定了其社会地位。缺少教育培训、文化水平较低、经济地位不高等因素，极大地限制了妇女政治参与意识和自身素质能力的提升。随着乡村数字经济的发展，农村电商产业开始兴起，电商经济在提供更多就业机会的同时，也提高了岗位的技术门槛。而农村妇女整体年龄偏大，受教育水平普遍较低，有关电商行业的知识储备明显不足，数字化素养亟待提高。40%的被调查者受教育程度为初中，近27%的农村妇女文化水平在小学及以下。农村异军突起的网络销售模式需要一系列后期技术支持,但由于文化水平受限,很少有农村妇女具备从事电商经济的能力,从事线上销售工作的农村妇女少之又少。

与此同时,农村妇女媒介素养较低,综合素质亟待提升。农村妇女使用新媒体如微信的频率高、时间长,但媒介素养较低。她们接收信息时分辨力低,对信息的真假判定取决于信息发布者而不是信息本身,在内容偏好上倾向于接收娱乐性信息,更加青睐祈福祝福、励志文章和健康类的信息。60%的妇女赞同网络方便购物,83%的妇女利用社交软件仅仅是为了与家人联系、关注朋友的生活,71%的妇女使用短视频平台主要是为了娱乐消遣,只有10%左右的妇女认识到数字建设的经济价值,会借助网络销售自己的产品。由于媒介素养较低,面对缓慢推进的乡村数字化治理,"麻烦""无所谓""不必要"成了农村妇女的主流态度。认知水平的不足造成了形式上的"数字化不平等",农村妇女表达和参与的内容和形式与现代数字化脱节,成了信息弱势群体,也容易造成农村民主和农村妇女话语权的缺席。

3. 妇女发展受制于"女主内"的传统观念

受"男尊女卑"传统观念的影响,部分农村妇女主体意识薄弱,素质提升意识不强。第三期中国妇女社会地位调查显示,认同"男人应该以社会为主,女人应该以家庭为主"的男女比例仍分别高达61.6%和54.8%。随着我国城镇化进程的加速推进,大量农村劳动力外出务工,留在农村的绝大多数是老人、妇女和孩子。相关资料显示,妇女成为农村的中坚力量,已占农村劳动力的60%以上。传统的"女主内"观念使农村妇女在工作和家庭之间更倾向于以满足家庭需求为先,照料家庭和从事农业劳动占用了她们的大部分精力,限制了她们的数字化认知。

调查显示,在其他农村妇女职业中,全职妈妈的比例高达46.15%,邻近工厂职员占25.64%,说明不同年龄段的农村妇女都承担着维护家庭稳定的主要责任,进行职业选择时以家庭为优先考虑因素。走访衢州市齐溪镇上村,发现村内留守妇女约占全村妇女的20%,年龄大都在40~49岁,她们要抚育子女、赡养公婆,家庭负担较重,50~59岁的妇女则需照料孙辈。过重的家庭压力使农村妇女的再生产受到限制,难以投入数字化建设和数字经济相关产业去实现自我价值。

三、数字乡村建设背景下推动农村妇女发展的措施

世界百年未有之大变局加速演进,推动构建人类命运共同体,建设一个妇女免于歧视的世界,打造一个包容发展的社会,对推动全球性别平等事业发展提出了新要求。农村妇女是信息弱势群体,需要举全社会力量来助推她们融入数字化时代。

(一)健全数字乡村治理体系,加快建设数字型政府

建设数字乡村首先要加大基础设施建设,夯实数字乡村发展底座。一方面,要加快乡村信息基础设施升级换代与普及覆盖,有序推进5G网络建设应用和基于IPv6的下一代互联网规模部署,加快推广北斗卫星导航系统和遥感技术在农业农村的广泛应用。另一方面,要利用互联网、物联网、云计算、大数据、5G、人工智能、区块链等新一代信息技术,加快推动乡村水利、公路、电力、渔船等生产生活基础设施数字化改造,持续推动城乡一体化和农村规模化供水,积极推广天然气、太阳能等清洁能源。

在加强基础设施建设的同时,必须健全数字化乡村治理体系,加快建设数字型政府。第一,利用多种平台加强基层组织建设,通过组织培训,让基层工作人员学习了解国家和省政府关于农村数字化建设的相关政策和文件,改变传统观念,树立农村信息化理念,建立健全数字化乡村治理体系。第二,加快信息化专业人才队伍建设,培育一批懂数据有技术的新型职业农民,提升乡村信息化水平。通过健全人才引进激励机制,为各类人才投身数字乡村建设提供政策支持和良好的发展环境。第三,将农村各类资源纳入乡村大数据平台,实现数据共享和业务协同办理,建立"互联网+政务服务"的一站式服务体系,推进线上线下政务服务一体化。

(二)解放妇女思想,鼓励农村妇女实现自我价值

妇联组织是党和政府联系广大妇女群众的桥梁纽带,承担着服务广大妇女的职责。解放妇女思想,增强妇女主体意识,应充分发挥各地妇联组织

的作用。第一,广泛借助各类媒体,加大对女性创业典型和优秀女企业家的报道,大力宣传妇女"自尊、自信、自立、自强"的精神和敢于拼搏的观念,引导妇女从落后的思想中解放出来,接触新事物,学习新知识,掌握新技能,增强主体意识,争当新农村建设的主人。第二,利用妇女之家、巾帼示范基地等,定期开展交流活动,举办各种信息化知识讲座,加大对电商发展经验做法的推广力度,帮助一批有创业梦想的巾帼"领头雁"少走弯路,增强电子商务意识和技能。充分发挥农村创业创新园区等平台的作用,鼓励支持妇女创办领办新型农业经营主体和农业社会化服务组织。通过榜样的力量引导越来越多的妇女转变就业观,增强自主创业的信心和决心。第三,多方联动鼓励农村妇女参与数字乡村建设的各个领域。与人力资源和社会保障、商务等职能部门合作,开展妇女电商创业培训;联合当地高校,通过创业大赛等多种形式,吸纳有创业意向的女大学生加入,加快数字乡村建设进程;通过加强与社会机构、企业的合作,形成合力,为创业路上不断崛起的"她力量"提供各种支持。

繁重的家庭照料事务不仅影响妇女参与有收入的社会劳动,而且阻碍农村妇女政治赋权的实现。应大力发展农村托幼、养老等社会公共服务,切实减轻农村妇女的家务负担,解决她们的后顾之忧。政府部门应发挥主导作用,引导和规范市场,在农村地区提供可负担、相对优质的托幼和养老等社会公共服务。这不仅可以让农村妇女更好地参与创业就业和经济社会发展,也可以让她们更好地实现政治参与,有利于扭转"男主外,女主内"的传统性别分工,为男女两性共同发展提供良好的社会环境和制度支持。

(三)开展媒介素养教育,全面提升农村妇女综合素质

《数字乡村发展战略纲要》明确提出,要加强对农村留守儿童和妇女、老年人的网络知识普及。加强网络知识培训,必须全面提升农村妇女的媒介素养,提高妇女利用信息技术参与新时代经济社会高质量发展的能力。要利用妇女之家、图书馆、网络课堂等开展面向妇女的媒介素养教育和培训,提升妇女对媒介信息进行选择、判断和有效利用的能力,加强妇女网络安全意识教育,引导她们正确使用网络,争做"巾帼好网民"。重点帮助老年妇女、困难妇女和残疾妇女群体掌握网络基本知识技能,尽力消除性别数字

鸿沟。

《浙江省数字乡村建设"十四五"规划》表明，浙江省将依据《数字乡村发展战略纲要》，将数字乡村建设融入信息化规划和乡村振兴重点工程，研究制订产业、财政、金融、教育、医疗等领域配套政策措施。政府将通过加大对农村教育资金的投入，全面提升农村妇女的综合素质，加强高素质女农民培育，引导女农民争做文化能人、乡村工匠和新型农业经营管理能手，充分发挥妇女"半边天"的力量。

综上所述，随着农村数字发展环境的持续优化和农村妇女思想观念的持续转变，广大农村妇女在数字经济时代是可以有所作为的。作为信息能力的弱势群体，农村妇女急需通过增强主体意识、全面提升媒介素养和综合素质来应对新媒体带来的挑战，同时也需要举全社会之力共同助推她们真正融入数字化时代。

参考文献

［1］马克思,恩格斯.马克思恩格斯全集(第32卷)［M］.中共中央马克思恩格斯列宁斯大林著作编译局,编译.北京:北京人民出版社,1975.

［2］浙江省农业农村厅.浙江省数字乡村建设"十四五"规划［EB/OL］.(2021-12-15)［2022-08-16］.http://nynct.zj.gov.cn/art/2021/12/15/art_1229142041_4843015.html.

乡村振兴战略背景下社会工作助力农村妇女创业的路径探究

朱晓佳　胡贝贝　吴晓明　熊骞骞*

摘　要: 农村妇女已成为乡村社群的主体力量,在参与推动乡村振兴发展进程中发挥了不可小觑的作用,展现了新时代的巾帼风貌。产业兴旺是推动乡村发展的有力支撑,创业是促进产业发展的重要路径。本文聚焦农村妇女创业个案,运用社会工作理论分析其创业特征,结合农村妇女推动产业兴旺发展所获得的经验启示,探讨社会工作推动农村妇女参与创业的现实路径,构建支持农村妇女创业的环境,促进农村妇女与农村共同发展。

关键词: 乡村振兴;农村妇女;创业;社会工作

乡村振兴是推动城乡一体化发展进程中的重中之重。城镇化背景下农村人口流动加速,在传统性别分工模式的影响下,留守在农村的多是妇女、儿童、老人,而具有劳动能力的农村妇女便成为维持乡村经济、生活运行的支柱。目前,留在农村且具有劳动能力的妇女超过乡村现有劳动力总数的一半。第四期中国妇女社会地位调查报告显示,农村女性在业比例达73.2%,成为乡村振兴的主力军。实现乡村振兴必须依靠农村妇女,而农村妇女参与乡村振兴也是促进自身发展、提高妇女地位的必要路径。

---

* 朱晓佳,哲学博士,中华女子学院女性学系讲师、硕士生导师,研究方向为性别研究、家庭伦理学与女性主义伦理学。胡贝贝,中华女子学院在读硕士,研究方向为社会工作与妇女发展。吴晓明,中华女子学院在读硕士,研究方向为社会工作与妇女发展。熊骞骞,中华女子学院在读硕士,研究方向为社会工作与妇女发展。

一、乡村振兴战略背景下农村妇女创业的现状

新时期，农村妇女在农业生产经营、家庭建设、社会治理中承担着众多责任，对内照顾家庭、从事农耕，在外优化乡风、治理乡村，在乡村建设中发挥了"超半效应"。农业女性化现象的凸显并未给粮食安全带来负面影响，我国农业生产在生产效率和产量上依然保持持续增长。《中国妇女发展纲要（2011—2020年）》终期统计监测报告指出，农村贫困妇女脱贫攻坚取得全面胜利，特别是脱贫妇女"两不愁三保障"问题得到全面解决。截至2020年底，实现脱贫的近一亿人口中妇女约占一半，这与农村妇女奋起参与乡村经济建设密不可分。"十三五"脱贫攻坚时期，农村妇女通过创新创业实现脱贫致富，涌现出一批"女能人""女致富能手"。2021年底，全国妇联与农业农村部推介99个全国"巾帼新农人"创业典型案例，展现了"巾帼力量"的新时代风貌。妇女在促进农村产业兴旺中扮演着重要角色，推动现代农业建设取得重大进展。随着教育的普及和男女平等观念的传播，越来越多的农村女性勇于突破性别刻板印象与陈规旧俗，追求自我发展、实现自我价值成为女性发展的强大驱动力。她们积极主动地参与乡村振兴事业，推动农村产业兴旺，实现自我价值与社会价值的统一。

然而，当前农村妇女创业在个体素养、经济基础、社会资本等方面还面临不少现实阻碍，内在因素包括创业素质能力较低、创业意识不强等，而外在因素对其创业行为的制约影响更为明显，包括社会资本薄弱、市场信息不顺畅、创业资本不足、政策机制不完善等。个体行为受环境因素影响较大，而组织化形式集合集体力量抵御创业风险能力更强，可以更有效地激发农村妇女的内生动力，发挥农村妇女群体蕴藏的智慧与力量。此前农村社会工作更多聚焦农村妇女所面临的困境，而随着乡村振兴的推进，农村社会工作更多地介入农村妇女发展项目，推动农村妇女以合作组织形式发展当地特色产业，增强当地农村妇女能力建设，有效促进项目可持续运作。要调动农村妇女的内生动力，可运用社会工作方法与技巧增强农村妇女的内在权能。

二、社会工作理论视角下农村妇女创业的特征分析

本文采用质性研究方法,选取湖南省某地区的4名农村妇女创业者作为访谈对象,以社会系统理论视角,分析她们的创业特征。社会系统理论是建构社会工作理论的重要基础之一,为社会工作介入提供更为全面系统的分析视角。该理论将个体生存环境分为微观、中观与宏观三种系统类型:微观系统指处在社会生态环境中的个人;中观系统指小规模群体,包括家庭、职业群体或其他社会群体;宏观系统则是比中观系统更大一些的社会系统。本文从研究对象的微观系统即作为个体的女性特质,到中观系统即家庭环境,再到宏观系统即社会支持环境三个角度展开论述,注重分析各系统之间的影响与作用。

(一)微观系统:农村妇女个体内在特质对创业行为的积极影响

着眼个体研究,有学者将女性创业个人动机分为生存驱动型和机会驱动型两类。本文借鉴此种分类,对4名农村妇女创业的动机进行划分(表1)。

表1 访谈对象基本信息

编号	教育程度	创业领域	创业动机
LYT	本科	农业产业	机会驱动型
GHY	本科	农业产业	机会驱动型
HTT	本科	农业产业	机会驱动型
LLL	专科	农业产业	生存驱动型转为机会驱动型

LYT在大学选择专业时就确定了未来从商的理想,毕业后回到家乡,从家庭原有小产业开始创业。GHY希望在事业上获得更好发展,便放弃原本稳定的工作而投入创业。HTT则是看中了商业发展机遇,从而加入了创业队伍。以上3位访谈对象的创业动机均是自发、主动的,属于机会驱动型。LLL为了帮助家庭摆脱贫困状况而选择创业,开始属于生存驱动型创业,随

着事业的发展壮大，她对创业更投入更用心，更主动地抓住各种机遇加强学习、开发产品，以推动自己的事业发展，创业动机便转变为机会驱动型。

> HTT：2009年，家乡水库与山地重新发包，我觉得这是一个发展生态养殖的良机，于是从大型养猪场辞职，承包了300多亩山地，凭借积累的丰富经验开始生态养殖之路……多年来探索创新"猪-沼-巨菌草（果蔬）-鱼"生态养殖模式。

> LLL：2010年，我接受GD县全额资助去高校茶学院系统学习了茶叶加工、茶树栽培与育种、茶叶营销、茶文化学等专业课程。在学习过程中，我意识到要突破就必须创新工艺，增加茶叶附加值，便前往云南、贵州、浙江、福建等地茶叶市场考察、拜访、请教多位茶叶界专家学者，然后结合畲族传统手工制茶技艺，研发出一款适合GD县生产的金观音品种红茶。

返乡农村妇女通过接受教育，掌握科学知识与技能，增长了见识，积累了经验，捕捉创业机会与进行创业探索的能力都得到了增强，更倾向于机会驱动型创业。创业过程中，随着人力资本和社会资本的增加、经济地位和社会地位的提升，农村妇女的思维和眼界也更加开阔，也往往从推动型创业模式逐渐向拉动型创业模式转变。创新驱动发展，为成就自我而投入事业的机会驱动型创业，更能激发妇女的创新意识。在竞争激烈的市场环境中，只有不断创新才能从现有产品和服务市场中脱颖而出，走上可持续发展道路。现代化农业产业教育，对农业生产技术的熟悉运用，更为开阔的视野，这些无形的知识资本增强了农村妇女的创新意识，促进她们自觉探索新农业的生产形式、销售经营方式和商业模式。

此外，微观系统能反作用于中观、宏观系统，帮助个人从环境中识别并获取有利于自身发展的资源。现代农村妇女可以取得事业成就的一个重要因素是具有较强的创新意识。同时，女性特有的同理心、沟通力、细心、耐心等柔性气质也有利于她们调动更多的创业资源。

> LYT：男女平等的社会，是一个很有包容性的社会，从经济独立

到人格独立都是新时代女性的标签,并不会因为是女性,创业就会受到影响或者被差异对待,相反我认为女性在创业过程中反而比男性更有优势,更容易达到自己想要的一个结果。女性的性别,本身就是一大优势。

GHY:我会利用女性自身的优势去开展工作,运用包容、亲和力、同理心与员工进行交流,与他们拉近心理距离,建立更好的关系,以帮助我更顺利地开展工作。

她们充分利用女性特质推动创业发展、增强创业绩效。农村女性的个性化气质对创业机会识别、创业绩效有显著的正向影响。在对内的组织管理与对外的人际沟通过程中,女性创业者更易于链接所需资源、获取相关讯息。

(二)中观系统:家庭支持系统对农村妇女创业行为的推动作用

生活状况、教育理念、过往经历等因素,对农村妇女的内在特质、创业动机等微观系统的影响较大。个体生存与发展离不开社会,也离不开家庭,家庭作为中观系统能够更直接地对微观系统产生影响。有学者在全国范围内调查创业者的创业动机,发现创业者大多家庭观念较重,相比西方创业者,这一特质更为突出。家庭是激发农村妇女创业行动力与增强创业动力的重要因素。

LLL:家里穷,想把握住难得的机会。……茶叶堆在家里卖不出,鲜叶款追不回,这些事情,当时让我很难受。

GHY:当初提出辞职的时候,家里人表示反对。……一方面,我有分担家庭责任的意识;另一方面,我从创业中获取过成就感,也想要在这个(创业)过程中实现自我。

LYT:作为农民子女,我受党员父亲的影响较深,"来之于民,服务于民"的信念深深地刻在自己的骨子里。2014年,我拒绝多家企业的高薪,毅然决定回到家乡,加入父亲的茶油制作小厂,专注于农业领域,服务农民。

现今,传统性别分工的禁锢对女性的影响逐步减弱,但是女性在家庭与事业之间的时间分配仍然是创业女性面临的重要问题。一些学者指出家庭对于女性创业行为与意愿具有一定的影响,部分学者认为婚姻及家庭并未给创业者带来很大的束缚,反而促进作用更为显著。家庭对于农村妇女发展的影响力是深远的,家庭成员对女性创业角色的认同与支持往往是农村女性创业最坚实的支柱。

> HTT:在父亲的引导下,我从小就对农村、农民、农业有感情。父亲建议我选择畜牧兽医专业时,我想起了曾因为猪生病而急得直流泪的乡亲,觉得要是以后学好了这门实用技术,能够帮助他们也挺好。
>
> LYT:家人对于我返乡创业非常支持,不管是资金还是人力、物力都给予支持。我的伴侣为了支持我的事业,从外地调入JH工作。家庭与事业是可以兼得的,并不冲突,我也做到了。
>
> GHY:我丈夫一直非常支持我……我觉得家庭对我而言还是第一位的,只有家庭稳定幸福才能更好地推动事业的发展,而且我追求事业发展也给孩子树立了一个好榜样。

家庭可以为创业者提供情感支持与物质支持。情感支持可以给农村妇女创业增强自信心与精神动力,以更好地应对创业过程中的不确定性与压力。物质支持则可进一步划分为资金支持、人力支持、社会资本支持等。工作和家庭之间的平衡不是只有女性才会面对的问题,无论男性创业者还是女性创业者都需要在工作和家庭中寻找时间上的平衡。如果女性创业者的家庭成员可以分担更多的家务劳动,那么农村妇女就拥有更多的时间和精力去创业。家庭支持系统有助于农村妇女创业者获取创业所需的资金、资源、信息等社会资本。

(三)宏观系统:社会支持系统对农村妇女创业的激励作用

在乡村振兴战略背景下,政府、社会为创业者建构有利的平台与环境,农村妇女创业者也因此增强了自身的社会资本。宏观系统中的社会政策、科技发展对微观个体所能获取的资源与行为选择有着重大影响。农村创业女性仅仅依赖个体资金与努力难以为继,需要调动社会资本、联合各方资源。

> HTT:虽然投入了自己在外工作积攒的全部积蓄,但在创业之初,还是面临资金短缺、人手不足、道路不畅等问题。这个时候,县委、县政府伸出了援助之手,帮助申请项目和贷款,畜牧局、扶贫办、财政局等政府部门大力支持,给了贴息贷款和一些养殖项目。

2009年,全国妇联出台小额担保贷款政策以满足广大农村妇女群体对金融产品和金融服务的需求。《全国妇联关于开展创业创新巾帼行动的意见》提出要开展创业教育、建立巾帼现代农业科技示范基地,调动创业导师、巾帼志愿者等社会公益力量参与帮扶农村妇女和返乡妇女,着力提升妇女创业创新能力。融资贷款、技能培训等提升了农村妇女投身创业活动的信心与行动力,良好的社会支持系统和舆论环境提高了妇女创业的积极性。

> LYT:基于JH地区天然的地理优势、土壤结构,我着力于油茶林的开发、种植、培育、管护,向村干部学习,熟悉村情,针对茶农开展技能培训,帮助农户申请油茶林的补助资金。

> HTT:我自己摸索出了一整套科学养猪和疫病防治技术。经过4年的艰苦奋斗,养猪场逐渐形成了规模,水源供给、料槽、母猪产房产床温控等设施设备都实现了自动化,大大减少了人力,节省了工作时间,提高了工作效率。

农村创业妇女抓住农业数字化与现代化契机,提高了农业劳动生产力,增加了农业生产的经济效益。现代科学技术在农业生产领域的运用,减少了女性从事农业劳动时的劣势,同时也对其科学文化素养提出了更高的要求。我国提倡男女平等,妇女受教育程度显著提高,拓展了农村妇女创业就业的渠道。

LYT:直播电商兴起,直播带货成了新消费最热的风口。同时,我也认识到传统加工型的农业企业正面临销量不大的瓶颈。2019年我走进粤港澳大湾区,联合一棵树公益创立公司……那一年往返GZ和JH,就是为了以家乡的优质茶油为主要原材料,通过深加工,生产出优质的健康产品,然后通过创立线上平台,取得良好的经济效益。

GHY:通过在企业协会里收集相关市场和行业信息,我发现了许多对外交流的机会。此外我还在网络上参与一些培训学习,也让我的员工在网上报班学习,提升素养。

随着互联网时代的到来,数字经济引发的增值效应迅速覆盖各行各业,推动生产方式和生活方式变革,也为农村女性发展创造了机遇。更丰富的信息渠道、更广阔的销售平台、更多的创业技能培训为社会资本较弱的农村妇女开展创业活动提供了诸多渠道与机会。在现代化与数字化背景下,妇女获取创业渠道和机会更为便捷。调动和整合资源能力是创业者必备的能力,但是基于区域位置资源的局限以及社会性别的弱势地位,仍有不少农村妇女在获取资金、人力、政策信息等资源上能力略显不足。

三、社会工作推动农村妇女创业的经验启示

在实施乡村振兴战略的背景下,民政部门正在部署推进乡镇社工站的建设,农村社会工作迎来重大契机。农村社会工作在促进乡村振兴战略落地中承担着重要角色,也在推动农村妇女参与乡村发展中充当着中坚力量。实现乡村可持续性发展,需要激发乡村内生性动力,而内生性动力的主体是人。农村妇女往往面临性别和资源的双重弱势,创业心理资本较弱,社会支持力度不够。社会工作要激发农村妇女创业的主体性,提升其链接创业资源以及改善不利创业环境的能力。农村妇女发展是衡量乡村振兴成果的重要标尺,农村社会工作要综合运用妇女社会工作理论与方法增强农村妇女

的权能,聚焦个体优势,挖掘乡村本土资产,激发妇女创业创新潜能,增强乡村发展的内生动力,营造支持妇女创业的社会环境。

(一)增强农村妇女创业内在动力,提升自我赋权意识

乡村振兴的动力在于人的发展,人的发展又源于其内在动力。在传统性别文化观念的影响下,农村妇女的创业意愿与能力往往不足。首先,要对农村妇女进行社会性别教育,提升社会性别意识,培养"四自"精神。社工要帮助农村妇女从社会性别视角分析自身处境,尊重其主体性,激发其自我效能感与创业自主性。农村妇女参与创业的意识不足,需要社工充分发挥链接资源与信息赋权作用,促进农村妇女积极参与创业活动。其次,要关注农村妇女双重角色所面临的冲突问题。妇女参与农业生产劳动的比例高,与此同时,她们也是家务劳动的主要承担者。需要改变家务观念,提倡男女共同承担家务劳动,为农村妇女参与社会经济活动松绑。最后,要打破传统性别文化,建构文明乡风。部分农村社会文化环境、性别观念仍旧偏向保守,影响女性创业的自我效能感与行动力。社工要积极培树农村妇女创业典型、巾帼代表,营造有利于女性创业的良好社会文化环境。

(二)提升农村妇女创业创新技能,增强数字素养赋能

农村社工要积极链接资源,针对农村妇女开展创业教育与现代科技培训,采取引导、鼓励措施,不断提升农村妇女的科技与数字素养。有学者指出,互联网的普及对提升农村女性的创业意愿具有显著正向作用,通过影响创业观念、人力资本、社会资本等作用机制提高创业成功的概率。高风险是农业作为基础性产业的典型属性,存在许多难以预料的不可控状况,农业产业创业者需要具备较高的风险应对能力。创业是考验创业者综合素质的冒险活动,要发挥个人创业创新的进取精神,调动社会资本,组织与管理人力资源,以应对创业过程中的困难和挑战。社工要关注农村妇女的特征与特质,设计服务项目时需要注意其在数字领域中创业存在的特殊困难,注重个别化原则的运用。农村社会工作可采用小组工作的方法,丰富创业教育培训的形式,培养农村妇女的创新思维,锻炼她们的创业能力,提升其对创业环境的认知,整合所在地的社区资源,挖掘自身潜能和特性,积极投身创新

创业实践。

(三)营造支持妇女的发展环境,增加创业经济资本

要通过对农村妇女增能赋权和社会文化环境改善进一步给农村妇女创业松绑,通过构建社会支持网络给农村妇女创业提供有力保障。农村社工可联合政府、企业、社会组织等平台搭建人力、财力、政策和信息等创业所需的资源,丰富农村妇女的社会资本。近些年,政府也在出台相关政策,着力增强创业者的社会资本与人力资本,推出了职业技能提升行动实施方案、实施职业技能提升行动创业培训"马兰花计划"等一系列举措,加大财政投入力度,为创业者提供创业技能培训与培训补贴。一方面,社工需要熟悉并宣传现有促进妇女发展与农村发展的制度政策、法规与举措,帮助农村创业妇女运用政策法规争取可利用的资源。另一方面,社工还要善于发现农村妇女创业中存在的问题,回应她们的利益诉求,推动社会性别主流化,推动照料托管与养老等社会服务,帮助农村妇女减轻家务负担,激发创业意愿。另外,社工还可推动农村妇女组织化建设,鼓励创业妇女带领其他妇女形成互助组织,以集体赋权增进个体的自我效能感,提升妇女劳动力的价值。妇女经济地位的提升与组织化建设有助于农村妇女在乡村社会体系中获取成员资格,增强妇女在村级经济和政治事务中的话语权,助推农村妇女发展与乡村振兴。

浙江省女大学生就业现状与对策分析

浙江省妇联妇女发展部

摘　要：随着高校扩招和新就业形态的发展，大学生就业形势发生了很大的变化，由于种种影响，相较于男大学生而言，女大学生就业形势更为严峻。本文通过对女大学生就业情况进行调查，了解了女大学生就业现状，分析影响了女大学生就业的主要因素，并提出了保障女大学生平等就业的建议。

关键词：女大学生；就业；现状；影响因素

浙江省新就业形态在互联网经济的驱动与创新中呈现出越来越强劲的发展势头，大学生就业面临职业选择日益自由化、多元化的倾向。随着我国高等教育从"精英化"向"大众化"的转变，当前大学生也面临新的竞争压力。毕业生群体中的女大学生，受传统人才观和性别观等因素的影响，一直存在就业难问题。

一、浙江省女大学生就业现状

（一）女大学生就业现状

第四期中国妇女社会地位调查显示，女性受教育水平明显提高，18～24岁女性的平均受教育年限为12.81年，比同一年龄段2010年的统计数字增长1.85年，比55岁及以上女性高5.14年，比同年龄段男性高0.81年。在接受大学本科教育者中，女性占53.6%，女大学生已经占据了"高学历"队伍的半壁江山。根据浙江省人力资源和社会保障厅的数据,近年来,浙江省女大学生初次就业率一直保持在95%以上,即使在2020年面对就业挑战,高校毕业生初次就业率也达90.15%,其中女大学生初次就业率90.20%,居全国前列。

(二)浙江省妇联促进女大学生就业的具体举措

浙江省妇联一直将促进女大学生就业作为重要工作内容,全力推动、多措并举、精准帮扶,持续为女大学生就业提供支持,维护平等的就业权益,不断提升女大学生就业质量。一是搭建完善就业创业平台,如:成立省巾帼民宿女主人联盟、省女红巧手联盟、省巾帼家政服务联盟,号召女大学生在联盟里积极发挥作用,实现资源共享、抱团发展;推出"十百千万"巾帼云创行动,引导女大学生积极投身数字产业,推进"云"上创业;举办女性创业创新大赛,激励女大学生成长成才,奋力成为"大众创业、万众创新"的新动能;主动对接中国建设银行浙江省分行等金融机构,推出"巾帼创业贷""共富贷"等产品,有效破解创业资金瓶颈。二是组织开展专场招聘活动,如:线上线下齐推进,帮助女大学生择业就业,活动包括省女大学生就业招聘会、"乘风破浪 扬帆启航"女大学生创业创新报告会、"职到成功"女大学生应聘专场、女大学生求职训练营、"我要回家乡"女大学生助力家乡行等,现场还组织就业创业导师为女大学生提供政策咨询、应聘面试、职业规划、创新创业指导等服务。三是维护保障平等就业权利,如:完善平等就业政策法规体系,联合省人力资源和社会保障等部门贯彻国家文件精神,制定出台《关于促进妇女平等就业工作的意见》《关于进一步规范招聘行为消除就业歧视促进劳动者平等就业的通知》等文件,为保障女性平等就业提供有力的政策支持;依托12338热线,畅通女性劳动维权渠道,推动公、检、法、司、劳动监察等部门强化执法。

(三)女大学生就业面临的突出问题

浙江省妇联的举措有效地促进了女大学生的就业创业,但是女大学生在就业、职业发展方面仍面临一些问题。从个体来看,主要表现在以下几个方面:一是企业由于经营困难裁员减薪,使得就业机会减少,而求稳是大多数女大学生就业的优先考虑因素,职业选择更倾向于薪资待遇稳定有保障的政府部门、国有企业等;二是面对现实存在的招聘形式改变、工作落实延后等问题,部分女大学生因对自身能力和价值的认知不全面,容易出现紧张、焦虑、迷惘心理,消极应对就业问题;三是部分女大学生考虑到恋爱、家庭等因素,会选择一些相对轻松、更能顾家的工作或接受另一半安排的安置性工作。

女大学生就业难并不是指女大学生找不到工作,而是指与同学历、相似条件的男大学生群体相比,其择业时间相对较长、专业对口程度较差、工作单位和岗位的选择范围更受限,并且初次就业的薪酬福利条件明显低于男大学生。女性平等就业面临较多困难和问题,如何平衡家庭与工作、如何做好职业发展规划、如何打破职场"天花板"等是她们重点关注又迫切需要解决的问题。

二、影响女大学生就业的主要因素

(一)性别歧视隐匿化

现实生活中仍然存在"男主外,女主内"的传统性别分工,女大学生正常毕业工作后即面临结婚、生育等一系列问题,生育和抚育孩子要消耗女性大量的时间和精力。针对国家三孩政策的出台,浙江省制定了配套支持政策。2021年11月25日,浙江省第十三届人民代表大会常务委员会第三十二次会议审议通过《关于修改〈浙江省人口与计划生育条例〉的决定》并指出,符合法律、法规规定生育子女的夫妻,女方在享受国家规定产假的基础上,一孩延长产假60天,二孩、三孩延长产假90天。这就是说,女职工生一孩可休158天,生二孩、三孩可休188天。国家出台了保障女性平等就业的相关法律法规,但女大学生就业受到的性别歧视仍不同程度存在,如:少数用人单位虽然没有明确表明只招收男性,但是会在简历或面试筛选过程中将女性应试者筛选出局,即使女性应试者的综合条件优于男性也不会考虑录用;部分用人单位在招录时会将岗位标注为野外作业,建议男性报考;部分用人单位在招聘环节会了解女性对恋爱和生育等问题的具体规划。

（二）岗位供需失衡化

随着新产业新业态的快速发展，数字经济发展势头迅猛，同时也倒逼传统行业转型发展，尤其是衍生新的"互联网＋"背景下的新就业形态，催生出了大量新职业、新就业岗位，例如，2019年公布的人工智能工程技术人员、物联网工程技术人员、大数据工程技术人员、云计算工程技术人员、数字化管理师等13个新职业，2020年公布的区块链工程技术人员、互联网营销师、信息安全测试员、在线学习服务师等9个新职业，2021年公布的集成电路工程技术人员、服务机器人应用技术员、电子数据取证分析师等18个新职业。高校现有的专业结构、学科设置与浙江省以数字经济为代表的产业结构转型升级、区域经济格局调整还不能完全适应，部分专业的大学生供过于求和新兴专业人才短缺的结构性矛盾比较突出。2020年人力资源和社会保障部中国就业培训技术指导中心联合阿里巴巴钉钉发布的国内首份新职业报告显示，未来5年，人工智能人才、云计算工程技术人员、物联网安装调试员等新职业人才需求规模庞大，人才缺口近千万。而在信息技术专业领域，男性占据优势地位。随着我国经济发展进入新常态，信息技术成为产业升级的新驱动，行业之间的相互交叉和融合增多，对人才的职业技能和素养提出了复合、多元化的新要求，在就业机会不足的情况下，女大学生面临的就业竞争将更加激烈。

（三）职业选择求稳化

近年来，在经济结构调整等因素的影响下，除少部分互联网企业成功抢抓机遇获得逆袭之外，大部分企业都受到影响，导致吸纳就业能力下降，业务缩水、裁员辞职、转行跳槽等现象时有发生。不仅如此，体制外的工作不稳定性逐渐增加，稳定性好、抗风险能力高、养老有保障的体制内工作成了大多数女大学生的职业首选。相比较男性偏好技术类职业，女性更倾向文职类职业。受传统性别分工观念和女性自身生理及心理特征的影响，务实、求稳是女大学生择业的首要考虑因素。她们更愿意选择可以兼顾家庭且薪资待遇稳定的单位，如学校、政府部门、国企等，无形中限制了职业选择。此外，由于对女性群体存在刻板印象，施工类、建筑类、工程类、技术类等部分企业出于岗位属性和对工作人员有出差、加班等实际情况的考虑,认为同等条件下男性的适配性略好于女性,也对女性就业产生了一定影响。

三、促进女大学生就业的建议

(一)强化政策落实,维护女大学生的平等就业权利

一要解决生育成本的分担问题。民营经济是浙江发展的金名片,是浙江经济的巨大特色和优势,是目前容纳就业量最多的经济形式之一。浙江省从放宽市场准入、实施简政放权,到推进减税降费、出台融资支持等一系列政策举措,大力支持民营企业发展。女性承担了生殖繁衍的绝大部分职责,为人类繁衍、文明延续作出了巨大贡献和牺牲,如果再遭受就业歧视,对女性来讲是不公平的。但是如果由用人单位来承担较多的生育成本,对用人单位同样也是不公平的。在市场经济条件下,"政府请客、企业买单"的做法必然会给女大学生就业带来困难。建议建立浙江省"生育基金",完善生育保险制度,实行全民生育保险制度,保障包括灵活就业和未就业妇女的权益。建议对雇佣女职工较多,因女职工生育带来额外成本较大的企业给予税费减免、财政补贴、基金支持等优惠政策。优惠政策可考量女性生育给企业增加的工资支付成本、岗位空缺填补成本、培训成本等人力成本,特别是女职工产假期间单位缴纳的社会保险费补贴等方面,从而鼓励用人单位招用女大学生。

二要堵住隐性歧视的法律漏洞。最高人民法院于2018年12月下发《关于增加民事案件案由的通知》(法〔2018〕344号),在"人格权纠纷"中增设"平等就业权纠纷"案由,浙江省人力资源和社会保障厅、浙江省妇联等部门贯彻国家文件精神,制定出台《关于促进妇女平等就业工作的意见》《关于进一步规范招聘行为消除就业歧视促进劳动者平等就业的通知》等,为保障女性平等就业提供了有力的政策支持。但职场上对女性的隐性歧视仍普遍存在,亟待完善各项关于就业和反对性别歧视的立法,保护女大学生在求职就业中应该享有的权益。要加强对用人单位和人力资源服务机构招聘行为的监管,对性别歧视要及时制止,加大惩处力度,进而减少用人单位招聘过程

中的性别歧视行为,切实保障女大学生的平等就业权利。政府相关部门、法院等在女性劳动权利、劳动保护等方面要积极作为、多措并举,加强调查研究,为女大学生平等就业提供相关法律保障,要支持受侵害的女大学生和相关人员提出投诉和诉讼,协助取证,有效解决女大学生就业受歧视维权难问题,还要对审判实践中出现的涉女性平等就业的新问题、新情况及时研判和应对,进一步防范就业歧视。

(二)明确社会责任,营造女大学生就业创业氛围

一要提升就业创业的服务水平。《浙江省数字经济发展"十四五"规划》提出要深入实施数字经济"一号工程",到2025年,数字经济发展水平稳居全国前列、世界先进水平。要大力推进就业数字化改革,全面推广"高校毕业生就业服务"应用场景,加强各级公共就业人才服务机构和基层平台经办力量,提供"智慧化+网格化"线上线下一体服务,切实提高女大学生求职登记、办理手续和申请政策的效率。要积极开发创业就业数字平台,如浙江省妇联上线"浙里家·连心桥"数字应用场景,在"巾帼创"板块专门开设创业就业、巾帼科技创新、乡村振兴等专栏,提供政策、创业、权益、法律全链护航。指导设计"家门口创就业""来料加工一件事""浙里家政"等应用子场景,上线政策信息、金融服务、指导帮扶、线上培训、岗位发布、就业对接等创业就业服务。要精准帮扶就业困难女大学生,实时专项帮扶、优先援助,将就业创业信息发布与大学生获取信息的常用途径相结合,点对点推送并实现政策咨询、信息服务、风险评估等服务信息的实时更新,对通过市场化方式确实难以实现就业的,按规定利用公益性岗位实现托底安置,确保有就业意愿的女大学生在毕业当年实现就业。

二要提高社会各界的关注度。要引导社会各界树立正确的用人观念,以客观理性的思维、客观公平的标准评价女大学生,清醒认识人类的再生产是全社会的责任,而不是女性单方面的责任,支持女大学生就业创业。要加大财政、金融等有关部门对女性创新创业的支持和统筹力度,整合高等院校、人力资源机构和企业导师资源,开展形式多样、针对性强的职业指导活动。新闻媒体要加大正面宣传,提高社会对女性劳动价值的认可度,大力宣扬女性的相对优势及对社会的贡献、女大学生成功就业创业的优秀典型及

支持政策、企业主动承担社会责任有助于展示企业良好的社会形象等,同时加强舆论监督,宣传曝光侵害女大学生平等就业权益的用人单位、就业侵权事件尤其是隐性就业歧视的具体表现、有关部门对侵权行为主体实施的强有力惩罚措施,双管齐下,为女大学生就业创业营造良好的环境条件。

三要强化女大学生的就业服务。教育、人社、妇联等部门要持续开展促进女大学生就业的研究工作,举办针对女大学生就业的专门招聘会、分享活动等,多措并举推动女大学生就业,如开展直播电商培训、组建"巾帼云创客联盟"等,通过集群效应,顺应数字化发展潮流,助力"女性＋直播"人才成长建设,发挥女性群体在直播经济领域的优势。高校要加强与企业的联系和合作,从专业设置、人才培养、职业生涯规划、就业指导服务等多角度全方位拓展女大学生就业渠道,引导女大学生自主创业,以创业推动就业。相关部门要完善相关立法,加强对用人单位的监督,为女性平等就业提供法律保障,提高违法成本,堵住隐性歧视的法律漏洞,推动解决就业歧视维权难问题。

(三)转变思想观念,提高女大学生的就业竞争能力

一是学校要加强就业指导。高校是培养高等人才的主要场所,做好女大学生就业指导工作是高校必须承担的责任。除了课程设置要贴合社会需要,还应针对女大学生群体提供个性化就业指导。首先,要加强女大学生就业观的教育,正确引导女大学生分析自己的优势和弱势,了解就业形势,合理确定就业期望值,帮助她们早日建立良好的职业生涯规划意识。其次,要及时掌握女大学生的思想动态和心理状况,针对当前女大学生就业观念多元、焦虑情绪增加等新情况新问题,有针对性地开展女大学生心理疏导、缓解就业压力,让自尊、自信、自爱、自立、自强贯穿整个求职过程,让女大学生从容应对职场挑战。最后,要适时举办涵盖求职资料填写、面试、入职等环节防范可能的道德风险、法律风险等内容的求职技巧讲座,与社会相关机构合作或从社会吸纳有多年就业指导经验的专业人士提供多种优质就业指导服务,指导女大学生就业。

二是家庭要转变就业观念。家庭是人生的第一所学校,家庭教育对大学生的就业观及职业选择有特殊的地位和影响。家庭应摆脱传统观念的束

缚，帮助女大学生转变就业观念、拓宽就业视野。作为女大学生的家长，要多关注和分析就业形势，主动搜集就业信息，注意和孩子多做有效沟通，鼓励她们挖掘自身优势；在选择就业单位时，积极引导她们调整心态，适当调整就业目标，打破一步到位、从一而终的传统就业观；在选择就业地点时，可以选择经济发达但竞争激烈、生活成本高的一线城市，也可以选择适合自己的其他城市或者投身农村基层，以缓解就业和生活压力，实现自我价值。

三是女性要树立就业自信。真正的机会，从来都只青睐于那些时刻做好准备的人。首先，要正确认识自己，积极挖掘自身潜能，理性认识自身优势，不过高或者过低评价自己，克服自卑依赖心理。其次，要通过学习提升自身的核心能力、抗压能力，抛弃刻板印象带来的职业锁定，提升专业学习与社会需求的契合度，积极探索专业外的新就业领域。最后，要时刻准备好，抓住稍纵即逝的机会，用工作能力、工作成绩消除偏见和歧视，赢得用人单位和全社会的尊重、认可。

综上所述，要解决好女大学生的就业问题，有赖于国家和政府部门重视、社会和家庭广泛支撑、学校和女大学生共同发力。只有多管齐下、共同促进，才能更好地助力女大学生就业，实现女性发展和经济持续健康发展、民生改善、社会大局稳定的良性循环。

嘉兴市女性劳动力就业发展状况探析

——基于嘉兴市人口普查调查数据的统计分析*

诸　萍**

摘　要:女性劳动就业发展状况是衡量妇女事业发展进程的重要内容。本文以第五次、第六次、第七次全国人口普查的相关数据为依据,对嘉兴市女性劳动就业发展状况进行历时考察和深入研究。研究结果显示,嘉兴市女性人口的就业地位持续走低,劳动参与率的性别差异进一步扩大,女性人口就业层次总体偏低,特别是乡村地区的女性人口。着力解决劳动力市场中的性别不平等问题,是进一步改善女性社会地位、促进妇女全面发展的关键所在。

关键词:女性人口;劳动就业;社会地位;嘉兴市;人口普查

一、研究背景

《中华人民共和国国民经济和社会发展第十四个五年规划和2035年远景目标纲要》提出要促进妇女全面发展,并将持续改善妇女发展环境、促进妇女参与经济社会发展作为保障妇女基本权益的重要举措。女性人口的发展变化,既是社会经济发展的结果,也影响着当今和未来社会发展的进程,

* 本文为嘉兴市第七次人口普查研究专项课题"嘉兴女性人口状况研究"(基金项目)的阶段性成果。
** 诸萍,浙江红船干部学院经济学教研室讲师,研究方向为人口流动与迁移、社会建设。

是社会进步的重要尺度。因此,我国女性能否平等地参与经济社会发展过程并共享发展成果,将直接关系到2035年远景目标尤其是共同富裕战略目标的实现。

自新中国成立以来,我国在保障妇女权益方面做了大量努力,如将男女平等作为基本国策,建立全面保障妇女权益的法律体系,千方百计促进女性就业,等等。这无疑极大提升了我国女性人口的社会地位,但受多种因素的影响,我国妇女发展仍存在区域不均衡,男女权利、机会、资源分配不平等,社会对妇女的潜能、才干、贡献认识不充分等问题。劳动就业是女性生存发展的重要基础,在保障女性经济独立、提升女性社会地位中都发挥着重要作用。因此,加强对我国女性人口劳动就业状况的研究,具有重要的现实意义。

二、女性人口的劳动就业状况

(一)劳动参与率的性别差异进一步扩大,且城镇地区的差异略大于乡村和城市地区

根据2020年嘉兴市第七次人口普查数据的1%样本数据(表1)可以发现,嘉兴劳动年龄人口的劳动参与率仍然存在较大的性别差异。不论是否将务农的情况考虑在内,嘉兴市16岁及以上女性劳动年龄人口的劳动参与率都仅略高于60%,比同年龄段的男性劳动年龄人口的劳动参与率低了约20个百分点。即便将年龄段限定在16~64岁,女性劳动年龄人口的劳动参与率也仅提高至70%多,仍比同年龄段的男性低了近20个百分点,差距并未明显缩小或扩大。这说明,劳动年龄人口中参与农业生产的人口比重并不存在明显的性别差异。换言之,劳动参与率的性别差异主要存在于非农劳动的参与上。

表1 2000年和2020年劳动年龄人口分性别的劳动参与率情况

单位:%

分类	16岁及以上			16～64岁		
	总体	男性	女性	总体	男性	女性
口径一:总体劳动参与率(含农、林、牧、渔业)						
2000年	78.9	83.3	74.4	85.8	88.8	82.6
2020年	74.3	84.1	63.8	85.2	94.6	74.6
市	72.3	81.9	62.2	81.0	90.7	70.5
镇	77.0	87.5	65.0	87.4	97.6	75.5
乡	74.6	83.5	64.8	89.3	97.0	80.2
口径二:非农劳动参与率(不含农、林、牧、渔业)						
2000年	53.4	58.5	48.3	59.9	64.5	55.1
2020年	72.2	81.9	61.7	83.5	92.9	73.1
市	71.9	81.5	61.8	80.6	90.3	70.2
镇	75.8	86.2	64.0	86.4	96.4	74.6
乡	69.1	78.0	59.3	84.9	92.7	75.9

　　而从纵向来看,与第五次全国人口普查数据的对比结果显示,2000年16岁及以上或16～64岁的嘉兴女性劳动年龄人口的总体劳动参与率均明显高于2020年的相应水平,但在排除务农劳动的情境下,其非农劳动参与率又明显低于2020年的相应水平。换言之,21世纪以来嘉兴市一部分原本(或可能)从事农业生产的女性转移到了非农劳动力市场就业,但也有不少女性退出该劳动力市场,以致过去20年内女性的劳动参与率总体表现为"净流出"的状态。但与之相反的是,尽管同一时期内男性务农的比重也大幅降低,但男性的总体劳动参与率却呈现出"净流入"之态。这两者的"一出"和"一入",必然导致劳动参与率的性别差异进一步扩大。

　　接下来再分城乡进行分析,可以发现:在包含农业劳动的情况下,16岁及以上的样本中劳动参与率从高到低依次是镇、乡和市,而16～64岁样本中则依次为乡、镇和市;而在排除农业劳动的情况下,16岁及以上的样本中劳动参与率从高到低依次是镇、市和乡,而16～64岁样本中则依次为镇、乡和市。不难发现,在不同样本中排序变动的一个规律,即"乡"的位次在"非农"口径中均后退了一位,且"镇"在"非农"口径中均排位第一。这说明,就某一区域(市/镇/乡)的劳动力群体而言,从事农业劳动的人口在嘉兴的农村地区更为密集,而从事非农劳动的人口则在嘉兴的城镇地区更为集聚。从性别差异的视角来看,城镇地区劳动参与率的性别差异在不同样本、不同口径下都略小于乡村和城市地区,即城镇地区劳动参与率的性别差距,不论在16岁及以上样本还是在16～64岁样本中,不论是采用"口径一"还是采用"口径二"进行统计,其数值均是最大的。由此可见,当前嘉兴城镇地区劳动参与率的性别差异略大于乡村和城市地区。

(二)女性参与劳动年龄集中于25～49岁,但乡村女性通常更早进入、更晚退出劳动力市场

分城乡来看,16岁及以上女性群体的劳动参与率在不同区域间既有共性,又有差异(图1)。其共性之处在于不论是在城市地区、城镇地区还是在乡村地区,女性劳动参与率(包括农业劳动在内)的年龄模式均呈现"倒U"形状,即劳动参与率随着年龄的增长而上升,在某一年龄组达到峰值后随年龄

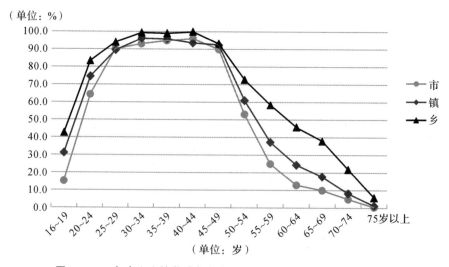

图1 2020年嘉兴女性劳动年龄人口分城乡、分年龄的劳动参与率

的增长而下降。并且,25～49岁年龄段的女性劳动参与率均最高,基本都维持在90%以上,又同时于50岁开始大幅退出劳动力市场。因此,从全生命周期的视角来看,25～49岁的女性不仅极可能处于劳动就业状态,而且也处在组建家庭、生养子女的重要阶段,即该时期同时承担着社会再生产和人口再生产的双重责任。

而其差异则主要存在于以下两个方面:第一,在各年龄组上,乡村女性的劳动参与率都高于同年龄段的城镇女性和城市女性。城市劳动参与率在40～44岁年龄组达到峰值,为96.1%;乡村劳动参与率同样也在该年龄组达峰,但其峰值为100%;城镇劳动参与率则在30～34岁年龄组达到峰值,为96.1%,而在该年龄组中乡村劳动参与率为99.4%。第二,女性劳动参与率的区域差异主要体现在年龄的两端,尤其是高年龄段上。在低年龄段(16～24岁)上,乡与镇、乡与市之间的差距基本保持在10%和20%左右;在高年龄段(50～75岁)上,其差距则相对较大,平均差距为15%和20%;而中间年龄段(25～49岁)的差距则较小,基本在4%左右。在高年龄段上,乡村劳动参与率下降比较缓慢,曲线相对平缓,而城市和城镇劳动参与率则下降迅速,曲线比较陡峭。由此可见,相较于城市女性和城镇女性,乡村女性不仅更早地进入劳动力市场,而且通常也会更晚退出,花甲之年也尚有半数仍在劳作。

(三)职业结构以非农为主且存在一定的性别隔离,其中乡村劳动力市场的性别隔离更为明显

对16岁及以上参与劳动(包括农业劳动在内)的群体进行职业结构的分析,不难发现如下两个特征(表2):第一,非农职业在各区域层面都处于绝对主导地位,其比重均在90%以上。除乡村地区外,从业人员最为集中的前三项职业类别,依次为社会生产服务和生活服务人员、生产制造及有关人员以及专业技术人员,且均为非农职业。但在乡村地区,农、林、牧、渔业生产及辅助人员的比重依然很高,位居第三。非农职业具有较高的经济回报和更高的社会保障,但当前各区域层面女性从事非农职业的比重还低于男性,这影响了女性职业层次和社会地位的提升。第二,各职业大类的性别构成呈现出较大的差异性。性别构成差异最大的是单位负责人,2020年全市男性

从业人员中单位负责人比重为 3.15%，而女性从业人员中该比重仅为 1.55%，性别平衡指数远低于 1（仅为 0.49），故单位负责人这一职业为典型的"男性职业"[1]；除单位负责人外，在不便分类的其他从业人员当中，男性的比例也明显高于女性；而在办事人员和有关人员、社会生产服务和生活服务人员以及生产制造及有关人员当中，男女从业人员占比相当，性别结构相对均衡；至于专业技术人员以及农、林、牧、渔业生产及辅助人员两大类职业，女性从业人员的比例则显著高于男性，性别平衡指数均高于 1（前者高达 1.81，后者为 1.20），故专业技术人员这一职业为典型的"女性职业"。由此可见，职业结构与性别相关，部分职业还存在明显的性别隔离。

表2　2020年嘉兴市从业人员分城乡、分性别的职业结构

分类		党的机关、国家机关、群众团体和社会组织、企事业单位负责人	专业技术人员	办事人员和有关人员	社会生产服务和生活服务人员	生产制造及有关人员	农、林、牧、渔业生产及辅助人员	不便分类的其他从业人员
全市	男	3.15%	6.36%	5.83%	49.62%	32.47%	2.55%	0.03%
	女	1.55%	11.54%	5.73%	45.69%	32.41%	3.07%	0.02%
	性别平衡指数	0.49	1.81	0.98	0.92	1.00	1.20	0.77
县（市、区）	男	4.20%	9.40%	7.04%	42.02%	36.79%	0.51%	0.03%
	女	2.05%	16.80%	7.29%	35.38%	37.94%	0.52%	0.02%
	性别平衡指数	0.49	1.79	1.04	0.84	1.03	1.01	0.69
镇	男	2.92%	5.51%	5.59%	53.67%	30.91%	1.37%	0.03%
	女	1.58%	9.82%	6.15%	48.84%	32.17%	1.42%	0.02%

[1] 男性与女性在不同职业上的分布不同，有些职业中男性的比例远远高于女性，另一些职业则相反。其中，女性比例低于30%的职业被称为"男性职业"，女性比例超过70%的职业被称为"女性职业"。

分类		党的机关、国家机关、群众团体和社会组织、企事业单位负责人	专业技术人员	办事人员和有关人员	社会生产服务和生活服务人员	生产制造及有关人员	农、林、牧、渔业生产及辅助人员	不便分类的其他从业人员
镇	性别平衡指数	0.54	1.78	1.10	0.91	1.04	1.04	0.76
乡	男	2.01%	3.26%	4.47%	55.27%	28.45%	6.50%	0.02%
	女	0.86%	6.14%	3.19%	56.46%	25.19%	8.14%	0.02%
	性别平衡指数	0.43	1.88	0.71	1.02	0.89	1.25	0.91

注:性别平衡指数是指女性指标数值与男性指标数值之比,用以反映该项指标的性别差异。该比值越接近1,说明性别差异越小;该比值大于1,说明该项指标的女性数值大于男性;该比值小于1,则说明女性的指标数值小于男性。

　　分城乡来看,职业结构的上述2个基本特征依旧成立,只是在具体职业大类的人员占比及其性别比的数值上略有差异。例如:在乡村地区,办事人员和有关人员、生产制造及有关人员中男性从业人员的比重明显高于女性,性别平衡指数分别仅为0.71和0.89,而其他区域该职业大类的性别构成则较为均衡;在城市和城镇地区,农、林、牧、渔业生产及辅助人员中女性从业人员的比重仅略高于男性,性别平衡指数接近1,明显有别于乡村,后者的性别平衡指数高达1.25。此外,乡村地区单位负责人的性别平衡指数略低于全市平均水平,而专业技术人员的性别平衡指数又略高于全市平均水平,即乡村从业人员在这2项职业大类上同样出现了更大程度的性别不均衡现象。由此可见,乡村劳动力市场的性别隔离总体上略大于城市和城镇地区的。

(四)从业女性行业分布集中,且高知女性的行业分布非农化、服务化和专业化特征明显

　　进一步分析嘉兴女性从业人口分城乡的行业分布情况,可以发现以下三个重要特征(表3)。

第一,女性从业人员的行业分布较为集中,且就业层次总体偏低。制造业、批发和零售业、住宿和餐饮业以及教育业是女性从业人员主要分布的四大行业,在各级区域层面其占比都超过了七成,而采矿业、国际组织以及电力、燃气及水的生产和供应业三大行业内的从业女性则极少,总和占比还不足1个百分点。这就说明,女性从业人员的行业分布具有明显的疏密特征。制造业吸纳了最多的女性从业人员,全市层面其就业人员比重高达52.04%。即便分城乡来看,城市地区的占比相对偏低,但仍高达41.45%。其次批发和零售业,在各级区域层面的占比都超过了10%。因此,各地仅从事制造业、批发和零售业两大行业的女性,便已覆盖该地半数的女性从业人口。而这两大类行业又都属于准入门槛相对较低、平均劳动报酬不高的传统部门,反映了当前嘉兴女性就业层次总体偏低的状况。

第二,从三次产业的构成来看,女性从业人员的产业分布同该区域的产业发展相适应。通常而言,伴随城市化、工业化和现代化的推进,相对发达的城市地区多以第三产业为主导,而相对薄弱的城镇和乡村地区则多是第二产业占比更高,且乡村地区还承担着较大的农业生产责任。换言之,根据产业结构演进的一般规律,市、镇、乡的三次产业构成存在一定的差异。而从表3可以看到,女性在第三产业就业的比重在市、镇、乡依次递减(其比重分别为54.40%、38.80%、26.47%),而在第一产业或第二产业就业的比重则恰好相反,为市、镇、乡依次递增(第一产业就业比重分别为0.55%、1.52%和8.46%,而第二产业就业比重分别为45.05%、59.66%和65.05%)。由此可见,女性从业人员的产业分布情况与其所在区域的产业结构发展阶段紧密相关,这也决定了乡村女性的就业层次总体上较城镇和城市地区更为低下。

第三,高知女性的行业分布具有鲜明的非农化、服务化和专业化特征。与普通素质的劳动力相比,受过大专及以上高等教育的女性,更少地从事农、林、牧、渔业,其比重不足0.1个百分点,即便在乡村地区也仅为0.09%,远低于该行业的平均水平,故非农化特征较为显著;同时又更多地参与第三产业的生产活动,不论是城市地区还是城镇地区或乡村地区,其第三产业内女性从业人员的数量都超过了该群体的60%(其相对比重分别为77.83%、66.89%和63.29%),明显高于全体女性从业人群在第三产业内的比重(其对应比重依次为54.40%、38.80%和26.47%),因而行业分布也呈现出典型的服务化特征；细分行业来看，受过高等教育的女性在第三产业中主要分布于批发和零售、教育、卫生和社会工作以及公共管理、社会保障和社会组织四大行业，其中教育、卫生、社会保障等行业都要求从业者具备较强的专业知识，这说明该群体的行业分布还表现出一定的专业化特征。高知女性的行业分布特征，充分说明教育水平的提高帮助女性更多地参与回报较高的非农产业特别是专业化的服务业，从而提高了女性劳动者的社会地位，降低了劳动力市场中的性别不平等性。这同当前全市层面女性就业层次总体偏低的现实形成了鲜明对比。

三、研究结论及展望

本文利用第五次、第六次和第七次全国人口普查的截面数据研究了2000年以来嘉兴市女性人口的劳动就业发展状况。研究发现，自2000年以来，嘉兴市女性人口在劳动力市场中的就业地位并未明显改善，甚至存在弱化倾向。就劳动参与率而言，女性劳动年龄人口的劳动参与率在过去20年间非升反降，同男性的性别差异还在不断扩大，且城镇地区的性别差异略大于乡村和城市地区。同时，城乡女性参与劳动均集中于25～49岁，但乡村女性参与劳动的时间通常比城市女性和城镇女性更长，甚至在花甲之年也有可能处于劳动状态。就女性所从事的职业来看，职业结构以非农为主但比重还低于男性，且部分职业还存在一定性别隔离，其中女性从事单位负责人的比重明显偏低，这种性别隔离现象在乡村劳动力市场更加明显。就女性所从事的行业来看，制造业吸纳了约半数的女性从业人员，女性特别是乡村女性的就业层次总体偏低，但受过高等教育的女性所在行业通常具有较高的社会地位，且行业分布具有鲜明的非农化、服务化和专业化特征。

表3 2020年嘉兴女性从业人员分城乡的行业分布

单位:%

行业代码	县(市、区)		镇		乡		全市	
	总体	大专及以上	总体	大专及以上	总体	大专及以上	总体	大专及以上
A(一产)	0.55	0.03	1.52	0.06	8.46	0.09	3.21	0.06
B	0.00	0.00	0.00	0.00	0.00	0.00	0.00	0.00
C	41.45	5.94	55.61	5.61	62.77	3.61	52.04	5.15
D	0.36	0.26	0.41	0.24	0.19	0.04	0.33	0.19
E	3.24	0.79	3.64	0.54	2.09	0.24	3.01	0.55
B-E(二产)	45.05	6.99	59.66	6.39	65.05	3.89	55.38	5.89
F	1.53	0.55	1.84	0.40	1.19	0.22	1.52	0.41
G	1.41	1.03	0.70	0.43	0.43	0.27	0.90	0.63
H	19.74	5.44	14.54	2.79	11.22	1.65	15.64	3.52
I	4.89	0.58	4.54	0.37	2.51	0.19	4.07	0.40
J	2.29	1.91	1.06	0.78	0.65	0.41	1.43	1.12
K	2.70	1.10	1.76	0.58	1.14	0.29	1.95	0.70
L	2.69	1.64	1.45	0.76	1.18	0.48	1.87	1.03
M	1.40	0.98	0.90	0.64	0.45	0.19	0.97	0.64
N	0.59	0.18	0.75	0.13	1.02	0.06	0.77	0.13
O	3.43	0.52	2.74	0.27	1.56	0.16	2.66	0.34
P	5.87	4.87	3.71	2.80	2.09	1.38	4.10	3.21
Q	3.58	2.99	1.76	1.35	1.45	0.83	2.40	1.86
R	1.45	0.46	1.18	0.27	0.38	0.09	1.05	0.29
S	2.83	2.43	1.87	1.46	1.20	0.66	2.06	1.61
T	0.00	0.00	0.00	0.00	0.00	0.00	0.00	0.00

续　表

行业代码	县(市、区)		镇		乡		全市	
	总体	大专及以上	总体	大专及以上	总体	大专及以上	总体	大专及以上
F-T(三产)	54.40	24.68	38.80	13.03	26.47	6.88	41.39	15.89
总计	100.00	31.71	100.00	19.48	100.00	10.87	100.00	21.84

注:本表根据《国民经济行业分类》(GB/T4754-2020)进行行业分类与编码。其中,A为农、林、牧、渔业,B为采矿业,C为制造业,D为电力、燃气及水的生产和供应业,E为建筑业,F为交通运输、仓储和邮政业,G为信息传输、计算机服务和软件业,H为批发和零售业,I为住宿和餐饮业,J为金融业,K为房地产业,L为租赁和商务服务业,M为科学研究、技术服务和地质勘查业,N为水利、环境和公共设施管理业,O为居民服务和其他服务业,P为教育,Q为卫生和社会工作,R为文化、体育和娱乐业,S为公共管理、社会保障和社会组织,T为国际组织。

　　总体而言,2000年以来嘉兴妇女事业取得了可喜的成绩,但就女性劳动参与率的不断下降和就业地位的总体偏低来看,嘉兴女性人口的发展环境还有待进一步改善和提升,尤其是乡村女性的发展问题还需要引起更多的关注和重视。恩格斯在《家庭、私有制和国家的起源》中提出,性别分工、私有制等经济因素是女性长期处于从属地位的最根本因素,劳动力市场的性别不平等在很大程度上会决定社会其他领域的性别不平等。随着经济社会系列改革的推进,男女受教育水平的差距正在逐渐缩小,而教育水平的提升也无疑帮助女性找到了更多更好的工作(这点从高知女性的行业分布特征中便可明晰),但同时也因为"绩效主义"的影响,从而加深又加剧了同时肩负社会再生产和人口再生产"双重责任"的女性在劳动力市场上的不利地位。因此,着力解决劳动力市场中的性别不平等问题,是提升妇女社会地位的核心议题和当务之急。

女性构建性别自信的理路与途径

高立水*

摘　要:男女两性存在某些性别差异,扮演着不同的性别角色,具有不同的性别价值,但对男女两性性别差异、性别角色和性别价值的区别性认识不应导致性别歧视和性别自卑。在漫长的人类历史上,在男性占主导地位的社会结构中,女性往往因为受到性别歧视而产生性别自卑,而性别自卑在一定程度上制约了女性的发展和社会进步。建立性别自信,是客观认识性别差异、性别角色和性别价值的必然结果,也是女性发展和社会进步的必然要求。充分认识和深刻理解性别自信的要义是女性建立性别自信的必要前提。

关键词:性别自信;性别差异;性别角色;性别价值

自古以来,人类就有对男女两性的区别性认识和区别性对待。《周易·序卦》曰:"有天地然后有万物,有万物然后有男女,有男女然后有夫妇,有夫妇然后有父子,有父子然后有君臣,有君臣然后有上下,有上下然后礼仪有所错。"在大多数人看来,男女两性的产生和区分,是自然而然、不言而喻的事情。一般所谓性别,是就男性和女性而言的。在男性占主导地位的社会结构中,女性往往因为受到性别歧视而产生性别自卑,因此一般所谓性别自信,往往是针对女性而言的(男性以及非传统性别的性别自信,在此暂不讨

---

* 高立水,浙江大学文艺学硕士,浙江省妇女干部学校《浙江妇女研究》执行主编,研究方向为女性文化和中国文学。

论）。女性建立性别自信，是女性发展的客观需要，也是人类文明和社会进步的必然要求。

一、性别自信的基本内涵

（一）性别自信是对自身性别角色的积极认同

无论是从生物学的角度还是从社会学的角度看，男女有别都是基本事实。至于男女两性的性别差异主要来源于生物性的因素还是社会化的行为，以及男女两性的性别差异到底有多大等问题，学界存在不同观点。大多数学者认为，生理因素和社会因素均对性别差异的形成产生影响，并导致出现不同的性别角色。认知发展理论认为，人的发展是按特定顺序从一个阶段进入另一个阶段的，在达到一定的认知发展阶段后产生性别认同和适宜角色行为。社会学习理论认为，社会环境对塑造及强化学习者的性别角色有重大影响，学习者会观察、模仿身边的角色模范而形成对性别的理解。阿尔波特·班杜拉则进一步指出，影响学习者的角色模范包括在家庭、学校、朋辈、书本及传媒中的角色模范。

性别角色是他人期望和社会规范所要求于男女的行为模式，也是男女自觉或不自觉地将他人期望和社会规范实际表现出来的行为模式。性别角色是随着时代变化而变化的，并不绝对，但有一定的合理性和稳定性。迄今为止，无论是在智商测验还是在情商、能力、创造力和问题解决能力测验上，男女都没有太大差别。研究发现男性在计算和空间技能上占优势，而女性在语言能力上占优势。多数研究者认为这与文化、环境等因素有关，通过学习可以减少这种差别。尽管如此，在不同的社会或民族中，对男女两性各自扮演的角色以及发挥的作用都存在以性别为区分的类别性期待。在承认性别差异和性别角色客观存在的同时，对自身的性别角色和性别作用具有高度认同，是建立性别自信的必要条件。

（二）性别自信是对自身性别价值的高度肯定

每个人都是"现实的个人"，都是价值关系中主客体的统一体。马克思提出："历史的首要前提是'现实的个人'。人类历史是'现实的个人'与自然界不断发展的历史，人类社会形成过程中不断生成新的'现实的个人'和自然界，并且不断继续向前发展。"而马克思所说的"现实的个人"，包括人类群体中的每一个体，是不分年龄、职业、种族、国籍、地域、时代、血型、属相和性别的。女性和男性都是人类成员，都是推动历史发展的"现实的个人"。女性同时又是女儿、妻子、母亲，她们的性别魅力和性别作用应该得到人类所有成员的普遍认可和高度肯定。女性和男性共有的主体价值，需要一视同仁；女性和男性不同的主体价值，需要得到尊重。忽视、贬低和排斥女性主体价值的一切言论，都是违背正常人性和事理逻辑的荒谬之谈。

历史发展和文化进步有赖于人类所有成员的共同参与，有赖于男女两性各自奋发，优势互补，形成合力。性别是对人类群体进行正常划分的一个角度，但进行性别划分的目的、过程和结果，都不应导致男尊女卑或女尊男卑。作为正常的人类成员，女性的主体价值是生来就有并应得到广泛确认的。对女性主体价值的轻视乃至无视，会造成对女性主体价值的遮蔽，而对女性主体价值的遮蔽，又成为压抑女性主体意识、贬低女性主体地位的根本原因。女性有其独立地位和独特价值，不是男性的陪衬和附庸。认可自己所属性别的社会价值是建立性别自信的前提。每一名女性都应肯定自己的性别价值，坚持自己的性别自信，喜爱自己的性别气质，展示自己的性别魅力。每一名女性都应认识到性别是我们与生俱来的一部分，并能够自信地说出"我爱我的性别"。

（三）性别自信是对自身性别力量的坚定确信

自信是对自身力量的确信，即相信自己一定能做成某件事，实现所追求的目标。自信是发自内心的自我肯定与相信，是一种积极态度，是建立在理性自我评价基础之上的积极力量。如果说自信就是尊重自己、相信自己、肯定自己，那么性别自信就是尊重自己的性别、相信自己的性别、肯定自己的性别。1988年9月中国妇女第六次全国代表大会在北京召开，人民大会一致通过了全国妇联副主席、书记处第一书记张帼英所作《自尊、自信、自立、自强，为争取改革攻坚阶段的胜利建功立业》的工作报告。全国妇联大力倡导的自尊、自信、自立、自强的"四自"精神，包含着对女性性别力量的高度确信。可以说，具有"四自"精神的女性，必然具有性别自信。

女性要承担女儿、妻子、母亲等多重角色，在这些角色中的任何一个方面表现出色的女性，都应感到自豪。创作于20世纪80年代的歌曲《十五的月亮》中的"军功章啊，有我的一半，也有你的一半"，就是对军人妻子角色的赞美和肯定。当然，抛开女性的女儿角色、妻子角色和母亲角色不说，任何一名具有独立意识、性别自信和奋斗精神的女性，只要在自己的工作岗位上有所作为、焕发光彩，也都应感到自豪。中国现代妇产科学奠基人之一、北京协和医院第一位中国籍妇产科主任林巧稚先后接生了5万多名婴儿，终身未婚未育的她被尊称为"万婴之母""生命天使"。因为充满爱的辛勤工作和卓越奉献，林巧稚成为世上最富有的母亲，实现了自己的生命价值，在她身上闪现出女性特有的爱的光辉和性别力量。

二、建立性别自信的积极意义

（一）性别自信是女性发扬"四自"精神的必然要求

充分认识自己所属性别的独特价值，在坚持性别认同和性别自信的同时，树立独立意识，壮大自身力量，这是女性自我发展的需要，也是国家和全国妇联对广大女性的期许。从1983年9月中国妇女第五次全国代表大会上第一次提出妇女要"自尊、自爱、自重、自强，勇敢地捍卫法律赋予自己的神圣权利"，到1992年4月第七届全国人民代表大会第五次会议通过的《中华人民共和国妇女权益保障法》提出"国家鼓励妇女自尊、自信、自立、自强，运用法律维护自身合法权益"，再到2018年11月中国妇女第十二次全国代表大会修改通过的《中华全国妇女联合会章程》提出"教育引导妇女树立自尊、自信、自立、自强的精神，提高综合素质，实现全面发展"，在全国人大和全国妇联的倡导推动下，无论在家庭中还是在社会上，"四自"精神都在落地生根、遍地开花。

毫无疑问，"四自"精神是基于对女性性别力量的确信，是以性别自信为燃料点燃而成的星火燎原之势。没有女性的性别自信，发扬"四自"精神就无从谈起。换句话说，女性要发扬"四自"精神，必须有内心深处的性别自信做强有力的支撑。张帼英同志在工作报告中这样解释"四自"精神："自尊，就是尊重自己的人格，维护自己的尊严，反对自轻自贱；自信，就是相信自己的力量，坚定自己的信念，反对妄自菲薄；自立，就是树立独立意识，体现自己的社会价值，反对依附顺从；自强，就是顽强拼搏，奋发进取，反对自卑自弱。"其中，"尊重自己的人格""相信自己的力量""树立独立意识""顽强拼搏，奋发进取"，是从正面强调女性要有自信；"反对自轻自贱""反对妄自菲薄""反对依附顺从""反对自卑自弱"，是从反面强调女性要有自信。只有确立性别自信，女性才会产生独立的群体意识，只有建立健全的心理素质，才会真正发扬"四自"精神，使其成为经济建设和社会发展中举足轻重的力量。

（二）性别自信可以帮助女性抵御性别歧视和性别自卑的侵扰

男女平等的实现程度是衡量社会文明进步的重要标志。国际社会形成了以《消除对妇女一切形式歧视公约》为主、其他人权公约补充支持的妇女人权保护体系，但在公约的实施过程中，歧视性法律和有害习俗仍然存在，女性的经济、社会和文化权利保障有待大幅提高。近年来，我国的性别平等事业取得了显著进展，但对于职场女性而言，性别歧视现象仍然是不容忽视的现实存在，仍旧影响着女性的职业发展道路。比如，一名女性去酒店应聘，被要求写"一旦怀孕就主动辞职"的书面保证。招聘时用人单位询问婚育情况的也不少见，这成为许多女性在求职过程中遇到的一大"痛点"。事实上，我国多部法规均规定，除特殊情况外，不得以性别为由拒绝录用妇女或者提高对妇女的录用标准。每一名女性都可以以性别自信为支撑、以法律为武器，大胆地向就业性别歧视说"不"，尽力争取属于自己的合法权利。

性别自卑与来自家庭、社会、学校的某些不利影响和消极暗示有直接关系，对主体意识的发展非常不利。这种不利影响和消极暗示往往来自潜在课程。所谓潜在课程，是指在课程方案和学校计划中没有明确规定的教育实践和结果，但属于学校教育经常而有效的组成部分，可以看成是隐含的、非计划的、不明确或未被认识到的课程。从性别视角分析，潜在课程隐含极为严重的性别倾向，即重男轻女、男尊女卑。这种性别倾向影响学生尤其是女生性别观念的正确形成，甚至影响女生对自我性别的信心。家庭情境中的潜在课程因素，如父母性别刻板印象、对子女教育期望和早期教育隐含性别倾向,使女生开始成为女生;社会情境中的潜在课程因素,如报刊、电视网络等媒体以及社会职业分布等隐含性别歧视,强化了女生的性别自卑;学校情境中的潜在课程因素,如教科书、师生互动以及学校权力构成等也隐含性别倾向,对女生性别自信的负向性影响更为深刻以至于内化。换一个角度看,如果女生具有性别自信,充分认识到自身的性别优势和性别力量,就会对有关性别自卑的各种明示或暗示产生免疫力。在内心深处的性别自信面前,性别自卑没有藏身之地。

(三)性别自信是女性发展的动力源泉和精神支柱

性别自信是个人自信的基础,并与个人自信水乳交融、密不可分。成就事业需要自信,有了自信才能产生勇气、胆量和毅力,才会产生战胜困难、实现目标的精神力量。只有具有性别自信的女性,才有力量突破错误性别观念的束缚,唤醒巨大的个人潜能,作出一番伟大事业。海伦·凯勒说,信心是命运的主宰。幼年时因病成为聋哑盲人的海伦·凯勒始终保持自信自强,凭借坚强的意志,她掌握了英、法、德、拉丁、希腊五种文字,并考入拉德克利夫学院,最终成为闻名世界的作家和教育家。居里夫人说,我们应该有恒心,尤其要有自信心。居里夫人两次获得诺贝尔奖,她所具备的精神力量以及取得的巨大成就,必然有来自性别自信的支撑和推动。

由于家务劳动社会化程度的提高、小型家电的不断普及、男性分担家务的比例上升等因素,女性能够在一定程度上从烦琐的家务劳动中解放出来,有了更多的时间和精力参与社会活动。活动领域不再限于家庭,能够在社会生活中有一番作为,实现个人价值,是绝大多数女性的共同理想。在21世纪,女人更注重的不再是在男人心中的形象,而是自我价值的实现,有独立的事业成为女人梦寐以求的理想。对美的执着固然是女人的天性,但是成功也是21世纪女性对美的理解,在社会生产领域占有独立的空间是21世纪女性获得美的方式。在实现人生理想和自我价值的过程中,女性往往会遇到更多的困难和挫折,如果没有性别自信和坚强意志的支撑,就容易产生性别自卑,感到虚弱无力、寸步难行,甚至会因此放弃努力。在困难和挫折面前,基于性别自信的坚强意志就像汪洋大海中的定海神针。

三、建立性别自信的有效途径

（一）坚持性别自信，壮大自身力量

21世纪又被称为"她世纪"，也是个体化进程加速推进的时代。阎云翔将中国的家庭变迁和个体化进程提升到国际层面进行比较和讨论，将中国社会背景下的个体类型称为"奋斗个体"，突出个体化进程的主观性。他认为这是一种自我驱动、深谋远虑、坚定的主体，追求自主的人生，伸张自由的权利，想方设法创造属于自己的生活。这样的奋斗个体，既蕴含着中国传统文化中辛勤劳动者的形象，又反映出改革开放与市场竞争条件下催生的奋斗精神，是优秀传统文化与蓬勃时代精神的融合。奋斗个体既自我驱动，又顺应大势，在个体奋斗与时代脉搏的交响中开拓自己的事业，创造属于自己的生活。在改革开放大潮中进一步获得解放的中国现代女性，具有充沛的自强精神，通过努力学习、广泛就业、勇敢创业绽放精彩，生动诠释了什么是奋发图强，什么是奋斗个体。

当今时代，尽管男女之分仍然存在，但更多的是对两性在生理特点、思维特征、行为方式等方面的区别认识。区别认识的结果不是男强女弱或女强男弱，而是各有所长，因此不应抱有男人或女人一定适合干什么或一定不适合干什么的性别定型观念。例如，1982年，"专业技术人员"还是一个典型的"男性化"的职业类型，其男女性别比为161∶100，到2000年该职业女性从业人数已经超过男性，其男女性别比为93∶100。所以，不管在什么工作岗位上，女性都要破除性别定型观念，坚持性别自信，用出色的表现来证明自己的价值。就像伍尔夫所说："首先，要拒绝臣服，要克服自我贬抑和妄自菲薄的心理。其次，要建立女性自己的价值观念，这些价值观念表现为一种复杂的力量，一种更独特的创造力。再次，要走出封闭的、狭小的个人世界。"在社会领域取得事业成功，实现人生价值，应成为广大女性的高度共识和自觉行动。

（二）突破性别刻板印象，开拓新天地

性别刻板印象是针对某一性别的性格特征、外貌、行为、角色的普遍看法或成见。性别刻板印象可能是正面的，也可能是负面的，但无论是正面还是负面的刻板印象，都有可能限制多样性，限制不同性别的发展机会。性别刻板印象主要体现在穿着、外貌、行为、性格、家庭和职业选择等方面，比如：男性应留寸头、不能戴首饰、不能化妆，女性要留长发、穿裙子、化妆；男性应该高大、强壮，女性应该瘦弱、文静、温柔；男性具有攻击性、强硬，女性情绪化、敏感；女性负责照料家庭，男性负责赚钱养家；女性更适合从事老师、护士、秘书等职业，男性更适合工程、数学、物理等领域的职业。性别刻板印象源于性别角色的分化，其作用在于加速认识过程，但也容易造成认知偏差，社会上流行的性别偏见一般都是以它为基础的。

成功在过去是有一个模式的，女性要做贤妻良母，男性要做英雄，这种固定模式牢牢规圈着人们的生活，而现在女性已经打破了这种模式，能够按照自己的意愿去生活。在社会行为上，性别的鸿沟越来越小，没有哪一种社会工作，没有哪一种生活方式是女性不可以选择的，甚至可以说，无论是表达空间还是生存空间，都有女性超过男性的趋势。女性不仅在原本占优势的行业（如护士、保姆、钟点工）大显身手，而且在男性原本占优势的行业（如行政、科研、考古）一展风采；相反，男性却很少涉足女性原本占优势的行业（如护士、保姆、钟点工）。近年来，就男女平等和共同发展而言，还出现了这样一种可喜局面：女性似乎要走出家庭，在男性的工作世界中实现她们的自我；而男性似乎是要解放自己，不再用工作领域的成功来定义自己，并趋向于在家庭和其他自我实现的新领域给自己一个新的定义。

（三）男女两性优势互补、合作共赢，共建文明家庭与和谐社会

男女关系和谐是和谐社会的重要内容。《易经》中"阴阳和合"的观点为我们建立和谐的男女关系提供了理论参考。《易经》认为，在阴阳关系构成的整体中，阳是主动的，是进取和主宰力量，阴是受动的，是配合和平衡力量，阴阳各有分工，互相促成，构成一个和谐整体。当然，不应把阴阳跟性别简单对号，认为男性是阳、女性是阴，也不要把阴阳跟尊卑对应起来，认为阳是

尊贵的、阴是卑贱的。实际上，不论男女，主动、进取、主宰的一方就是阳，被动、配合、平衡的一方就是阴，两者各有特点，各有作用，互相配合，方得圆满。独立平等是和谐的基础，优势互补是和谐的关键。我们追求的性别和谐，不能以压抑女性的发展来支持男性的发展，也不能以牺牲男性的利益来换取女性的发展，而是要以男女两性平等地占有社会资源、共同参与社会发展为前提，达到两性协调发展，进而实现社会可持续发展的目的。

在主张性别平等和优势互补的基础上，不管是男为阳、女为阴，还是女为阳、男为阴，男女双方都可以取长补短，互相合作，共同构建文明家庭，共同建设和谐社会。现代社会强调共赢思维，强调将合作建立在相互平等和信任的基础上，通过换位思考、相互理解、相互支持，使双方或多方的利益分配趋于合理，使各方基本满意。共赢思维是在一切人际交往活动中寻求互利的一种思维模式，以这种思维处理人际关系，可以达到少争议甚至无争议，使个人身心更加健康愉快，人际关系更加融洽和谐。普遍树立共赢思维，有助于将社会发展提升到一个新的高度，使每个家庭和整个社会更加文明和谐。

四、结　语

女性建立性别自信，是正确认识性别差异的必然结果，也是女性发展和社会进步的必然要求。女性性别自信的提升是一个系统工程，需要政府、社会以及个人的共同努力。男女两性生活在同一个世界，属于同一个"人类命运共同体"，男女两性在物质欲望、精神需要、发展潜能、家庭责任和社会作用等方面，同一性远远大于差异性，这是两性容易沟通的坚实基础。面对国家，就对国家负责，面对社会，就对社会负责，面对工作，就对工作负责，面对家庭，就对家庭负责，这是对男女两性的共同要求，也是男女两性的共同责任。

参考文献

[1]《新周刊》.中国女人书[M].桂林：广西师范大学出版社,2015.

[2]陆杰荣,吴霞.马克思以"现实的个人"为基点展开的逻辑进路[J].重庆理工大学学报,2020,34(3):150-156.

[3]陈晓玲,霍红.21世纪我们做女人[M].长沙:湖南大学出版社,2000.

[4]胡冬莲.潜在课程性别倾向对女生性别自信的影响研究[D].南昌:江西师范大学,2004.

[5]钟晓慧.个体化理论下的中国家庭研究:转向与启示[J].中国研究,2020(1):5-23,253.

[6]李银河.女性主义[M].上海:上海文化出版社,2018.

[7]魏国英.女性学研究体系与方法[M].北京:北京大学出版社,2018.

我国智慧养老产业发展现状及对策

黄凤仙[*]

摘　要:随着我国人口老龄化程度的加深,许多地方推出了智慧养老的相关举措,一定程度上满足了老年人的需求,但也存在亟待解决的一些问题,主要集中在老年人群体尚未形成对智慧养老的正确认知、供需不匹配、复合专业人才缺失等方面。应提高复合型人才的培养力度、强化对老年人群体的信息引导、以需求为导向设计优化养老产品,满足老年人群体的个性化、多元化养老需求,促进智慧养老产业健康发展。

关键词:智慧养老;人口老龄化;发展现状;对策

2021年5月,国家统计局公布的数据显示,我国65岁及以上人口占总人口的13.50%。联合国出版的《人口老龄化及其社会经济后果》中指出,老年人口比例超过7%即进入老龄化社会。人口老龄化问题会渗透到经济、税收、医疗、住房等不同领域,并带来一系列影响。在我国人口老龄化背景下,国家出台了《国务院办公厅关于推进养老服务发展的意见》《"十三五"国家老龄事业发展和养老体系建设规划》《关于推进老年宜居环境建设的指导意见》等,致力于完善我国养老体系,提升老年人的生活质量。随着我国"十四五"规划以及2035远景目标的开篇,智慧养老产业的发展将会对我国社会经济发展产生重大影响。促进智慧养老产业健康发展,具有非常重要的现实意义。

---

* 黄凤仙,黄冈师范学院副教授,研究方向为高等职业教育。

一、我国智慧养老产业的发展历程

我国的智慧养老产业起源于对欧美发达国家同类型产业的研究和借鉴,从我国智慧养老产业模式的发展过程看,可分为3个阶段。

(一)2012~2014年的探索起步阶段

我国智慧养老产业是以欧美发达国家同类型产业的发展经验作为借鉴而探索起步的,将互联网咨询以及电话呼叫等作为产业发展的起点。2012年,国内智慧养老以智慧服务、检测等方式开始起步;2013年,政府批准建立首批智能型养老实验基地15家。

(二)2015~2020年的试点示范阶段

2015年,我国智慧养老正式进入国家工程行业,开始从区域试点逐渐向全国范围扩散。200多个智慧养老服务机构的建立,使得国内的养老信息服务水平得到显著提高。截至2020年,全国已经陆续开展了3批有关智慧养老应用的试点示范评选工作,累计评选出117个智慧养老产业示范企业、225个示范企业以及52个示范基地。

(三)2020年之后的爆发增长阶段

2020年以后,随着我国5G技术和云计算的快速发展等,我国的智慧养老产业得到快速发展。在这种时代背景下,前瞻性的顶层设计以及合适的智慧养老产品开发成为今后智慧养老产业发展的主要方向。

二、我国智慧养老产业的发展现状

2010年之后,我国有关智慧养老产业的研究力度逐渐加强,政府部门在医疗保险、养老健康、素质教育等各个层面尝试积极落实智慧养老工作。经济较为发达的北京、上海、广州和深圳等地都进行了智慧养老方面的探索。

（一）北京市内广泛建立智慧养老示范驿站

在智慧养老产业方面，北京市广泛建立智慧养老示范驿站。北京市老年人家庭可以借助手机 App 实现各种医疗服务在线预约，老年人健康能够实现在线监测。北京市智慧养老示范驿站配备了诸多科技含量较高的健康体检设备，并引进了全新的物管模式。当地居民和老年人群体完全可以通过智能终端中的 App 联系与物业管理相关的各种业务，实现 24 小时在线下单预约维修、保洁等各种基础类型的物业管理服务。北京市推行的这种智慧养老服务示范驿站，能够实现线下养老服务和线上养老服务的有机结合，推动当地养老服务流程不断改善。这种做法是借助了技术手段，针对现有的养老服务模式进行效率和质量方面的提升，并未针对养老服务的方式方法进行创新。

（二）上海市推行"一网统管"的智慧养老平台

上海市是我国经济高度发达的地区之一，在城市智慧养老产业建设过程中走在前列。上海市长宁区江苏路街道建成"一网统管"的智慧养老平台，为独居老人安装完善的烟感报警、红外线监测等一系列智能电子设备以及常用水表等基础设施。一旦监控系统发现独居老人超过 24 小时未出门或者 12 小时内水表的读数始终低于 0.01 立方米，各街道内建立的"一网统管"平台就会收到警报信号，并及时将这一信息反馈给独居老人所在的街道和居委会，由街道和居委会派遣专人进行详细调查。"一网统管"智慧养老平台的建立，极大降低了独居老人在家中突发意外而出现的死亡风险，同时也为街道和居委会有针对性地探访和照料独居老人提供了便利，对于缓解当地基层工作人员数量不足造成的压力有着十分显著的作用。但这样一个平台的建立需要投入较大成本，而且预警也只能在事后进行，无法做到对各种风险事件的事前预判。

（三）广州市组建全市统一居家智慧养老平台

作为我国南方地区经济发达的代表性城市之一，广州市将上门做饭、生活照顾等服务作为出发点,凭借各种智能终端建立完善的老年人居家安全职能防护网,实现了对老年人上门生活照料以及社区服务的全方位覆盖。广州市建立的全市统一化居家智慧养老服务平台,能够有效满足老年人最基本的日常生活需求,对各种老年人服务方面的数据也能够实施统一管理。这种方式能够显著降低管理工作的成本投入,但因为是一种偏向信息化的管理,需要相关人员进行信息、数据的手动录入,有一定工作难度。这种方式结合了多种现代化的信息技术,通常在青年和专业服务人群中推广相对较为容易,高龄老人的接受难度较大,再加上信息质量和更新频率无法得到有效保证,甚至和部分社会养老机构正在使用的养老平台存在一定冲突,不利于智慧养老的普及发展。

(四)深圳市发放智慧养老颐年卡

深圳市全面整合当地的养老服务需求,对各项福利优惠补贴进行统筹规划,向老年人发放智慧养老颐年卡。老年人能够根据其所处的年龄阶段享受不同程度的养老服务,实现了老年人群体日常生活、出行、旅游等各种养老服务的一卡通行,以及对当地养老服务、资源的全面整合。这种方式也是单纯使用技术手段对现有养老服务方式在工作质量和效率方面予以提高,并未对养老服务方式、方法进行创新。此外,对老年人群体发放的颐年卡与原有的社保卡出现了功能重合的问题,从长远发展来看,不利于统一管理和高效服务。

三、我国智慧养老产业发展中存在的问题

(一)供需不匹配

从我国智慧养老服务发展的需求来看,我国老龄化现象较为严重,老年人群体过于庞大,同时老年人所处的家庭背景、受教育程度等多种多样,有着巨大而多元化的养老服务需求。而从我国智慧养老服务产业发展的供给来看,我国智慧养老产业尚处于起步阶段,已经建立的智慧养老智能平台和终端通常存在着单纯追求技术更新、为智能而智能以及忽视技术合规性三

大问题。这些问题出现的根本原因是,我国智慧养老产品的研究没有真正做到以人为本,忽视了养老服务的多元化需求和个性化体验,单纯重视科技含量提高。目前市面上绝大部分智慧养老产品在技术、精度等方面都有明显的优势,但缺乏明显的个性化和适老化。除此之外,虽然绝大部分线上平台都能够将老年人的日常生活、医疗和家政服务囊括其中,但忽视了对老年人的精神安慰、临终关怀,缺乏有针对性的养老服务。

（二）复合型专业人才缺失

在老龄化现象越发严重的背景下,我国老年人口数量呈现出持续增加的态势,对智慧养老产业的专业人才的需求也不断增加。但需要注意的是,智慧养老产业涉及信息、医疗卫生、服务、金融等多个层面,整体产业发展具有长期性和多元化的特点,专业化的智慧养老人才并非经过短时间培训就可以得到。从我国养老产业的发展现状看,对各个领域都有较多涉猎的复合型人才的数量相对较少。同时,智慧养老产业现有从业人员的专业素质相对较低,国内智慧养老产业的薪酬状况无法有效留住高端人才。填补我国智慧养老产业复合型人才的巨大缺口,需要各级政府对智慧养老产业发展高度重视和大力支持,需要行之有效的监管和激励机制,也需要建立健全养老产业复合型人才的培训培育系统。

（三）老年人群体对于智慧养老服务认知度和接受度低

目前,互联网技术已经成为人们日常生产生活中不可或缺的重要组成部分,大多数人都乐于享受各种智慧服务给生产生活带来的便利。但年龄较大的老年人接受新事物的速度相对缓慢,再加上受教育程度有限,缺乏有关互联网技术方面的专业培训教育,部分老年人还受制于经济条件等因素,对智慧养老服务并未形成正确认知。即便部分老年人想要强化对互联网技术知识方面的学习,但因为主客观条件的影响,学习能力有所下降,无法实现学习目标。要想更好地享受智慧养老服务提供的便利,老年人需要熟练应用各种智慧养老软件,但这恰恰是老年人最为缺乏的能力之一。

（四）地区发展差异较大

受制于自然环境以及经济发展水平、地方政策倾斜程度等因素,我国智慧养老产业存在着较为明显的区域差异。东部经济发达的地区在智慧养老产业中的资源投入和政策支持力度较大,再加上先进的科学技术以及现代化的养老观念,智慧养老的市场服务需求和市场空间相对较大。但我国西部地区智慧养老产业发展相对滞后,需要优先拉动当地的经济增长。地方政府对智慧养老服务产业发展的重视程度不同,产业标准也不统一,不利于资源整合,影响养老产业的发展。

四、促进智慧养老产业发展的策略

（一）以需求为导向设计个性化养老产品

养老服务需求具有明显的个性化特征,智慧养老产品和服务要以需求为导向,向着个性化方向发展。不妨将智能硬件设计作为切入点,在全面考虑消费者个性化需求的前提下,设计出技术含量较高且操作较为简便的全新产品。在产品设计优化的过程中,除了考虑技术方面的因素,还要将人文关怀融入其中,如针对空巢老人提供远程陪伴的VR技术,满足老年人的精神需求。在智慧养老服务改进硬件、优化创新的过程中,要全面了解所属地区老年人的思想观念和生活习惯等方面的差异,针对需求较为特殊或者生活存在困难的老年人提供更精准的特殊服务。政府要大力加强智慧养老基础设施建设力度,将GPS定位系统和互联网系统引入社区、街道的智慧养老服务。要充分考虑老年人个性化的精神需求,借助大数据提供的各种便利,全面收集和分析老年人群体的养老需求信息,对老年人的日间照料、医疗护理和文体娱乐等方面的需求给予明确回应,提供动态化的智慧养老服务。

（二）加强复合型人才的培养力度

随着我国智慧养老需求以及市场空间的快速增长,社会对智慧养老专业复合型人才的需求也变得越发迫切。专业复合型人才需要在医疗、护理、营养学、心理健康、信息技术等方面都具备一定的知识技能。在智慧养老产业复合型人才培养的过程中，要强化政府对相关学校或培训机构的支持力度，从政策、资金方面给予支持，鼓励合作创新，并适当提高智慧养老产业行业的人员准入门槛。学校或培训机构则需要通过强化智慧型养老产业方面的专业技能培训，提高学生的思想道德和专业素质水平，确保学生能够达到智慧养老行业发展的具体要求。在智慧养老产业复合型人才培养的过程中，必须以学生自主学习能力的培养为目标，并将重点放在培养和提高智慧养老岗位所需要的职业技能上，确保学生在投入工作之后能提供专业高效的智慧养老服务。

（三）强化对老年人群体的信息引导

为了帮助老年人群体跨越数字鸿沟，我们需要加强对老年人的信息技术培训。各级政府可定期举办信息技术培训班，对存在智慧养老服务需求的老年人进行有针对性的技能培训。同时，职业学校也可以为老年人开设专门课程，以互联网技术为基点，帮助老年人熟练掌握智慧养老产品的操作方法，强化对老年人的信息技术教育，帮助老年人更快更好地融入现代社会，进一步提高生活质量。同时配合线上和线下宣传活动，促进老年人对智慧养老形成正确的认知，从内心深处接受智慧养老服务，进一步扩大智慧养老产业的消费市场空间。

（四）优化国内整体产业的布局

我国智慧养老产业要相对均衡发展，可以存在一定的地区差距，但差距不宜过大，对欠发达地区的智慧养老产业发展要给予更多的政策和财政支持。我国智慧养老产业是社会福利体系的重要组成部分，要对发展这一产业的企业给予政策性补贴，提高智慧养老产业对企业的吸引力。要鼓励商业银行在信用贷款、贷款降息等方面给予智慧养老产业企业以有力支持，配合税费减免或者各种专项补贴，营造良好的发展环境，吸引更多企业参与智慧养老产业，推动我国智慧养老产业快速发展。要适当降低准入门槛，激发行业活力，吸引更多的资本进入智慧养老产业。探索采用公办民营的运作模式，由政府在政策和补贴方面对企业给予支持。选择优质企业以及优质社会资本参与智慧养老产业,致力于优质养老产品的研发、创新,提供个性化、多元化的智慧养老服务,实现我国智慧养老产业的标准化、可持续、高质量发展。

五、结　语

在人口老龄化快速发展的时代背景下,养老问题已成为急需解决的重大社会问题。各级政府组织以及企业、社区要全面遵循国家政策以及顶层设计,建立一体化的联动机制,推动智慧养老服务产品的个性化、多元化发展,为我国智慧养老产业提供广阔的市场空间。

妇联赋能女性社会组织参与社会治理的路径研究

——以长兴县妇联为例

徐越倩　李　倩　王笑笑*

摘　要:新时代社会治理背景下,妇联作为党领导下的群团组织,把女性社会组织定位为社会治理的重要主体和组织手臂的延伸,大力促进女性社会组织的发展壮大。长兴县女性社会组织发展迅速,但妇联在推动女性社会组织参与社会治理中还面临资金支持仍然不足、专业人才队伍建设有待加强、女性社会组织内部治理尚未完善及培育支持力度与发展需求相比仍显不足等困境。本文基于调查研究,从机制、人才及技术保障三个维度,提出妇联赋能女性社会组织参与社会治理的路径,推进共建共治共享的社会治理格局。

关键词:妇联;女性社会组织;社会治理;对策

一、问题的提出

中国特色社会主义进入新时代,我国社会主要矛盾已经转化为人民日益增长的美好生活需要和不平衡不充分的发展之间的矛盾。随着我国社会

---

*　徐越倩,浙江工商大学发展规划处处长,浙江工商大学英贤慈善学院执行院长,教授,研究方向为社会组织与地方治理。李倩,浙江工商大学公共管理学院硕士研究生,研究方向为女性社会组织。王笑笑,浙江省妇联办公室副主任,研究方向为女性社会组织。

主要矛盾发生了变化,社会利益主体呈现出复杂化、多元化的趋势,社会公众对个人权益的维护意识不断增强,对基层治理、公共服务的需求呈爆发式增长。仅靠政府单一主体难以满足社会治理差异化、多样化、个性化、多元化的需求,需要更多主体共同参与社会治理、提供社会服务。党的十九大报告指出,推动社会治理重心向基层下移,发挥社会组织作用,实现政府治理与社会调节、居民自治良性互动。这是对社会力量参与治理的要求,也是对构建基层社会治理新格局的要求。

社会组织是社会治理的重要主体和依托。推进社会治理创新,需要打破政府唱"独角戏"的格局,充分发挥社会组织参与社会治理的积极性、主动性和创造性,这为社会组织发展带来了新机遇,也对社会组织如何参与社会治理提出了新使命和新要求。社会组织的发展离不开外部支持,政府的行政资源在社会组织的发展成长中具有重要作用。女性社会组织是社会组织的一种类型,江苏省妇联与江苏省民政厅共同出台的《关于进一步加强女性社会组织建设的意见》将女性社会组织定义为以女性为主体、由女性担任负责人(秘书长),或是以妇女儿童及家庭为主要服务对象,为女性参与社会活动提供平台,且女性成员占一半以上的社会组织。女性社会组织的发展离不开妇联的培育扶持。妇联如何促进女性社会组织参与社会治理是本文重点研究的内容。

本文以浙江省长兴县妇联为例,综合运用文献法、实地考察等方法,了解女性社会组织及妇联培育扶持女性社会组织的具体情况,对长兴县、乡镇(街道)、村(社区)的妇联进行问卷调查,共发放问卷200份,回收176份,回收率88%,有效率为90%,向女性社会组织发放问卷350份,回收320份,回收率91.4%,有效率为92%。同时对各级妇联干部、女性社会组织人员进行访谈,在深入了解的基础上,探索妇联赋能女性社会组织参与社会治理的发展路径。

二、推动女性社会组织参与社会治理的基层实践

(一)女性社会组织的发展特点

随着经济社会的迅速发展和改革开放的逐步深入,长兴县女性社会组

织的发展态势良好。根据长兴县妇联提供的有关数据,截至2021年5月,长兴县依法登记社会组织730家(社会团体420家,民办非企业单位305家,基金会5家),其中女性社会组织620家,5家女性社会组织获评5A级,4家女性社会组织获评4A级,12家女性社会组织获评3A级。近年来,长兴县女性社会组织发展主要呈现以下特点。

第一,发展迅速,数量较多。2016年长兴县有女性社会组织390个,2017年有445个,2018年有494个,2019年有552个,2020年达到620个。其中社会服务类的女性社会组织迅猛发展(图1)。

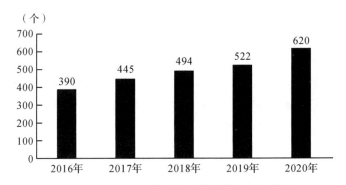

图1　2016—2020年长兴县女性社会组织数量

第二,服务领域众多,涵盖范围广。女性社会组织服务领域广,涵盖就业创业、社会服务、文化体育卫生、环境保护、权益维护、社区服务、儿童教育、志愿服务、助老服务等诸多方面。这些女性社会组织在精细化、多元化、专业化服务社会、服务妇儿等方面发挥了独特作用,在社会治理领域中的作用也越来越重要。

第三,女性工作者多,经验丰富。长兴县登记在册社会组织从业人员和会员总计104700多人,人群涵盖体制内外、各行各业,占全县总人口的近1/6。社会组织负责人及从业人员70%以上是女性,在已定的十三大类社会工作领域中,实际工作大部分由女性承担,工作内容全部和女性相关,多数女性社会工作者工作多年,经验丰富。

（二）推动女性社会组织参与社会治理的实践

1. 坚持党建引领，开展双向培育

一是培育社会组织中的党组织。自2018年1月起，长兴县妇联委托南太湖社会创新中心培育入驻的社会组织，在培育社会组织的同时，强调社会组织中党组织的培育，完善社会组织党建工作制度体系，大力推进社会组织党建在机制、方法、形式上的创新。现已有3家社会组织成立功能型党支部，定期开展党组织活动并积极参与其他党支部开展的党建活动，入驻的社会组织工作人员已有多人提交入党申请书。探索社会组织党员联管共建机制，通过搭建联管共建平台，安排下属党组织党员联合参加组织生活，建立志愿者服务队，吸收社会组织党员80余人共同参与志愿服务，发挥党员队伍先锋模范作用，强化党建基础，以党建引领培育。

二是培养基层红色治理人才。首先，参与"红治人才"的培养计划，对通过项目笔试的女性社会组织工作人员开展科学系统培训，内容涉及党建融合、专业成长、内部治理、监事体系、财务治理、作用发挥等六个方面，积极为党培养基层治理型人才，打造女性社会组织参与基层治理的重要人才队伍。其次，开展"红邻长"骨干训练营活动，提升居民参与社区自治的积极性和能力，探索居民自治的特色模式。最后，起草"红邻长"自治服务规范，"红邻"服务内容由街道党组织和社区党组织指导，针对社区难点热点问题和社区成员普遍需求问题建立健全需求、资源、项目和志愿清单，对照清单双向认领、双向服务，围绕社区治理开展自治服务。

2. 多渠道培育，建好组织队伍

一是建立孵化基地，培育组织。2016年10月，长兴县社会组织综合妇联成立，着力培育发展女性社会组织。为进一步提高专业性，妇联积极协调有关部门建立女性社会组织孵化基地，搭建集工作阵地、人才培训、组织孵化于一体的综合性服务平台，为新创办的女性社会组织提供场地设备、项目运行等支持，强化女性社会组织参与社会治理与创新的探索和实践，充分发挥女性在社会治理中的优势和作用。基地采取政府资金支持、专业团队管理、社会民众受益的运营模式，自主运作、自我管理模式，以及强化法务、财务及专业社工的培育模式，培育女性社会组织差异化、专业化发展，引导女性社会组织积极服务妇女儿童事业和社会民生。

二是争取政策倾斜，培育组织。女性社会组织硬件条件比较落后，普遍存在资金、场地、物资等资源匮乏问题，难以在民政局登记注册。对达不到登记备案资格的女性社会组织，县妇联协调各部门适度降低组织登记的准入门槛，在平时工作中注重发现有潜力能为妇女儿童服务的社会组织，引导其成长为正式的女性社会组织。在推进会改联时，出台《基层妇联组织"三化"试点工作方案》，通过争取政策资源，组织培育女性社会组织，促进其更好地参与社会治理。女性社会组织通过申请承担政府职能调整转移出来的部分惠民项目，推进妇联职能的社会化转型升级，形成妇联组织参与社会治理服务的制度性安排，不断增强女性社会组织的管理运营和服务能力。

3. 项目化运行，加强组织管理

一是搭建平台，承接项目。实化项目服务，推动女性社会组织长效参与社会治理。项目化服务是工作做深做细做实的有力举措。为此，长兴县妇联从工作经费中专门拨出公益微创投项目经费，让女性社会组织、妇联系统组织承接项目，妇联组建专业督导团队，安排财务人员监督项目预算执行，帮助团队分析并解决项目实施过程中存在的问题，有效推动获选项目实施。

二是创设渠道，创投项目。借助多种公益创投渠道，组团参加项目创投。鼓励女性社会组织参与政府购买服务项目，如长兴县民政局从福彩基金中拨款240万元开展社团公益服务创投，妇联主动跟进，组团申报，争取5万元的福彩资金，开展2个项目实践，为女性社会组织参与社会服务积累实战经验。同时长兴县妇联联合县总工会、县民政局、县委统战部等部门，扩大创投项目覆盖面，共同推动创投项目进村、进社区、进工厂等。

三是规范管理，运作项目。妇联从日常管理制度上抓规范，制定了《长兴县妇联购买公益创投项目资金使用管理办法》《长兴县妇联购买公益创投项目评估实施方案》，成立项目评审督导小组，对每一个购买项目进行过程跟踪管理，规范项目实施。此外，制定严格的项目评估制度，对社会组织制定的项目目标、内容、能力建设、资源链接、财务能力等开展专业督导，通过对女性社会组织与项目进行管理评估，促进女性社会组织规范化运作。

4. 多方位服务，促进组织发展

一是务实服务举措。首先，组建巾帼"红邻长"队伍，充分发挥"联"字优势。通过组织发动、网上动员、入户走访等多种方式,充分凝聚各领域、各层面、各组织的巾帼力量融入社会治理创新。其次,大力提升女性社会组织的自我发展能力。针对多数初创型社会组织在内部治理、项目运营管理等方面存在的不足及专业技能人才缺乏等问题,分别制订专业能力、人员培养、主题活动、项目督导等4个具体培训计划,并按照各女性社会组织的实际需求设置个性化课程,不断提高女性社会组织的服务水平。

二是创新服务渠道。随着网络虚拟社会的迅速发展,妇联将互联网深度融入服务女性社会组织的工作之中。采取"线上＋线下"双重服务模式,把现代手段与传统方式有机结合起来,创新社会治理方式,最大程度优化资源配置,提升治理实效。线上,结合村(社区)妇女网格化管理,在村民小组、楼宇、网格等建立"线上娘家""线上睦邻网吧"等,了解村(居)民需求,增进邻里交流;线下,积极回应村(居)民的需求,充分发挥巾帼"邻长"队伍的特长,用基层社会治理的精准化、精细化来应对妇女家庭问题的复杂性、多变性和突发性。

三是整合服务资源。首先,坚持问题导向,建立健全需求清单、资源清单和项目清单,实现资源、项目与需求的有效对接,打通服务妇女群众的"最后一公里"。其次,集聚社会力量为主题项目群募集资金。开创公益项目、整合服务资源模式,联合民政局、人民法院等部门,共同设计、组织、实施活动,扩大影响,汇聚社会公众爱心。

综上,长兴县妇联以党建引领广大妇女筑牢思想高地,凝聚起强大的巾帼正能量,通过孵化基地、争取政策多渠道培育女性社会组织,建立项目化运作机制,实现社团服务的公益性、长效化发展,打造多方位服务平台,整合多方力量促进组织发展。妇联多措并举,持续推动女性社会组织参与社会治理。

三、推动女性社会组织参与社会治理的困境

基于长兴县妇联推动女性社会组织参与社会治理的实践,可以发现,长兴县在推动女性社会组织参与社会治理方面成效显著,但在妇联推动女性

社会组织参与社会治理的过程中也暴露出诸多问题。

(一)资金支持仍然不足

资金缺乏是横亘在社会组织面前最大的难题。通过调研发现,长兴县女性社会组织资金来源中,政府购买服务占44%、政府财政拨款占11%、公益创投资金占33%、社会捐赠占6%、个人出资占6%、会费占0%,绝大多数资金来源于政府购买服务和公益创投,极少数女性社会组织能争取到社会的支持或者企事业单位的赞助(图2)。受经费缺乏的影响,有的女性社会组织只能缩小活动规模、减少活动次数;有的女性社会组织办公场地小,37.5%的女性社会组织没有固定的办公场所、会议场地等一般性办公所需设备,极大地影响了活动的正常开展和日常办公;有的女性社会组织依靠现有资金无法进行项目推广,满足自身发展需要。因此资金支持的不足制约了女性社会组织的进一步发展。

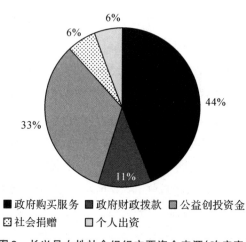

■政府购买服务 ■政府财政拨款 ▨公益创投资金
▨社会捐赠 □个人出资

图2 长兴县女性社会组织主要资金来源(响应率)

目前妇联的公共资金非常有限,资金支持女性社会组织仍然不足。《中华全国妇女联合会章程》规定,各级妇联的行政经费、业务活动和事业发展经费主要由政府拨款。长兴县妇联经费主要来源于政府拨款和省妇联专项经费。2016—2020年,长兴县妇联专项工作经费分别为114万元、124万元、103万元、141万元、86万元(表1)。长兴县有16个乡镇(街道、园区)妇联、

264个村(社区)妇联,全县总人口67.3万人,其中妇女32.8万人,女性社会组织620个。由此可见,妇联的工作服务对象及工作范围与财务支持之间存在一定差距,极大影响了妇联推动女性社会组织参与社会治理的效果。

表1 长兴县妇联工作经费(县级投入)

年份/年	县本级专项工作经费/万元	县妇女儿童发展专项基金/万元
2016	114	16
2017	124	14
2018	103	10
2019	141	10
2020	86	10

(二)专业人才队伍有待加强

人才是一个组织的重要战略资产,甚至是获取竞争优势的首要资源。专业人才的缺乏也一直影响女性社会组织参与社会治理。人才不足问题具体表现在3个方面:第一,自身能力薄弱。大多女性社会组织素质、知识储备、能力素质参差不齐,还未具备完整的科学组织能力,真正能承接政府让渡职能的女性社会组织数量较少。第二,组织干部挂兼职。大部分女性社会组织领导者是兼职,工作繁忙、精力不够,专业知识缺乏,整合社会资源的能力不足,难以适应组织管理的要求。第三,组织规模小。女性社会组织自身规模较小,专职工作人员配备不足,致使其活动范围以及可服务对象数量受很大限制,参与的社会事务边缘化,导致工作人员的专业化被弱化。目前,长兴县女性社会组织从业人员4812人,持证人员1863人,占比38.7%,社工人才储备不足,社工力量的介入仍有所欠缺,如心理咨询师、社会工作师等资格证持证人数较少。

基层妇联组织处在服务妇女群众的最前沿,是做好妇联工作的基础和关键。然而长兴县妇联自身队伍建设仍需加强。一方面,大部分干部为大专学历,平均年龄为37.81岁,创新能力较弱,综合能力有待提升。另一方面,妇联实际工作量比较大,涉及妇女儿童维权、婚姻调解等诸多内容,大多数干部身兼数职,由于时间和精力有限,常常顾此失彼,影响妇联工作的正常开展。

(三)女性社会组织内部治理尚未完善

内部治理是社会组织运转和开展活动的基础。内部治理做得好,社会组织可以运转更加高效、作用发挥更加良好。在我国进入中国特色社会主义新时代的背景下,大多数社会组织都面临内部治理科学化的问题,具体表现在以下3个方面。

第一,缺乏独立性与自主性。长期的"大政府、小社会"管理体制,使得女性社会组织的行政约束和行政依赖程度相对较高,长兴县各级各类女性社会组织的建立和发展,主要是基于妇联、街道、社区等主管单位的推动,由主管单位牵头成立,组织主要负责人是主管单位工作人员,经费由主管单位提供且占组织全年工作经费的80%以上,很难做到自主治理。第二,内部监督机制薄弱。监督机制是组织内部治理结构中极其重要的一个部分。许多社会组织规章制度不完善,一半左右的女性社会组织没有财务管理制度和信息披露制度,有的社会组织未设立监事会、理事会或虽设立但形同虚设,内部治理效率不高(长兴县女性社会组织各项规章制度建立情况见图3)。第三,激励机制作用不足。绩效考核流于形式、激励过程迟缓与简化、激励形式单调等激励机制的不足,不利于调动人员的工作积极性和职业化,竞争的缺失减弱了社会组织内部治理的动力,激励机制的不足影响了组织的内部治理。

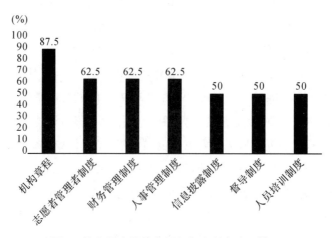

图3　长兴县女性社会组织规章制度建立情况

（四）培育支持力度与发展需求相比仍显不足

在社会转型期,社会组织是政府职能转移的重要承接者,因此培育和发展为广大妇女儿童及家庭服务的女性社会组织是妇联的重要工作。但长兴县妇联的培育支持与女性社会组织的现实发展需求之间仍存在差距,具体表现在以下3个方面。

第一,培育措施粗放,培育影响小。入驻的社会组织及核心成员的专业能力有所提升,但是大部分培育工作以集中培训的形式展开,造成了成员的知识吸收程度不一,小组吸收的成员人数较少,影响的人员范围较小,大部分机构核心成员在专业能力方面仍然需要小范围、集中式的培育。第二,提供服务的能力不足。孵化基地基础设施完备,但高水平的服务和全方位管理服务能力稍显不足。第三,组织覆盖面不足。在"妇联是否为贵组织提供了支持"这一问题上,12.5%的女性社会组织认为没有得到过妇联的支持与帮助,虽然建立了实体化运作的社会组织综合妇联,但目前还无法满足所有女性社会组织的发展需求。

四、妇联赋能女性社会组织参与社会治理的路径探索

（一）机制保障:建立健全女性社会组织治理机制

1. 健全联动工作机制

首先,建立工作互助机制。积极向民政部门申请登记注册,积累共建孵化、共同培育方面的工作经验,争取民政部门在政策支持、人才建设、项目运作等方面的支持,获得培育、指导和服务,增强女性社会组织参与承接政府让渡公共服务的能力,为女性社会组织的发展营造良好氛围。其次,构建维权联动平台。依法维护妇女与儿童的合法利益是妇联的基本职能,也是其赢得妇女儿童信任和拥护的重要保证。一方面,争取党政、司法等各部门的保障与支持,为女性社会组织建立社会化维权保障体系;另一方面,和残联、共青团的维权岗、维权热线、法律援助中心等相结合,贯穿打通各自的维权工作体系,形成触角遍及群众的维权网络,及时化解纠纷,维护社会和谐稳

定。最后,建立资源共享的服务信息平台。增强对女性社会组织的引导和服务,是妇联组织延伸工作手臂的一个重要方法。妇联要充分发挥"联"字的作用,积极配合民政部门,加强对女性社会组织的领导,协调女性社会组织之间的关系,整合女性社会组织各类资源,促进其健康、持续发展。

2. 规范组织运作机制

首先,引导女性社会组织建立和完善以组织章程为核心的内部管理制度。根据培育实际情况不断完善社会组织服务中心各项规章制度,严格根据社会组织培育规范,落实培育工作以及各类奖惩措施,加强管理力度,以规范社会组织培育工作。一方面,要使女性社会组织克服依赖性,增强自主、自立和自治的能力,建立规范的自我教育、自我管理、自我服务、自我发展的良性机制;另一方面,加强和规范内部管理制度、财务制度、信息公开制度、重大事项报告制度的建设,增强社会责任意识和法治观念,树立良好的形象和公信力,扩大社会组织的影响力。其次,引导女性社会组织建立和完善内部监督机制。把党建工作引入社会组织活动的全过程,通过引领和凝聚作用促进社会组织的健康发展。最后,引导女性社会组织确立内部激励机制。一方面,使女性社会组织负责人及成员认识到内部激励的重要性,创造共同的价值理念。在内部管理中组织文化是一种无形力量,良好的文化氛围往往会产生激励作用,每个人都会为实现自身价值作出贡献。另一方面,根据规章制度,促进组织内部晋升渠道的畅通。晋升是组织管理和员工激励制度的最有效途径之一,更是留人和用人的最佳方法。

3. 建立项目化运作机制

首先,建立项目承接机制。把握市场需求,协调社会资源,通过政府委托和自主开发等形式,积极主动承接政府授权的社会公共管理和服务项目,如职业技能免费培训、文明礼仪培训等,打造一批为妇女儿童服务的公共产品。其次,完善项目合作机制。以开放性工作思路,更大力度地协调、整合各方资源,解决资源有限这一难题。对于政府委托的项目,妇联组织可以联合不同类型的女性社会组织共同实施,吸纳不同知识结构、不同经历阅历、不同需求视角的志愿者融入妇女发展项目的实施和研究,发挥各自优势,建立互惠双赢的合作模式。最后,推进女性社会组织的品牌建设。鼓励支持女性社会组织深入挖掘社会需求,积极参与公益服务类项目,满足社区、居民日益多样化、个性化的社会需求,通过服务项目加强对社会组织的引导,进一步强化项目意识,提升女性社会组织需求调研、项目设计、项目运作水平,推进女性社会组织品牌建设,引导优秀女性社会组织完善发展规划、加强项目宣传,提高品牌辨识度和社会知名度,增强女性社会组织承接公共服务的能力,不断提升女性社会组织参与社会治理的专业化水平。

(二)人才保障:促进女性社会组织专业人才发展

1. 加强女性社会组织人才队伍建设

首先,构建妇女教育培训体系。根据女性社会组织的需求,突出重点,以点带面,开展多形式、多类型、多途径、多层次的女性社会组织教育培训工作,构建纵横交错的女性社会组织教育培训体系。在培训对象上,将女性人大代表、女性政协委员、女干部、女企业家、女大学生、女村官、女性创业带头人等女性优势群体作为重点,同时,面向广大女性社会组织开展公益性培训和学习教育活动。在培训基地建立上,依托各级党校、高校、社区学院等教育网络,借助社会教育培训的良好资源,开办各类中短期女性社会组织培训班。在教育培训方法上,通过集中培训、举办讲座、典型教育以及实地学习和考察相结合的方法,针对不同的女性社会组织开展教育培训。在培训师资上,邀请各地的专家、学者,利用湖州市高校、党校的师资组建文明礼仪讲师团、家庭教育讲师团、妇女维权法律顾问等,在全市范围内为女性社会组织开展培训或有关咨询服务。在培训内容上,以法律知识、文明礼仪、家庭美德、职业技能等培训内容为重点,开展继续教育,树立终身学习的理念。其次,切实加强女性社会组织干部履职能力培训。将挂兼职女性社会组织干部作为重点培训对象,加强女性社会组织干部的教育培训,将推动女干部素质提升作为女干部培养选拔工作之一,积极配合组织部门做好女干部教育培训工作,并纳入组织部门领导干部培训计划,分层次开展对各级女干部、女性人大代表、女性政协委员、妇女骨干的培训工作,促进女干部成长。

2. 提高女性社会组织专业化水平

首先,引导女性社会组织学习社会工作专业知识。结合妇联工作的特点和实际,把社会工作专业知识纳入县妇联党委中心组集体学习的重要内容,并采取指定必读书目、组织知识竞赛等方式,引导广大女性社会组织干部认真系统地学习社会工作的理论、实务知识以及相关法规与政策。其次,探索"内生式"发展路子,壮大社会工作者人才队伍。引导女性社会组织干部认真学习专业知识,踊跃参加社会工作职业资格考试。通过召开动员会、下发考试通知、统一报名、分享学习资料等步骤,鼓励女性社会组织干部报考社会工作师,学习社会工作的专业方法和技巧,提升女性社会组织的职业化与专业化,提高投身社会治理和服务工作的能力。最后,加强社会工作专业知识的实践运用。引导女性社会组织在工作中自觉运用社会工作专业知识,提升专业能力和服务水平,积极搭建、创造妇联与女性社会组织之间交流合作的平台,积极拓展、引导和培树专业服务型女性社会组织,更专业地做好妇女儿童服务工作,同时加强女性社会组织需求调研工作,有针对性地开展指导和培训。

(三)技术保障:数字赋能女性社会组织

1. 树立数字化理念

首先,树立数字化理念。随着数字技术的进步,"互联网+"深度发展,作为服务妇女、儿童等人群的基层服务团体的妇联,需紧跟时代潮流,树立数字化理念,加深对数字化改革的认识,以高度的政治自觉,认真谋划数字化改革背景下妇联工作的重点和目标。其次,主动学习、积极融入。全面深刻领会全省数字化改革大会精神,紧紧围绕建设数字浙江目标,把数字化改革作为妇联组织保持创造性张力的重要抓手,深刻学习数字化改革工作体系、内涵,切实提高智能化运作的水平和能力,统筹运用数字化技术、数字化思维、数字化认知,把数字化、一体化、现代化贯穿到妇联工作的各方面,推动工作体系整体智治、高效协同。最后,将数字理念与工作相结合。按照省市数字化改革部署,认真梳理年度重点工作及核心任务,同时针对不同个体、不同人群,在特定场景,传播不同内容并结合女性社会组织的需求提供相关服务。

2. 开发服务女性社会组织的应用场景

首先,梳理应用场景。妇联组织要全面梳理女性社会组织全生命周期服务事项,包括组织的成立、日常活动、活动主要内容、需求事项,以及对女性社会组织年度绩效考核、绩效反馈等事项,同时注重听取、挖掘女性社会组织的发展需求,重视其正当合理需求事项。其次,开发数字程序。与第三方合作,开发数字化应用程序,如微信小程序、微信公众号等,与地方大数据"驾驶舱"对接,将妇联组织架构、妇联工作人员、女性基础数据库、女性服务项目等按统一数据格式导入基层数据库,并上线妇联服务政策、政策解读、女性社会组织"年检一件事"、组织活动内容宣传等内容,设置服务功能模块,畅通女性社会组织以及民众服务需求的诉求渠道,高效对接妇联供给与组织、民众的需求,实现数字治理在基层的应用,提升自身发展能力。最后,加快数字应用场景的更新。数字技术的不断进步,组织、民众需求的发展变化,思想观念的与时俱进,数据资源的随时更新,都需要动态化发展应用场景,提升数字治理能力。

3. 提升女性社会组织数字化应用能力

首先,深度了解女性社会组织的数字化应用能力。通过"线上+线下"相结合的方式,全面了解女性社会组织的数字化应用能力,科学合理评估其数字化能力,横向对比其他地区女性社会组织的数字化应用能力,找出学习模范,纵向衡量女性社会组织自浙江省开展数字化改革以来组织内部的数字化应用能力是否稳步提升,找出存在的问题并改进,确保女性社会组织在数字化改革大背景下抓住改革红利与时机,提升发展能力。其次,加强数字化专业人才培养。在女性社会组织内部吸收、组建一支数字化的专业人才队伍,运行好组织内部的数字化应用程序,线上及时发布组织发展需求,精准回应民众服务要求。最后,提升女性社会组织人员的数字化应用能力。加大组织数字化应用培训工作力度,采取"理论叙述+实际演练"相结合的方式,对数字化应用中组织管理的基础信息及动态信息发布、党建管理等业务操作流程进行学习,提升数字化应用技能,使得组织内工作人员更好地掌握数字化程序的实际操作,为真正用通、用活、用好数字化程序打下坚实的基础。

"她力量"作用发挥的路径研究

——杭州市女性社会组织发展调研报告

陈　琼　施旦旦　雍　玥[*]

摘　要:新时代妇联改革工作的纵深推进以及现行社会组织制度环境的不断优化,为女性社会组织"她力量"发挥自身的功能作用提供了更多可能,也提出了更高的要求。本文通过对杭州市女性社会组织的发展现状进行调查研究,对女性社会组织突破困境、更好地发挥作用进行深入思考,从而提出了促进女性社会组织发展完善,提高参与社会治理和服务水平的对策建议。

关键词:女性社会组织;组织发展;社会治理

一、女性社会组织的定义和发展概述

女性社会组织是社会组织大家庭中的"她力量"。女性社会组织在中国的发展可以追溯到1995年第四次世界妇女大会。随着中国经济体制和政府机构改革的不断深化,同时叠加现行社会组织制度环境的不断优化,女性社会组织得到了长足发展。

何为"女性社会组织"? 学术界对此定义观点大致相同,除了区分具有政治属性的妇女联合会,不外乎在明确女性社会组织具有非政府组织的共同属性外,进一步阐释其关注妇女群体、研究妇女群体、服务于妇女群体的

---

[*] 陈琼,浙江省团校副教授,研究方向为群团工作和社会治理。施旦旦,浙江财经大学讲师,研究方向为社会工作、社区工作和质性研究。雍玥,杭州市妇联办公室主任,研究方向为妇女发展。

特性。有学者将妇女非政府组织定义为专门从事妇女问题研究或为妇女提供服务的组织。还有学者认为,女性社会组织应致力于为女性提供社会救助、社会保障和社会服务,其发展目标应该是实现社会性别平等。2013年12月江苏省民政厅和江苏省妇女联合会联合制定的《关于进一步加强女性社会组织建设的意见》中明确指出,女性社会组织是指以女性为主体、由女性担任负责人(秘书长),或是以妇女儿童及家庭为主要受益群体,为女性参与社会活动提供服务,且女性成员占一半以上的社会组织。2019年的杭州市女性社会组织"双十佳"推荐活动也对女性社会组织进行了界定:女性社会组织指以女性为主体、由女性担任负责人(秘书长),或是以妇女儿童及家庭为主要受益群体,为女性参与社会活动提供服务,女性专职工作人员占60%以上,且领导班子中有女性的各类社会组织(含社会团体、基金会、社会服务机构)。本报告在阐述女性社会组织这一概念时,采用杭州市女性社会组织"双十佳"推荐活动对女性社会组织的界定。

女性社会组织作为国际潮流推动、国内社会改革和妇女意识觉醒的产物,在开展国际交流,弥补政府对妇女群体治理与服务能力不足,以及为妇女群众提供服务等方面发挥了重要作用。女性社会组织作为社会组织的一种类型,除了具备社会组织的所有属性,又具有自身特点:社会组织成员多数为女性,负责人也往往为女性;具有固定的组织目标和特定的服务对象;拥有独特的社会地位和双重组织属性;在社会结构中发挥了桥梁纽带作用。而从女性社会组织的发展趋势来看,女性社会组织呈现出了"半边天"作用多元化、巾帼组织专业化、管理运作项目化以及工作机制联动化等特征。

二、杭州市妇联推动女性社会组织发展的做法

近年来,杭州市女性社会组织建设和发展工作成效显著。杭州市妇联积极适应新形势下妇女工作的新发展和妇女群众的新需求,扎实推进女性社会组织孵化培育工作,积极推进"女性社会组织+妇联组织"的新模式,切实加强枢纽型、服务型、创新型妇联组织建设,将女性社会组织作为延长基层治理工作手臂的重要路径。

(一)抓引领,培育女性社会组织工作品牌

积极发挥妇女之家的阵地作用,培育和扶持基层女性社会组织,通过在女性社会组织中设妇女小组,将一批热心妇女工作、影响力强的女性社会组织带头人吸纳到基层妇联组织中来,有效提高基层妇联组织的吸引力和凝聚力,扩大妇联工作的覆盖面,涌现出不少女性社会组织品牌。如上城区培育爱馨互助会开展特殊青少年及家庭帮扶,萧山区妇联培育以婚姻调解、法律咨询为主要服务内容的律英婚姻家庭纠纷调解工作站,建德市妇联培育的"千鹤嫂"创业联盟依托千鹤嫂直播间等平台进行直播带货,等等。

(二)重扶持,推动女性社会组织承接服务

以项目购买服务方式,由社会组织承接"化解家庭矛盾 促进社会治理现代化""防治家庭暴力 促进社会和谐"等项目。围绕婚姻家庭矛盾纠纷排查化解,培育覆盖全域的专业化家事调解员队伍;加强对枢纽型家事社会组织的规范指导,推进基层调解站点建设。杭州合欢心理咨询服务中心连续多年承接杭州市妇联"远离家暴,让爱回家"反家暴服务项目,为受家暴人群提供心理咨询、法律咨询等服务,并结合大数据统计、宣传讲座、联动干预等多种形式,构建起系统化的预防和制止家庭暴力体系。

(三)搭平台,促进女性社会组织能力提升

从2019年起,启动杭州市女性社会组织能力提升项目,面向全市范围内女性社会组织,通过网络征集、组织推荐、个人申报等形式多渠道征集女性社会项目,每2年开展1次杭州市"十佳"女性社会组织推荐活动。同时每年还开展杭州市妇女儿童家庭公益服务创意大赛,收到公益服务项目近100个,经专家评审选出"十佳"公益服务创意项目。2019—2021年完成2期女性社会组织能力提升培训班、举办11期女性社会组织沙龙活动、培育10家枢纽型女性社会组织,在引领区域女性社会组织发展、参与社会基层治理、扩大妇女工作覆盖面等方面起到了示范引领作用。建立杭州市女性社会服务资源库,已有多家女性社会组织加入。2021年开发杭州市女性社会组织"西子驿站"小程序,首批入驻的有80家女性社会组织。

三、杭州市女性社会组织发展情况

（一）女性社会组织概貌

截至2020年4月,杭州市有登记注册的市级女性社会组织352个、县级女性社会组织1987个。通过对杭州市100家女性社会组织进行统计,发现社会团体占10%,民办非企业占90%,且76%的女性社会组织是在区级层面成立的。民办非企业单位女性社会组织一般具有民办主体的特征,而女性社会团体最明显的特征是社团类型的多样性,主要表现为社团成员的职业分工和年龄构成具有显著的差别,其社会职能和行为倾向也具有多样性。

作为主要服务于妇女、儿童和家庭的女性社会组织,一般会根据组织的服务内容划分为不同类别。调查结果显示,杭州市公益服务类女性社会组织的数量最多,接近一半(图1),涉及的服务范围也较多集中在社区层面(图2)。这些女性社会组织都是因需求而产生的,主要致力于社区的管理和发展、敬老养老助老、困境妇女儿童帮扶、妇女儿童合法权益维护和妇女儿童能力改善等方面的专业服务。此外,服务范围也涉及心理援助、政策和法律咨询以及环境保护等多方面。

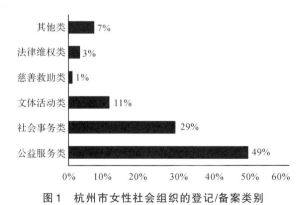

图1 杭州市女性社会组织的登记/备案类别

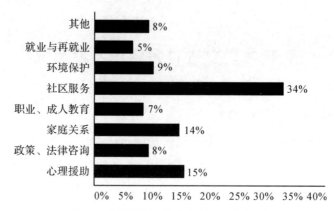

图2　杭州市女性社会组织的服务范围

（二）女性社会组织发展面临的问题

1. 办公场所等物质条件较为紧缺

固定的办公场所是女性社会组织进行组织日常管理、维持组织稳定发展、顺利开展活动的重要物质条件。办公场所来源包括机构自有、市场租赁、会员企业提供、临时借用等。总体来看，女性社会组织的空间资源比较紧张，没有独立的办公场所和临时借用的占比总和为21%，占比最大的是租赁使用（39%）（表1），需要承担房租和水电费用，会对组织发展造成不小的经济压力。

表1　杭州市女性社会组织的办公场所来源

项目	占比/%
自有产权	7
租赁使用	39
会员企业提供	7
组织领导或成员家中	1
临时借用	12
没有独立的办公场所	9
其他	26

2. 资金筹措方式单一

资金是社会组织赖以运作的重要资源。总体来看，杭州市女性社会组织的资金来源有政府购买服务（39%）、服务性收入（24%）和政府拨款（10%）及企业赞助（10%）等（图3），说明在资金来源方式上，资金筹措的方式比较单一，对政府的依赖性比较大。缺乏多元化、社会化的筹资渠道一方面导致女性社会组织的自主性发展不足，另一方面也导致其收入规模较小（图4），局限于政府购买项目的"一亩三分地"中。

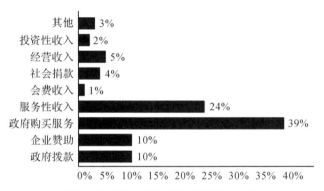

图3　杭州市女性社会组织的资金来源

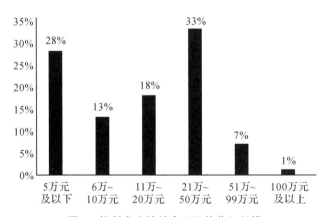

图4　杭州市女性社会组织的收入规模

注：社会组织收入以万元为单位进行四舍五入。

3. 组织管理机制有待完善

女性社会组织要实现可持续发展，就必须建立完备有效的治理机制和管理机制。调查数据显示,只有近4成的女性社会组织建立了机构理事会(图5)。社会组织机制建设的一个重要标志是成立理事会,理事会作为权力机构规划社会组织的战略方针,监督组织的运行。虽然不是所有社会组织都需要或者都有条件成立理事会,但目前来看,女性社会组织中理事会制度的接受尚不普遍。此外,只有22%的女性社会组织设立了监事会或监事,总体上女性社会组织监督制度相对不完善。

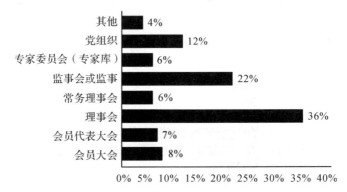

图5 杭州市女性社会组织管理机制占比

4. 专业人力资源比较匮乏

对于社会组织而言,人才是其发展的战略因素。一个组织的人力资源问题得不到很好的解决,会成为组织可持续发展的重大障碍。总体来看,杭州市女性社会组织专职人员不足,占比不足30%,工作人员专业化和职业化程度较低,组织机构运转以兼职人员或志愿者为主。专业人才不足成为杭州市女性社会组织在承接政府服务项目中面临的主要问题(表2)。

表2 杭州市女性社会组织在承接政府项目中面临的困难

项目	占比/%
社会组织人才短缺	25
信息不对称	17
资金不足	25
税收政策优惠无法落实	4

项目	占比/%
政府职能部门不愿放权	6
存在法律法规方面的障碍	2
缺乏透明、公平的采购程序	4
缺乏相应的采购标准	4
组织自身能力不足	11
其他	2

四、杭州市女性社会组织发展问题探究

杭州市女性社会组织由于发展时间较短,目前尚处于起步阶段,发展仍然面临各种阻力。阻碍女性社会组织发展的原因需要从内、外层面来分析,具体来看主要有以下3个方面。

(一)缺乏体制机制及政策支撑

女性社会组织的发展不能单纯依靠价值观的引导来推动,还需要宏观环境和政策的支持。调查结果显示,阻碍杭州市女性社会组织发展的瓶颈依次为"经费保障有限""社会对女性社会组织的认可度不高""工作人员的专业能力不足""政府职能转移力度小"等4个方面(表3)。从目前情况来看,杭州市女性社会组织发展的支持服务体系还不够完备,还没有形成推动女性社会组织专业化、规范化发展的政策体系。在组织人才队伍建设上,也缺乏对女性社会组织人才培育的相关规定,如针对女性社会组织人员的福利待遇、职称晋升等都没有明确的政策规定。作为非营利性组织,政府出台的税收优惠等方面的配套财政政策比较少,也没有专门用于女性社会组织发展的专项扶持资金。

表3 女性社会组织面临发展障碍

项目	占比/%
不合理的政策限制	3
税收优惠政策执行不到位	6
管理和监督机制不完善	4
内部治理结构不合理	5
社会对女性社会组织的认可度不高	27
工作人员的专业能力不足	15
经费保障有限	28
政府职能转移力度小	12
其他	1

(二)缺少社会认同及大众支持

杭州市女性社会组织的发展尚处于起步阶段,优秀的、影响力大的女性社会组织不多,很多组织开展活动还依赖于民政、共青团、妇联等部门和组织。很多人还不知道有女性社会组织,更不了解女性社会组织的工作,也就不可能加入女性社会组织,甚至还可能抗拒或抵制女性社会组织提供的服务。此外,性别平等观念也尚未成为人们行为模式的文化认同,女性社会组织的发展缺乏广泛的社会认同。相关政策法规的滞后,也影响了女性社会组织的规范化发展,导致公众对其不认可。我国对于社会组织的管理只有《民办非企业单位登记管理暂行条例》《社会团体登记管理条例》和《基金会管理条例》这3个条例,没有对社会组织的性质、地位、权利和义务、设立条件、审批程序等作出一般性规定,导致社会组织管理法规层次低。另外,对于社会组织从业者的合法权益也没有相关的法律法规进行保护,导致社会组织欠缺公信力。

(三)欠缺专业素养及管理能力

目前,杭州市女性社会组织的工作人员大多为兼职人员或者从其他领域进入社会组织领域的人员,缺乏社会组织管理和社会工作经验。他们大多不了解女性社会组织的最新发展动向、女性工作模式和本土经验,缺乏获取项目和组织管理建设的能力,无法组织具有开拓意义和社会影响的女性(儿童、家庭)服务活动。调查发现女性社会组织最想要获得的培训内容为"社会组织的组织管理""项目管理"以及"管理能力与知识"(表4)。

表4　杭州市女性社会组织急需培训内容分布

项目	占比/%
社会组织的组织管理	24
会员的组织管理	7
国家政策法规	11
项目管理	21
筹资策略	14
管理能力与知识	21
其他	2

五、推进杭州市女性社会组织发展的对策建议

(一)积极发挥妇联组织引导推动作用

妇联作为群团组织,是党和政府有效联系女性社会组织最好的桥梁和纽带,这也是女性社会组织相较于其他社会组织的发展优势。立足现有资源为女性社会组织发展提供有利条件,比如:可以在妇女儿童活动中心设立女性社会组织培育中心,为女性社会组织提供办公场所、活动场地、理论指导等服务;也可以利用在村、社区扎实的工作基础,链接社区和女性社会组织,共同搭建社区治理平台;还可以整合政府、企业、女性社会组织、爱心人士等各类社会资源,为女性社会组织发展壮大助力。

(二)建立女性社会组织指导服务机构

建立专业化的女性社会组织指导服务机构,加强对女性社会组织的联系和服务。指导服务机构功能包括:制定女性社会组织发展服务规划,为女性社会组织提供政策咨询、信息发布、培训交流、公共服务产品发布等;搭建交流互动平台,建立女性社会组织基本信息库,通过组织交流研讨、公益创投、开展项目合作等,搭建女性社会组织与政府部门、女性社会组织与社会各界、女性社会组织之间的桥梁;加强规范管理,引导女性社会组织加强自身建设,帮助符合条件的社会组织正式登记或备案,依法独立自主地开展工作。

(三)进一步拓展联系女性社会组织的渠道

进一步密切与女性社会组织的联系,通过将发展成熟的女性社会组织吸纳为妇联团体会员,在女性较多的社会组织中建立妇女组织,将有一定影响力的社会组织女性负责人吸收到各级妇女工作队伍中来,建立与女性社会组织的经常性联系,并通过各类女性社会组织有效加强同各行业、各领域、各阶层妇女群众的联系,切实将女性社会组织作为妇联组织延伸手臂、增强活力的重要依托。在巩固已有组织的基础上,加快推进新领域妇女组织建设,推动社会组织中妇女组织应建尽建,促进在新领域其他方面灵活设置妇女组织,拓展妇联网上组织和工作平台建设,构建完善立体化、多层面的妇联组织体系。

(四)加强完善女性社会组织自身建设

第一,完善女性社会组织的各项规章制度,确保组织内部事务管理有制度保障,完善组织内部机构设置,积极建立理事会、常务理事会、会员代表大会等管理机制,有效发挥内部各类机构的职能作用,切实实行民主管理,淡化行政色彩,保持女性社会组织发展中的独立性、自治性,增强女性社会组织的管理能力和社会公信力。第二,加强女性社会组织的队伍建设,重点培育和建设专业人才,注重抓"领头雁",强化实务培训,形成高素质的服务人员队伍。坚决落实女性社会组织及从业人员的各项人力资源管理和社会保险政策,保障合法权益。第三,鼓励女性社会组织更多地将目光投向社会,拓宽资金筹集渠道,尝试自创性收入。构建多元化的资金来源渠道,更多地倾向个人、单位和市场等社会资源,保证女性社会组织的长远发展。

(五)强化女性社会组织专业人才队伍建设

进一步加强女性社会组织的专业人才队伍建设是女性社会组织参与公共治理的内部动力。要把培养和引进专业人才作为最重要的发展目标,把更多有能力、有想法、有号召力的各类女性人才吸引到女性社会组织中来,激发她们的社会责任感,让她们找到价值认同的组织,为女性社会组织参与公共治理发挥强大的作用。如可以借助民政局的力量,牵头组织举办社会组织管理工作业务培训,培育壮大女性社会组织带头人和骨干队伍,通过实施一系列创新举措,创新管理办法,使女性社会组织的骨干向职业化、专业化、高水平的方向发展。

乡村女性教育变迁及社会影响探究
——以建德市梅城镇千鹤村为例*

张简萌　蔡佳怡　姜　政　吴晓晗　吴虹霖**

摘　要：乡村振兴战略是党的十九大提出的一项重大国家战略。乡村教育有着丰富而曲折的历史变迁过程，作为乡村振兴步骤中重要的一环，值得深入探索。"妇女能顶半边天"，乡村妇女是一个力量不可忽视的群体，她们所受的教育对乡村乃至国家产生的影响亦值得探究。为了解新中国成立后国家和地方政策措施下乡村妇女教育的变迁，本调研组运用田野调查的方法，通过对浙江省建德市梅城镇千鹤村近80年来不同时期的女性村民进行政策、环境、心理等多方面的口述访谈及分析，探究乡村女性教育影响因素及其受教育权的历史变迁与所处时代的关联性，为进一步推动乡村教育振兴提供思路。

关键词：乡村女性；教育口述史；千鹤；社会影响

一、引　言

党的十八大以来，党中央坚持把解决好"三农"问题作为全党工作重中

* 本文由杭州师范大学人文学院教授、博士生导师周东华指导完成。

** 张简萌，杭州师范大学本科在读，研究方向为公共史学和妇女运动史。蔡佳怡，杭州师范大学本科在读，研究方向为公共史学和妇女运动史。姜政，杭州师范大学本科在读，研究方向为公共史学和妇女运动史。吴晓晗，杭州师范大学本科在读，研究方向为公共史学和妇女运动史。吴虹霖，杭州师范大学本科在读，研究方向为公共史学和妇女运动史。

之重。党的十九大提出了实施乡村振兴战略,中央一号文件也连续多年聚焦"三农"问题,包括统筹城乡发展、农业供给侧结构性改革、乡村振兴等。毛泽东同志提出,中国的妇女是一种伟大的人力资源。习近平总书记强调,发展离不开妇女,发展要惠及包括妇女在内的全体人民。我国广大妇女无论是在战争年代还是在社会主义建设时期,都建立了丰功伟绩,为探索全面推进乡村振兴之道,对乡村妇女开展相关研究很有必要。随着城乡一体化的发展,大部分乡村妇女选择留乡工作、生活,成为乡村振兴工作的一股强大后备力量。农村教育是乡村振兴的基础和关键。教育的发展和完善有助于提升妇女的素质,调动其参与乡村振兴的积极性,助力乡村实现先富、共富。本调查组以"妇女能顶半边天"思想发源地浙江省建德市梅城镇千鹤村妇女作为调查对象,采用口述访谈的方式对千鹤村妇女受教育情况进行专题调研,以探讨知识教育与乡村妇女命运的关联,明晰乡村妇女教育与妇女"先贫后富""先富带后富"乃至走向"共同富裕""全面乡村振兴"之间的联系。

二、调研基本情况

本次口述史调研主要针对千鹤村女性教育展开。调查组走访千鹤村各家各户及千鹤村村委会,对千鹤村妇女进行口述访谈,同时拍摄收集她们保存的笔记、日记、证书、照片、档案等种种口述史资料。

接受访谈的47名千鹤女性村民中,年龄分布在33～85岁,平均年龄为60.4岁。89.4%的受访者年龄在50～75岁(表1)。这一年龄段的女性是20世纪六七十年代农村重要的劳动群体,她们身上带有解放后妇女地位提高及女性教育政策实施等时代印记,有助于从微观的角度直观地了解近80年来千鹤村女性教育的变迁,结合相应时代的政策背景考量乡村女性教育对女性命运产生的影响和对社会生产产生的效应。同时,建德市梅城镇千鹤村是"妇女能顶半边天"思想的发源地,新中国成立初期千鹤妇女"劈山拦河溪改田"的光荣事迹得到了中央的肯定和褒奖,该村女性的受教育情况具有典型性和代表性,对其所做的口述调查能较好反映中国农村女性的教育变迁。

表1 受访者年龄分布情况

出生年龄段	人数/人	占比/%
1930～1939年	1	2.1
1940～1949年	6	12.8
1950～1959年	17	36.2
1960～1969年	15	31.9
1970～1979年	4	8.5
1980～1989年	4	8.5

调查对象的学历以小学及以下和初中为主,小学及以下文化程度占47.9%,初中学历占31.3%。(表2)50岁以上的受访者普遍受到家庭经济困难、家中子女较多、重男轻女等因素影响,学历大多在初中及以下,仅个别妇女因受教育意愿强烈或家中经济状况较好等因素得以接受初中以上教育;30～40岁的受访者学历基本在高中及以上。可见,随着农村经济的发展,农民生活水平不断提高,对教育越来越重视,乡村女性的受教育程度在稳步提高。

表2 受访者文化程度分布情况

文化程度	人数/人	占比/%
文盲	9	18.8
小学	14	29.1
初中	15	31.3
高中	8	16.7
大专及以上	2	4.1

在受访的千鹤女性中,务农的有21人,务工的有10人,共占受访总人数的66%(表3)。由于受教育程度较低、乡土观念较重及"男主外,女主内"等传统观念的影响,绝大多数受访者在家务农或者在家附近的工厂从事技术含量较低的劳动。而"70后""80后"女性受教育程度较高、思想观念更为开放,

大多选择走出农村,选择创业或返乡,在基层组织服务,参与当地乡村建设。

表3　受访者就业状况

职业	人数	占比/%
务农	21	44.7
务工	10	21.3
基层干部	7	14.9
教师	2	4.3
经商	2	4.3
参军	4	8.5
服务业	1	2.1

三、千鹤村女性教育近80年变迁

(一)解放前的千鹤妇女教育情况

在父权制社会中,"男尊女卑""男主外,女主内"是普遍现象,女性受到封建伦理纲常的种种禁锢,只能依附于男性,充当服侍丈夫、生儿育女的角色。妇女处于被动的依附地位,男性往往掌握着经济、教育等方面的权利;同时妇女又因为不识字、没文化,在家庭、村里的事务决策都依附于男性。解放前的建德市千鹤村,是当时中国社会积贫积弱、贫富悬殊的典型缩影,这里的妇女与中国其他地区农村妇女一样,处在社会最底层,政治上备受压迫、经济上备受剥削,背负着重重枷锁。马列主义思想的传入和中国共产党的成立,为中国妇女解放运动翻开了崭新的一页。中国共产党把妇女运动的重心放到广大无产阶级劳动妇女身上,在政治、经济、教育、婚姻等方面采取一系列措施。在中国妇女解放运动中,教育的作用毋庸置疑,受过教育的女性获得了知识、开阔了眼界,就能更好地争取自己的地位和权利,从而解开身上的重重枷锁。

解放初,千鹤村419人中在本村读书的有15人,到县城读书的仅6人,去读书的大多数都是男孩，而贫农子弟一般只读到10岁就辍学回家务农。出生于1936年的鲍发光说道："因为小时候家里很困难，我是家里老大，所以我没有读书，在家里帮妈妈干活，帮忙纺棉纱……后来村里晚上有组织夜校，但我家里忙，也没有去读。晚上我要在家里编草鞋、缝补衣服。"傅爱娥出生于1944年，3岁时因烧伤导致双手残疾，她也失去了读书上学的机会。村委干部唐菊仙介绍说："她当时想到手的这个缺陷，什么事情也干不了，连想死的心都有。她十七八岁的时候，遇到了下派到村里的一个女书记。书记知道了她的事情，每天鼓励开导她，帮助她慢慢走出来。她现在什么都会干，地里的农活、洗衣服、烧饭、打毛衣都会。她真的是很坚强的一个女人。后来她坚持学习，被推荐到县里、省里开会。"傅爱娥被评为全国劳动先进积极分子，并作为浙江省农业战线的代表赴北京参加了1966年的国庆观礼，成为那个时代的一个传奇。现在的傅爱娥仍在积极带头参与美丽乡村建设，为千鹤贡献力量。

鲍发光不光提到家庭条件困难，也提到自己是家中老大的事实，这也是她没有读书的原因之一。在当时这种情况很普遍，家中兄弟姐妹多且年龄较长的女性，往往会因照顾弟妹、为全家生计考虑被剥夺接受教育的权利，接受或者被迫接受不能上学的命运。可以看出，解放前千鹤妇女受教育情况主要与家庭经济条件以及是否受到了重男轻女、男尊女卑等传统观念的影响有关。

虽然解放前妇女鲜有读过书上过学的，但是在马列主义思想的传入和中国共产党成立后，妇女解放运动一直在各地开展，并逐渐渗透，妇女也在维护自身权利和谋求平等地位的同时逐渐意识到知识的重要性和读书的必要性。

（二）"千鹤"时代的到来

1949年通过的《中国人民政治协商会议共同纲领》和1954年通过的《中华人民共和国宪法》均明确规定，妇女在文化教育方面享有与男子平等的权利。1955年，建德县妇联主任胡采薇撰写了题为《千鹤农业社发动妇女投入生产解决夏收夏种中劳动力不足的困难》的总结报告。同年5月，《浙江农村工作通讯》发表了这份报告。同年9月，该文被中共中央办公厅编入《中国农村社会主义的高潮》一书,毛泽东主席亲自改题为《发动妇女投入生产,解决了劳动力不足的困难》,并写了长达512字的按语:"中国的妇女是一种伟大的人力资源。必须发掘这种资源,为了建设一个伟大的社会主义国家而奋斗。要发动妇女参加劳动,必须实行男女同工同酬的原则……"

此时千鹤村的妇女教育有了一些变化,但并不明显。女孩子们仍常常让渡自己接受教育的机会,而且这种行为往往是主动的。1951年出生的罗兰珍说道:"我小学三年级都没有读完,我是老大,有两个妹妹、两个弟弟。弟弟们的学历不差。我大妹妹没有进过学堂,小妹妹读到初中,她成绩很优秀……她的字,像人家印刷机里的一样好,后来她嫁到杨村桥,还当上了书记。我大妹妹没有进过学堂,话都说不出来,真的可怜。我觉得家里这么多兄弟姐妹就亏欠她一个。我跟她说'芝麻开花节节高',她问'什么节节高?'我是真想跟她说,但是她听不懂。……那个时候家里条件差,我爸一个人要做这么多活,所以我读了三年书就没有读下去了,我得挑起重担。"可见,对于乡村女性来说,教育是一条改变命运的重要且有效的途径。

出生于1968年的封志仙这样讲述:"初中毕业后,我在家里帮爸妈干农活,之后就去工厂做工,从事纺织业。现在回想起来,也会有点遗憾,我放弃了继续学习,将机会留给了弟弟妹妹,如果能重来我还是想继续读书的。我弟弟比我小6岁,他考上了重点高中,是我们村第一个大学生。"这可以反映出,即便国家鼓励妇女学习知识、获得教育,但经济上的不足还是使一部分乡村女性失去了接受中、高等教育的机会。

随着扫盲运动和人民公社化运动的开展,千鹤妇女接受教育的途径变得多样化了。大多数没有机会上正式学校的乡村女性都选择参加夜校。晚上,年纪在15~25岁的男男女女都在学校礼堂聚集,唱歌跳舞、学习知识,夜校成为妇女增长见识、拓宽视野、提高文化水平的重要场所。1947年出生的骆小女在十七八岁的时候"白天劳动,晚上在千鹤小学上夜校,一帮年轻人还一起搞唱歌、跳舞、表演之类的文艺活动"。蒋竹珍提到了党校和干部送教育的情景:"也有党校到我们村来讲课,他们讲得很好,(我们)干完农活回来脚都没洗就要去开会学习了。还有村里的妇女骨干苏莲珠,我就是她培养的,她什么东西都教我,晚上把学习资料拿来,不认识字的地方要学两三次。"

千鹤妇女教育途径的增加和社会环境的改善提升了她们的文化知识水平，在千鹤生产大队的生产生活中起到了重大促进作用。例如当时千鹤妇女提出生产"十包"——一包积肥，二包治虫，三包选种，四包拔黑麦，五包收割……还组织3个组充分发挥妇女心灵手巧的特点开展养猪、养鸡、拔草、采茶、织毛衣等多种经营。在学习盐水选种技术时，千鹤妇女开动脑筋用空盐袋泡水得到一缸盐水，为全村节省了开支。千鹤女子民兵连是杭州市唯一的女子基干民兵连，要求有文化知识、思想坚定、积极劳动、团结群众，劳动生产当模范、战备训练争先锋，既能拿起锄头参加建设，也能扛起钢枪保家卫国。

（三）改革开放至今

1978年党的十一届三中全会作出了改革开放的重大战略决策，改革首先从农村开始。中国大部分人口仍在农村，因此党和国家对农村发展十分重视，1982年到1986年连续出台5个"中央一号文件"，在确立农村基本经营制度的前提下，农民和土地的关系得到调整，解放了生产力，农村改革逐步走向深入。通过农村改革，土地关系、城乡关系得到调整，民生得到改善，在推动农业生产增长和产业结构调整的同时，提高了农民收入。党中央一直高度关注"三农"问题和乡村振兴，陆续出台利好政策，深化农村改革，稳步推进实施乡村振兴战略，加快农业农村发展，让广大农民同全国人民一道，迈入全面小康社会。

乡村振兴最终要靠人才，而人才的培养要靠教育。实施乡村振兴战略，就要优先发展农村教育事业。教育既承载着传播知识、塑造文明乡风的功能，更为乡村建设提供了人才支撑，在乡村振兴中具有不可替代的基础性作用。改革开放四十多年来，党始终把教育放在优先发展战略地位，走出了一条中国特色社会主义教育发展道路，教育体系逐步完善，"知识改变命运"的观念日益深入人心，教育越来越受到重视。在乡村，从普及小学教育到普及九年制义务教育，千鹤农民正享受着乡村发展带来的红利，千鹤村开办了千鹤小学，千鹤女性的受教育情况明显向好。1968年出生的陈红英读了12年书，高中毕业，后来做了教师。"对于我的学习，家里还是很支持的。我高三读了两年，第一年因为没有很大的把握没参加高考，读第二年时，妈妈其实是不同意的,当时对女孩子还是有不管读多读少都得出嫁的观念,但是我爸支持我,让我自己选择,如果想读就复读一年。"1972年出生的顾爱花也提到"我读书的时候女生挺多的,要比男生还多一点"。可以看出,农村女性接受教育的权益得到了保障,女性的地位也不断得到提高,而受过教育的妇女有权利也有能力参与到中国特色社会主义建设中来。在时代号召和政策利好之下,千鹤妇女也积极行动起来,她们在"千鹤妇女精神"的引领下,积极投身乡村振兴,为共建共享中华民族伟大复兴中国梦而奋斗着。她们不仅成为一种重要的人力资源,还成为一种重要的人才资源。

四、乡村女性教育的社会影响

(一)妇女在美丽乡村建设中发挥重要作用

1986年通过的《中华人民共和国义务教育法》将"分级办学"进一步提升到法治化地位上来,并逐渐转化成为"县办高中,乡办初中,村办小学"的办学模式。在这样的政策环境下,教育普及率越来越高,更多的乡村女性获得了接受高等教育的机会。美丽乡村建设中,在"三改一拆"、"五水共治"、环境整治、社会治理等方面,千鹤妇女用自己的知识和技能发挥了应有的作用,为建设千鹤新农村、推动千鹤农村产业"先贫后富""先富带后富"作出了不可忽视的贡献。"85后"千鹤村党委书记王丽娜是从千鹤村走出来的,读完大学的她本可以在城里找一份轻松稳定的工作,但看到不少外村干部为了千鹤振兴不畏艰苦,她毅然回乡参与建设千鹤村。"刚开始进村入户走访,不被理解,晚上被狗追着跑,说实话,心里委屈极了。但转念一想,千鹤妇女一直以来不都是自强奋斗的吗?"王丽娜用实实在在的行动带领村民改变了千鹤的村容村貌,"千鹤一味""千鹤一面""千鹤一茗""鹤家童馆"办得红红火火,千鹤村的面目焕然一新。可以说,千鹤养育了她,她又以这种方式回报了千鹤。

(二)妇女组织在社会治理中发挥独特作用

《中国妇女发展纲要(2011—2020年)》提出要"推动妇女广泛参与基层

民主管理"。完善村委会、居委会等基层民主选举制度，为妇女参与基层民主管理创造了条件。千鹤妇女积极参与农村基层自治，千鹤大队妇代会多次被评为省、市、县"三八"红旗先进集体。在各级妇联的指导下，千鹤村妇联目前有7个妇联执委、36个网格执委，开发"依码呼"小程序，创建了以妇女为主要参与者的基层事务治理体系。出生于1959年的村委干部钱建云说："我是土生土长的千鹤人，应该向前辈学习，能够为村里奉献一点就奉献一点。我们一个执委负责十几户人家，要去了解他们有什么困难，然后再向村里反映。"所有网格执委均为45～60岁的女同志，都接受过教育，在"千鹤妇女精神"的影响下，她们在基层社会治理中发挥了应有作用。

（三）妇女在创新创业中发挥积极作用

《中国妇女发展纲要（2021—2030年）》提出，促进妇女创业就业，支持脱贫妇女稳定增加收入，支持妇女积极参与乡村振兴。"千鹤嫂"借助这一契机，积极投入创新创业，充分发挥"她力量"在乡村振兴中的作用。千鹤村建立妇女"双创"产业园，搭建女性创新创业服务平台，开展双创培训、双创基地服务、创业活动交流等，引导千鹤妇女投入"大众创业、万众创新"的热潮，通过汇聚"她力量"，开创"她未来"。1988年出生的女企业家章如佳是"海归"，她说要"以'妇女能顶半边天'思想为引领去做好自己的领域，实现自己的价值，作出自己的贡献"。在建德市梅城镇的严州古城墙下，有一条既有古味也有新意的步行街，在这里创业的"千鹤嫂"数不胜数。新时代千鹤妇女精神传承人潘秋梅出生于1960年，高中毕业的她办过幼儿园、开过饭店，她将小小倒笃菜作出大名堂，获评"全国十大农民女状元""全国'三八'红旗手"。

五、结　语

随着乡村振兴和乡村教育的深入推进，乡村女性的地位不断提高，乡村女性受教育的程度也获得了普遍提高。越来越多的乡村女性投身乡村建设，推动乡村振兴。妇女、乡村和教育三者间形成了良好的互动循环。在全面推进乡村振兴的大背景下,要更加深入贯彻乡村振兴战略,大力倡导义务教育进一步延伸,深化"四史"(党史、国史、改革开放史和社会主义发展史)教育、男女平等观念,树立乡村育人新风尚,不断提高农村妇女的文化水平,提高生产层次。可借鉴千鹤经验,积极寻找创新点、着力点发挥妇女力量,实现妇女发展与乡村振兴有机统一,在女性教育推动乡村振兴和乡村振兴推动女性教育的相互促进过程中将"半边天"的重要力量发挥到最大。

女性权益与法律保障

家务劳动补偿制度的现状及纾困

胡倩茹[*]

摘　要:家务劳动补偿制度是保护家庭妇女合法权益、推动全社会性别平等、维护社会稳定的重要制度保障。我国《民法典》第一千零八十八条是家务劳动补偿制度的法律依据,相较之前的《婚姻法》规定已放宽适用条件。根据《民法典》对家务劳动补偿制度的最新规定,基于案例剖析家务劳动补偿制度,发现其在实践中存在补偿数额计算方式不明确、给付方式不规范、离婚过错是否影响家务劳动补偿制度等问题。为使家务劳动补偿制度更好地适用司法实践,应准确理解家务劳动补偿制度,改变固有的家庭观念,多元化计算家务劳动补偿数额,解决离婚过错与家务劳动补偿制度的适用冲突。

关键词:家务劳动补偿制度;计算方法;考量因素;给付方式

党的十八大以来,以习近平同志为核心的党中央高度重视妇女事业发展,把保障妇女权益作为坚定的国家意志。我国大力提倡保护妇女权益,但由于各种因素的影响,家务劳动补偿制度在实践中并没有真正得到适用,无法发挥其有效作用。《民法典》第一千零八十八条对家务劳动补偿制度作出规定,规定夫妻一方因抚育子女、照料老年人、协助另一方工作等负担较多义务的,离婚时有权向另一方请求补偿,另一方应当给予补偿。具体办法由双方协议;协议不成的,由人民法院判决。《婚姻法》(2001修正)第四十条则

---

*　胡倩茹,温州大学在读研究生,研究方向为经济法学。

规定,夫妻书面约定婚姻关系存续期间所得的财产归各自所有,一方因抚育子女、照料老人、协助另一方工作等付出较多义务的,离婚时有权向另一方请求补偿,另一方应当予以补偿。通过对比可以看出,《民法典》对家务劳动补偿制度的适用放宽了条件,突破了该制度的运用以约定财产制为前提条件的局限,无疑是一大进步。家务劳动补偿制度是《民法典》中一项重要的离婚救济制度,是家务劳动价值和妇女权益保障的深刻体现,是对"男主外,女主内"传统家庭分工模式的突破,是对公平原则及权利与义务相一致原则的印证。可以预见,家务劳动补偿制度在实践中的适用将会越来越频繁,越来越普遍。

一、家务劳动补偿制度概念辨析

精准理解家务劳动补偿制度,需要从两个方面入手:一是根据《民法典》对家务劳动补偿制度进行精细分析,二是正确区分"家务劳动补偿制度"与"家庭共同财产分割"这两个截然不同的概念。

根据我国《民法典》第一千零八十八条之规定,家务劳动补偿制度是指夫妻双方婚姻关系存续期间,一方因抚育子女、照料老年人、协助另一方工作等负担较多义务的,离婚时有权要求对方予以补偿的一项制度。可从以下五个方面进一步理解:第一,只有在离婚时当事人才有权提出;第二,夫妻双方都可适用,即男女双方平等适用;第三,有权行使家务劳动补偿权的主体是负担较多家务的一方;第四,家务劳动包括抚育子女、照料老年人、协助另一方工作等内容;第五,家务劳动补偿数额只有在双方不能协商一致的情况下才能由法院判决。第四期中国妇女社会地位调查主要数据显示,0~17岁孩子的日常生活照料、辅导作业和接送主要由母亲承担的分别占76.1%、67.5%和63.6%。在大多数情况下,女性比男性在家庭方面投入了更多精力和时间,并因此缺失了很多自我发展的机会。换句话说,男性在外的收入所得,不是男性一方的劳动成果,而是由夫妻双方合力劳动得来的。家务劳动补偿制度的立法,是对女性财产权益的保障,赋予了女性家务劳动补偿的权利,肯定了家务劳动的价值。

在实践中,很多人对家务劳动补偿制度存在疑问,认为夫妻双方在离婚协议中已经就家庭共同财产进行分割,不应再有"额外"补偿。其实,家务劳动补偿制度与家庭共同财产的分割是有本质区别的。首先,财产分为无形财产和有形财产两种。家庭共同财产的分割主要是对现存的有形财产进行的平均分割,而家务劳动补偿制度涉及有形的财产,更涉及无形的财产。负担家务劳动的女方不仅为家庭作出了实际贡献,比如照顾老人小孩、打扫卫生等,而且有许多难以量化的身心付出,比如,女方在家务劳动中投入的精力和情感,在女方的支持下男方开阔视野、增长才干,在事业能力上得到提升。这些付出所应得到的回报在可分割的有形财产中是体现不出来的。其次,在家庭共同财产的分割中,当事人受过错责任、婚前协议等因素的影响,而在家庭劳动补偿制度中,依据的是一方是否因抚育子女、照料老年人、协助另一方工作等负担较多义务,即使负担义务较多的一方具有过错也不妨碍予以补偿。最后,分割家庭共同财产与权利义务没有直接关系,但权利义务相一致是家务劳动补偿制度的理论依据,正是由于义务上的不平等才予以补偿。只有正确理解家务劳动补偿制度与家庭共同财产分割的区别,才能对家务劳动补偿制度有更深刻的理解,才有利于在实践中正确适用家务劳动补偿制度。

二、家务劳动补偿制度的适用依据

(一)家务劳动补偿制度的基本理论依据是公平原则与权利和义务相一致原则

首先,公平原则是《民法典》的基本原则之一,当事人应当遵循公平原则确定各方的权利和义务。夫妻双方属于同一个家庭共同体,家务劳动负担较重的一方不仅为家庭作出了直接贡献,而且还为另一方在工作中的稳定、提升等作出了间接贡献,以牺牲一方的自我发展、自我提升机会为代价为对方的发展以及提升提供了必要条件。基于公平原则,兼顾双方利益,需要对负担较重家务劳动的一方予以补偿。其次,权利和义务相一致原则是宪法的基本原则之一,当事人的权利与义务是对等的,承担多少义务就应享受多少权利。在每一个家庭中,夫妻双方依法享有的权利和承担的义务是平等的,但由于客观现实因素和当事人的主观因素的影响,双方从婚姻中获得的利益与其在婚姻中作出的贡献往往不成正比,离婚时需要平衡双方的利益。根据权利和义务相一致原则,夫妻一方负担较多家庭劳动义务的,有享受补偿的权利。由《民法典》第一千零八十八条可知,适用家务劳动补偿制度不仅是权利和义务相一致原则的要求,也是适用法条的基本要求。

(二)从性别视角出发,家务劳动补偿制度的适用是我国男女平等基本国策的重要体现

现今,女性的社会地位不断提高,职业女性越来越多,社会劳动参与度越来越高。但是女性在家务劳动中的地位并没有明显改变,女性仍然是家务劳动的主要承担者。第四期中国妇女社会地位调查主要数据显示,女性每天用于照料、辅导、接送孩子和照料老人、病人等的平均时间为136分钟,已婚女性每天家务劳动的平均时间为120分钟。而第三期中国妇女社会地位调查主要数据显示,2010年城乡就业女性工作日用于家务劳动的平均时间分别是102分钟和143分钟。虽然10年来女性的社会地位在不断提高,但承担繁重家务劳动的仍主要是女性。女性在家庭中承担家务劳动和享受家事权利的不对称性,使其在婚姻中处于弱势地位,在离婚时也缺少平等的主动权。因此,施行家务劳动补偿制度,在离婚制度中对承担较多家务劳动的女性予以补偿,是十分必要的,这不仅是解放女性、促进性别平等的重要举措,也是维护女性合法权益、肯定家务劳动价值的切实体现。

三、家务劳动补偿制度的案例剖析

(一)案例情况

案例一:2021年11月广东省人民法院发布8起贯彻实施《民法典》的典型案例,其中之一是梁某某与李某某离婚纠纷案。基本案情为:梁某某与李某某于2017年登记结婚,于2018年生育孩子。李某某于2021年请求判决离婚,并提出因怀孕照顾年幼的小孩,其婚后一直没有工作,请求梁某某支付

家务补偿款 2 万元。法院判决准许双方离婚,梁某某一次性支付李某某家务补偿款 1 万元。

案例二:2021 年 11 月天津市高级人民法院发布 7 起贯彻实施《民法典》的典型案例,其中之一是买某诉蔡某离婚案,涉及家务补偿权的运用。基本案情为:买某和蔡某于 2014 年登记结婚,婚后育有二子,买某婚后没有工作,家庭支出由蔡某承担。双方分居 1 年左右,其间由买某支付二子的学费、保育费、医疗费。买某向法院提起诉讼,请求判令解除双方夫妻关系,并由蔡某支付家务经济补偿 10 万元。法院支持买某对经济补偿的诉讼请求。

(二)案例分析

案例一与案例二是家务劳动补偿制度在实践中的典型案例,通过比较,可以发现家务劳动补偿制度在实践中仍存在明显不足。

通过分析案例,可以看到家务劳动补偿制度较以往出现了两个显著进步。其一,案例一中的法官判决梁某某一次性支付李某某家务补偿款 1 万元,案例二中的法官判决支持买某对经济补偿的诉讼请求。案例一与案例二中的婚姻财产制度都是共同财产制,夫妻双方都没有婚前约定分别财产,《婚姻法》(修正)规定的分别财产制不再限制适用家务劳动补偿制度,两者的家务劳动补偿都是依据《民法典》第一千零八十八条进行判决的。我国《民法典》第一千零八十八条删除了《婚姻法》(修正)中"夫妻双方书面约定所得的财产归各自所有"才适用家务劳动补偿制度的前提条件,提出没有约定分别财产制的夫妻双方也应予以适用。其二,在《民法典》未颁布之前,家庭劳动补偿制度以实行约定的分别财产制为前提,忽视了家务劳动对女性的人力资本及预期利益的影响,脱离现实,形同虚设。《民法典》颁布后,由于其中第一千零八十八条的规定没有财产适用限制,同时随着社会不断进步,有关家务劳动补偿的案件不断增加,打破了之前家务劳动补偿制度长期休眠的状态。例如,辽宁省本溪市溪湖区人民法院根据《民法典》第一千零八十八条审理一起离婚家务补偿案,判决男方支付女方经济补偿 5 万元;四川省广元市昭化区人民法院根据《民法典》第一千零八十八条认为付出较少义务的原告应补偿付出较多家庭义务的被告。"北大法宝法律库"相关数据显示,2021 年法院依据《民法典》第一千零八十八条判决的案件中除典型案例外还有109例。

对比发现,案例一与案例二夫妻双方婚姻期限、地域、补偿给付方式、补偿数额、计算方法等都有差异,但家庭结构极为相似。那么,这些异同会对家务劳动补偿造成怎样的影响呢?

其一,案例一与案例二都是相似的家庭结构,女方负担较重的家务劳动,承担着家庭照顾的主要职责。但案例一出现就受到大众的热烈讨论,很多人不理解离婚时财产已经进行了分割,为何还要"额外"补偿负担较多家务劳动的一方。这主要有两个方面的原因:一是混淆了家务劳动制度与离婚财产分割的概念;二是家务劳动观念存在偏颇,认为家务劳动是为了维持家庭生活而从事的没有报酬、没有交换价值的无偿劳动,家务劳动是女性本身就该做的工作。这种认识上的偏颇与历史传统有密切联系。传统的家庭结构和性别分工模式主要是"男主外,女主内",人们普遍认为家务劳动主要应由女性承担。因此,女性承担家庭家务劳动,不仅被认为是女性对家庭的无私贡献,是女性本身应当做的,无法且不能计算家务劳动价值,而且还被认为是男女两性自然分工的结果。但正是由于家务劳动是没有报酬但又不可或缺的工作,家务的分配自然也就成为影响家庭成员相互关系的重要因素,所以,对待和解决家务劳动问题,往往是决定女性社会地位的重要环节。

其二,案例一中的法官判决梁某某一次性支付李某某家务补偿款1万元,案例二的法官判决支持买某对于经济补偿的诉讼请求即蔡某支付买某家务经济补偿10万元。为什么案例一判决家务补偿款是1万元,而案例二判决家务补偿数额却是10万元,二者的考量因素有何不同?其一是家务劳动补偿数额的计算方法仍然不明确、不统一。其二是夫妻双方婚姻期限不同、地域不同、给付方式不同,都可能影响补偿数额的计算。我国《民法典》并没有对家务劳动补偿适用的事实根据以及法官在判决家务劳动补偿数额时应当考虑哪些因素给予明确规定,也没有相应的司法解释。因此,明确家务劳动补偿制度的计算方法以及考量因素至关重要。

其三,家务劳动补偿的数额明确计算出来之后,给付方式是影响权利人利益实现的重要因素。在案例一中,法官判决家务补偿款1万元是一次性给付的,在案例二中,却没有说明法官判决家务劳动补偿款10万元的给付方式,而案例二家务劳动补偿款数额更大,不明确说明给付方式会给相关义务人留下钻法律漏洞的机会,可能会影响权利人应得利益的实现。对家务劳动给付方式的理解,主要从以下两方面入手:一是家务劳动补偿的给付形式,即当事人是以现金方式、实物等额的方式履行,还是以有价证券或者其他方式履行;二是家务劳动补偿的给付期限,即义务人履行家务劳动补偿是一次性给付还是分期给付。家务劳动补偿的给付形式,即以现金、实物等何种方式给付,并不影响当事人利益的实现,但家务劳动补偿是一次性给付还是分期给付,极大影响着权利人利益的安全实现。我国《民法典》第一千零八十八条并没有明确规定当事人履行家务劳动补偿的给付方式,也没有相应的司法解释,这不仅影响权利人利益的最终实现,也可能造成在司法适用中不规范的现象。因此,家务劳动补偿的给付期限是家务劳动补偿制度中必须予以明确的问题。

其四,案例一与案例二都不存在夫妻一方具有离婚过错的情况,但在现实婚姻家庭中,因某一方过错而导致的离婚不在少数。在"男主外,女主内"的家庭结构中,如果男方或女方存在离婚过错,在家务劳动补偿方面,男方付出的补偿数额应有所提高,或女方获得的补偿数额相应降低甚至没有。对家庭劳动补偿制度的适用是否因离婚过错而存在例外的情形,我国《民法典》第一千零八十八条并没有给予明确规定。国外婚姻家庭法中的家务劳动补偿制度,一般都有家务劳动补偿因权利人对造成婚姻终止的过错而受到限制的规定。例如,《法国民法典》规定,因其单方过错而导致离婚的配偶,无权享有任何补偿性给付。在我国,家庭劳动补偿制度主要是为了保障为家庭负担较多义务的一方(主要是女性)在离婚时的权益,但不能排除因妻子或丈夫的过错导致离婚的情况,在这种情况下过错方妻子能否要求丈夫对其付出较多的家务劳动予以补偿,或者,过错方丈夫是否需要对负担较多家务劳动一方的妻子予以更多的补偿,尚需予以明确规定。

四、家务劳动补偿制度的纾困路径

(一)扭转"男主外,女主内"的传统思想,重视女性的家庭地位

第四期中国妇女社会地位调查主要数据显示,不赞同"男人应该以社会

为主,女人应该以家庭为主"的男女比例分别为50.9%、58.3%,比2010年分别提高14%和14.7%。由此看来,民众的性别认知不断进步,"男主外,女主内"的传统思想正在不断瓦解。但是还应看到,社会对女性家庭地位的偏见仍然存在,还需努力推动性别平等。

首先,基于"家庭与个人"的二元结构理论,如果夫妻双方都全身心投入工作及自身发展而忽视家庭,那么家庭发展必然会落后进而影响个人发展,反之亦然。因此,要充分认识到家庭发展的重要性。女性承担着家庭照料的主要责任,是促进家庭发展的核心力量。要高度肯定女性在家务劳动中的价值,不能把女性对家庭的特殊贡献当作理所当然。其次,基于"家庭与个人"的二元结构理论,为了使家庭发展和个人发展齐头并进乃至相互促进,夫妻哪一方进行家务劳动哪一方在外工作,应是夫妻双方基于各自具体情况和家庭整体利益进行合理分工的结果,并不一定遵循所谓"男主外,女主内"的传统思想。要想使家务劳动补偿制度在实践中得到充分实现,必须打破理所当然的"常识",重视家务劳动的价值,改变单一的"男主外,女主内"家庭结构。

(二)明确补偿数额的计算方法及考量因素

根据我国《民法典》第一千零八十八条的规定,家务劳动补偿数额由当事人协商,协商不成的由法院判决。本文讨论的是协商不成而由法院判决的情况。法院判决时家务劳动补偿数额如何计算以及应考量哪些因素,目前我国法学界还没有统一的标准,存在较大的争议。有学者认为家务劳动补偿可以采用家政服务小时工的工资来计算,并依据每年的家政服务的工资标准来计算,然后计算总和。还有学者认为家务劳动补偿制度的计算数额,简单的补偿方法可以用以下公式计算,即家务劳动补偿=(夫妻双方的年收入差÷2)×婚姻关系存续年限。在实践中,有法官依据各省城市或农村居民人均生活消费性支出与婚姻关系存续年限进行计算,即家务劳动补偿数额=本省城市或农村居民年人均生活消费性支出×婚姻关系存续年限①。

---

① 运用该公式的案号(2021)甘3022民初588号,其中法官判决补偿数额按2012年甘肃省农村居民人均生活消费性支出3665元/年为标准,从2012年起算至2021年,共计32985元。

对家务劳动补偿数额的计算不应是单一的公式,而应是多元化计算。法官判决时可以依据每年的家政服务工资标准作出简单的计算,即家务劳动补偿数额=各省年均家政服务行业工资×婚姻关系存续年限,将其所得的明确数额作为基础,并运用法官的自由裁量权,明确考量因素,将无形财产纳入考量范畴。法官应在综合考虑每个家庭以下两方面具体情况的基础上确定明确数额:(1)多负担一方在家务劳动中具体付出的情况,主要是一方在家庭劳动中投入的时间、强度、复杂程度、因负担家庭义务而失去的个人发展机会等。比如,照顾一个孩子与照顾两个孩子付出的时间、强度等肯定不同。(2)少付出一方的所得利益,包括有形财产和无形财产。总的来说,应依据"家务劳动的补偿数额=各省年均家政服务行业工资×婚姻关系存续年限"进行计算,在计算出明确数额的基础上,综合考虑每家的实际情况即多负担一方在家务劳动中具体付出的情况与少付出一方的所得利益,补偿数额上下浮动,但浮动幅度不宜太大。

(三)离婚过错与家务劳动补偿制度无关

在离婚判决中,不论男方还是女方存在离婚过错,都不影响家务劳动补偿制度的适用,即存在离婚过错的权利人在适用家务劳动补偿制度时不存在适用限制。首先,二者并不属于同一范畴。从家务劳动补偿制度的目的与功能来看,家务劳动补偿制度主要是为了补偿一方在婚姻关系存续期间负担家庭义务而丧失的有形财产和无形财产,是对家务劳动价值的认可与赞同,是为了充分保障女性权益,离婚过错主要是指在婚姻关系存续期间一方有重婚、同居、家庭暴力、虐待遗弃行为。从适用离婚过错的立法目的来看,对离婚有过错的当事人予以法律惩罚,是为了增加有过错当事人的离婚成本,从而保护无离婚过错方的合法权益,而不管夫妻双方是否存在离婚过错,都不能忽略一方负担较多家务劳动而另一方负担较少家务劳动的事实。由此可见,家务劳动补偿制度与离婚过错没有直接联系,不论夫妻任何一方存在离婚过错都不会导致家务补偿数额的减少或增加,更不会导致家务劳动补偿制度不能适用。其次,我国《民法典》规定了离婚三大救济制度,分别是家务劳动补偿制度、离婚损害赔偿制度、离婚经济帮助制度。其中,离婚损害赔偿,是指因夫妻一方的重大过错导致婚姻关系破裂的,过错方应对无过错方的损失予以赔偿的法律制度,包括物质损害赔偿和精神损害赔偿。这是我国《民法典》第一千零九十一条针对婚姻过错方的规定,也就是夫妻双方存在离婚过错可以给予赔偿。如果法院对过错方同时适用离婚损害赔偿制度与家务劳动补偿制度,则是对同一种行为进行了两次法律惩罚,不仅不符合立法目的,而且混淆了离婚损害赔偿制度与家务劳动补偿制度的概念。因此,在适用家务劳动补偿制度时,不应考虑当事人是否存在离婚过错,当事人也不应因离婚过错而丧失家务劳动补偿的权利。

(四)规范义务人的给付方式

在实践中,家务劳动补偿是一次性给付还是分期给付,需要考虑当事人的经济状况。如果履行家务劳动补偿义务的当事人经济状况良好,具有给付能力,那么一次性给付完补偿数额能最安全且最高效地保障权利人的利益。但在现实生活中,不乏履行家务劳动补偿义务的当事人经济状况不是很好、没有一次性给付能力的情况,不能履行一次性给付家务劳动补偿,判决适用一次性给付的方式是不合理的。因此,在判决义务人分期给付的情况下,规避分期给付所带来的风险,保障权利人的合法利益,是非常必要的。笔者认为,在法院判决义务人分期给付的方式下,必须对义务人采取一些具有强制力的限制性规定。首先,比照我国《民法典》规定的相关情形,法院在判决义务人分期给付的同时,要求义务人提供一定的担保即提供一到两名保证人或者财产担保,在义务人出现违反协议的情况下,权利人有权请求保证人代为履行或者处分担保财产。其次,可以采取限制义务人进行高消费、与义务人的个人信用相挂钩等辅助性措施,敦促义务人按时履行家务劳动补偿义务。因此,法院判决义务人家务劳动补偿时,应以一次性给付方式为主、分期给付方式为辅,在分期给付的情况下必须要求义务人提供担保人或担保物,切实履行家务劳动补偿制度。

五、结　语

家务劳动补偿制度是保护妇女权益的重要制度之一,在司法实践中起到肯定家务劳动价值、提高妇女家庭地位的重要作用。当然,家务劳动补偿制度还存在补偿数额计算方式不明确、给付方式不规范、离婚过错影响家务劳动补偿制度履行等问题。为使家务劳动补偿制度更好地适用司法实践,应准确理解家务劳动补偿制度,改变固有的家庭观念,多元化计算家务劳动补偿数额,解决离婚过错与家务劳动补偿制度的适用冲突,促进家务劳动补偿制度的健全完善。同时,还要认识到,践行和完善家务劳动补偿制度,需要社会各界的持久关注和共同努力。

抚养费之外约定大额给付的性质认定

——基于合理幅度范围之考量

江 伟[*]

摘 要:父母在抚养费之外约定给付子女大额财物,引发的纠纷涉及特殊的身份关系,需综合身份关系、给付动机等具体情形进行考量,但最为关键的,是看该约定给付是否是在法定抚养义务对应的合理幅度范围内。若明显超出法定义务的合理幅度范围,一般应当认定系赠与性质,依《民法典》关于赠与合同的相关规则处理,即在相关财产转移前可以撤销,但若存在《民法典》中赠与合同关于不可撤销的相关情形,或者赠与条款与其他条款相互关联而撤销赠与明显导致协议整体的动摇,则不得撤销赠与。

关键词:抚养义务;幅度范围;赠与;补偿;撤销

一、问题的提出

非合法婚姻关系的男女双方在解除同居关系时,或者夫妻解除合法婚姻关系时,约定在抚养费之外给付子女高额财物的法律性质,《民法典》等法律并无明确规定,实践中有多种不同意见,主要有非典型性民事协议、抚养协议、赠与协议等观点,而不同法律关系的认定会导致完全不同的处理结果。

---

[*] 江伟,温岭市人民检察院党组成员、副检察长,研究方向为民商事审判。

案例：蒋某系有妇之夫，与刘某某于2015年认识，双方发生不正当关系并生育非婚生女即蒋某某。刘某某与蒋某决定分手后，于2018年7月签订了一份《非婚生子女抚养协议书》。双方约定：蒋某某的抚养权和监护权归刘某某；蒋某自愿每月给付蒋某某抚养费5000元，直至18周岁；蒋某支付刘某某160万元，用于以蒋某某名义购买一处房产，以供蒋某某居住。协议签订后，蒋某某随刘某某一方生活，蒋某亦按每月5000元的标准支付抚养费。上述协议签订后不久，蒋某亦与其配偶叶某某调解离婚。之后，蒋某一直未支付上述160万元。于是，刘某某以蒋某某名义提起诉讼，主张上述协议系普通民事协议，160万元具有抚养性质，根据诚实信用原则，要求蒋某履行协议约定的160万元。蒋某则抗辩由于当时刘某某多次纠缠，答应支付该160万元为无奈之举，实际上是"情债"，只不过借用了为蒋某某购房的名义，即使是真实意思表示，该约定亦为赠与协议，要求撤销赠与。

上述案例即是典型的父母约定赠与子女大额财物的一类情形，而蒋某与刘某某非合法婚姻关系而仅系同居关系，使得该协议交织着"情债"问题。特别是在"情债"为自然债务的理论倾向观点及司法实务下，有的将"情债"转化约定为子女抚养义务，以期得到司法保护，导致该协议的法律关系定性及处理变得更为复杂。同时，实践中还大量存在着父母解除合法婚姻关系时，既约定抚养费，又约定将房屋、车辆等大额夫妻共同财产或者夫妻一方财产归子女的做法。

上述约定给付的金额或财物确实超出了一般的抚养义务的范畴，但从协议本身看，确实难以得出协议无效或者其他非真实意思表示的结论。在确定协议一方是否应继续履行给付义务前，应当先对此类给付性质予以明确，才能得出正确结论。

二、父母超出一般抚养义务之外约定
给付子女财物的法律性质分析

（一）争鸣：非典型性民事协议或抚养协议抑或赠与协议

上述约定给付，往往是在解除婚姻关系或同居关系时作出，且一般由不直接抚养方给付。对于此类协议主要存在以下3种不同的意见。

1. 非典型性民事协议

此种观点认为,父母之间、父母与子女之间存在特殊的身份关系。在父母解除婚姻关系或者解除同居关系时,不直接抚养子女的父母一方在抚养费之外承诺给付财物,是对其不直接抚养子女行为的弥补,具有补偿功能,因此是属于具有身份属性、补偿性质的普通民事协议。双方当事人之间达成的具有民事权利义务关系的民事协议具有法律效力,约定给付义务的一方不享有任意撤销权,不履行则违反诚实信用原则,子女或者另一方有权依据该协议请求继续履行。

2. 抚养协议

此种观点认为,《民法典》第一千零八十五条规定"离婚后,子女由一方直接抚养的,另一方应当负担部分或者全部抚养费。负担费用的多少和期限的长短,由双方协议;协议不成的,由人民法院判决"。这说明,法律允许当事人自行协商抚养费的范围。而司法解释在列举生活费、教育费、医疗费三类抚养费之外,还使用了"等"字,这说明抚养费的种类以及范围可由父母双方自愿协商或人民法院根据合理需求确定。在抚养费之外约定大额财物给付,仍是一方当事人履行抚养义务的方式,与一般生活费、教育费、医疗费功能类似,起到更好地保障子女成长的作用。一方不履行约定的给付义务,属于未履行抚养义务,子女或另一方有权请求继续履行。

3. 赠与协议

赠与合同是赠与人将自己的财产无偿给予受赠人,受赠人表示接受赠与的合同。赠与合同的本质特点在于行为的无偿性。父母解除合法婚姻关系或者解除同居关系后,非直接抚养方支付抚养费,是法律所规定的义务。在此法定义务之外,双方约定一方给付子女财物特别是大额财物,其本质特点也是无偿性,与赠与合同一致。

(二)分析:基于法定抚养义务的范围、特殊身份关系及给付动机

1. 超出了法定抚养义务的范围

父母对未成年子女的抚养义务基于法律的直接规定,因子女的出生事实或收养行为而产生。抚养义务,不因父母的婚姻状态而有区别,比如:仅

系同居关系而未结婚的父母与缔结合法婚姻关系的父母对非婚生子女、婚生子女具有相同的抚养义务;解除同居关系的父母以及离婚的父母对未成年子女仍负有抚养义务。在承担抚养义务的方式上,一般由不直接抚养子女方依法负担部分或者全部抚养费。而抚养费的具体范围、给付期限、金额,旧婚姻法司法解释作出了具体明确规定,包括子女生活费、教育费、医疗费等费用,一般支付至子女18周岁为止,数额根据子女的实际需要、父母双方的负担能力和当地的实际生活水平确定。《民法典》配套司法解释亦沿用该规定。是故,支付抚养费这一负担抚养义务的方式,既有人身属性,又有经济属性,且不附加任何条件,并具有保障子女的健康成长和生存权利的基本功能,具有当然的法定性。其法定性也决定了抚养义务既不是畸大亦或畸小,而是在一定合理幅度范围内。约定的抚养义务若过于超过合理幅度范围,则该义务就不再是抚养义务,而可能是其他性质。

2. 特殊身份关系及给付动机并非判断标准

双方之间的特殊身份关系并非判断该类约定给付性质的关键点,原因在于虽然法律并未对赠与合同的当事人身份关系作出规定,但实际上赠与关系绝大多数仍发生在具有特殊身份关系的当事人之间,双方之间亲情、友情、爱情等特殊的身份关系恰恰是订立赠与合同关系的关键,甚至是决定性因素。而给付动机也非判断给付性质标准,原因在于给付动机并非合同目的,也非合同的构成要件。不管认为承诺给付是出于弥补未直接抚养子女的遗憾,而判定为属于非典型性的民事协议,或者认为承诺给付是出于保障子女有更好的生活环境,而判定为属于抚养协议,均不准确,因为保障与补偿的动机也均可以是订立赠与合同的动机。

3. 符合赠与性质的实质性判断要求

在法定义务之外给付财物,特别是给付大额财物,具有无偿性和非交易性的特征,属于施惠行为,这才是判断的关键点。而这恰恰与赠与法律关系一致。最高院在司法解释中规定婚前或婚姻关系存续期间夫妻之间赠与房产按照赠与合同规则处理,即是权威的参考。因为夫妻关系本身即具有特殊身份关系,而约定一方无偿给予另一方财物亦会存在种种复杂的动机,若仅以特殊身份关系和动机为考量点,则不应得出夫妻间赠与的结论。

(三)属于赠与关系的基本结论及例外考量

综合上述分析,笔者基本同意第三种观点,即一般而言,父母在法定抚养义务之外承诺另行给付财物于子女属于赠与性质,按照赠与合同的相关规定处理。

当然,若未明显超出法定抚养义务所对应的合理幅度范围的,则需要另行考量。比如,虽然非直接抚养方给付抚养费的期限为满18周岁,18周岁之后给付高等教育的学费、生活费等并非法定义务,但是如果双方已协商一致将抚养费的给付期限延长至子女大学毕业的,根据实际情况及社会的一般认知,该抚养费约定在合理的幅度范围之内,属于合法的抚养协议,对双方均有约束力,不能认定为赠与协议。又比如,双方关于抚养费标准的约定已超出本地一般生活水平,但是根据一方的收入及子女所需未达到过高的程度,尚在合理幅度范围内的,则应当根据诚实信用原则确定其效力,不能认定为赠与。

回到文章开始所举案例,双方约定了每月5000元的抚养费,虽然高于本地一般的生活水平,但结合双方家庭的收入、财产及前期履行情况,可以认定未超出合理幅度范围,属于对抚养义务的约定;而相对高额的抚养费目前已足以支付蒋某某生活、学习、居住等费用,在此之外再支付160万元购置房产的约定,已明显超过了法定抚养义务的合理范围,则应当认定为无偿赠与性质。

三、赠与关系定性下赠与方可否行使任意撤销权

既然认定明显超出法定抚养义务合理幅度范围的另行给付属于赠与性质,那就需要进一步讨论是否能够撤销的问题。

基于赠与相对人的纯获益性,《民法典》及原《合同法》均规定,赠与人在赠与财产的权利转移之前可以撤销赠与。赠与人不愿意再履行合同,不能被认定为违反诚信原则,这就是赠与人的任意撤销权,也是赠与合同与其他合同在法律效果上的最大区别。但是经过公证的赠与合同或者依法不得撤

销的具有救灾、扶贫、助残等公益、道德义务性质的赠与合同,不适用任意撤销权。这里值得讨论的是,此种赠与是否属于具有道德义务性质赠与而不可撤销。

(一)是否为具有道德义务性质而不得撤销赠与

法律并未对何为道德义务作出规定,理论研究及司法实务对此探讨得也不多。一般而言,道德义务与法律义务相对,仅指违反道德规范而不违反法律的义务,若不履行这种义务仅仅导致舆论谴责和自己内心的不安,而不承担法律责任。而是否属于道德义务,应当依照整个社会的观念、当事人之间的关系及给付的标的物价值等情形加以综合考量。故,在具体判断标准上,笔者认为,若履行了某种行为也许可以得到正面的评价,但若不履行这种义务并无明显的社会负面评价,则不应认为属于道德义务。虽然父母与子女之间存在特殊的身份关系,现实社会中也经常出现父母赠与子女大额财物的情况,但在法定抚养义务之外,父母不履行另行给付大额财物,特别是给付不动产的行为,在社会群众中并不会形成负面评价,故一般不应认定法定抚养义务之外给付大额财物属于道德义务性质的赠与而不得行使任意撤销权。

(二)是否属于其他不得撤销的情形

另一个需要探讨的问题是,赠与大额财物是在解除合法婚姻关系或同居关系的同时所作的约定,是否可以认定该约定与解除合法婚姻关系或同居关系的条款相互关联,而不得单方撤销呢?对于解除合法婚姻关系时约定赠与子女财物,虽然法律未作明确规定,但司法实践大多持不得单方解除的观点。比如《浙江省高级人民法院关于审理婚姻家庭案件若干问题的解答》就此类问题的观点是:离婚协议中关于财产分割的条款或者当事人因离婚就财产分割达成的协议,对当事人具有法律约束力;除存在欺诈、胁迫等情形之外,当事人请求撤销财产分割协议的不能予以支持;离婚协议涉及身份关系,各条款内容相互关联,如双方约定将夫妻共同财产赠与子女,该条款作为离婚协议的组成部分,夫妻双方应实际履行;离婚后夫或妻一方反悔,请求撤销赠与的,一般不予支持。

那么基于《婚姻法》关于非婚生子女享有与婚生子女同等权利的规定,解除同居关系约定赠与子女财物是否能参照适用上述规则呢?结论应是否定的。离婚协议中赠与子女财物一般不能撤销,是因为其与离婚条款相关联,而并非基于对子女权益的保护,故不存在平等保护的问题,不应直接参照适用。而合法的婚姻关系与同居关系的法律效果并不相同,前者受国家强制力的保护,在家庭关系、夫妻财产、扶养义务、离婚等多方面予以保护,而后者本身不受法律保护,仅同居关系产生的财产及子女等权益受到保护。《最高人民法院关于适用〈中华人民共和国民法典〉婚姻家庭编的解释(一)》第三条第一款即规定"当事人提起诉讼仅请求解除同居关系的,人民法院不予受理;已经受理的,裁定驳回起诉"。故,同居关系由当事人自行解除,而法律不作调整。综上,即使当事人自行解除同居关系时约定了一方赠与子女财物,但由于解除同居关系并不受法律调整,不存在赠与条款与解除同居关系相互关联的问题,赠与财物一方有权单方撤销赠与。当然,若是同居双方同居期间积累的共同财产,双方虽然在法定的抚养义务范围外约定给付大额财物,但是该约定仅系双方处理共同财产协议的一部分,与协议其他条款直接交织、关联,撤销这一条款会明显导致协议整体的动摇,则可能产生不得单方随意撤销的法律效果。

再回到文章所举案例,由于蒋某在婚姻关系存续期间与婚外异性刘某某同居并产下非婚生女蒋某某,其为非法的同居关系,不受法律保护,同居关系由其自行解除。双方达成非婚生子女抚养协议约定蒋某某由刘某某抚养,在相对高额抚养费之外再由蒋某出资以蒋某某名义购买不动产供蒋某某居住,属于明确的无偿赠与性质。该约定既非道德义务性质,也不存在条款间相互关联而无法单独撤销的问题,应当允许蒋某撤销赠与。

四、结　语

父母在抚养费之外或者一般抚养费标准之外另行约定给付子女财物,应回归法律关系本质进行分析,而其区分标准便是是否在法定抚养义务的合理幅度范围内。若未超出法定抚养义务的合理幅度范围内,则其仍是履行抚养义务性质,属于抚养协议,应当依照诚实信用原则予以履行,而不得随意撤销。但若是过分超出了法定抚养义务范围的大额给付,譬如给付不动产或者大额款项,则该约定并不属于抚养协议或者非典型性普通民事合同,而属于赠与性质,应当按照赠与合同的规则进行处理。而此类约定抚养费之外的大额给付,不属于具有道德义务的赠与合同,因此只要财物权属尚未转移,一般应准予单方撤销;但若该赠与条款与离婚条款或者分割共同财产的条款相互交织、关联,撤销赠与会明显导致协议整体动摇的,则可能产生不得单方撤销的法律效果。

夫妻离婚后未成年子女权益保障探析

许佳佳*

摘　要:近年来,我国离婚率呈现不断上升的趋势。如何将父母离婚对未成年子女造成的负面影响降到最低,贯彻儿童权益最大化原则,是法院审理的重点。夫妻离婚后未成年子女权益保障面临的困境主要体现在抚养权、抚养费、探望权三个方面,而产生这些难题的原因则要从夫妻离婚时的博弈行为、立法滞后与规定分散、传统思想理念的影响等角度进行分析。可立足我国国情,借鉴域外经验,探索完善我国离婚后未成年子女权益保障的实现路径,更好地维护未成年人的利益,呵护未成年人的健康成长。

关键词:离婚;子女抚养;儿童权益

当前,我国的离婚率不断攀升,离婚后未成年子女权益保障问题也成为法院处理婚姻家庭类案件时的难点问题。离婚是夫妻双方婚姻关系的终结,但对于子女而言却是非常态化亲子关系的开始。尽管我国的《民法典》、《未成年人保护法》、其他部分法及最高人民法院规范性文件中有一套较为完善的未成年子女抚养制度,但法律条文多为原则性条款,缺乏细化和可操作性,加之夫妻离婚时往往存在博弈行为及受传统思想影响,法院在处理相关案件时经常面临抚养权归属抉择难、抚养费标准不统一、抚养费执行难、探望权执行不能等难题。未成年人承载着国家的未来和希望,保障离婚后未成年子女的权益至关重要。应该立足于我国国情,借鉴域外国家的经验,

---

* 许佳佳,台州市三门县人民法院法官助理,研究方向为婚姻家庭法。

以儿童权益最大化原则确定直接抚养人,建立科学合理的抚养费标准与抚养费解决方式,完善离婚后未成年子女权益保障的实现路径。

一、夫妻离婚后未成年子女权益保障面临的困境

（一）抚养权方面

1. "父母本位"的立法理念主要考虑父母利益

我国的《民法典》及《最高人民法院关于适用〈中华人民共和国民法典〉婚姻家庭编的解释（一）》规定:未满两周岁的子女原则上由母亲直接抚养,若母亲患有严重的传染性疾病或不尽抚养义务以及父母双亲协商一致的可由父亲抚养;已满两周岁的子女,父母均要求抚养的,需考虑父母能否再次生育、抚养人是否还有其他子女、抚养人的身体经济条件等因素。现行法律规定具有明显的"父母本位"立法理念,主要保护父母的利益,未成年子女的利益没有得到完全保护。在法院审理的离婚案件中,父母协议是确定子女抚养权的重要方式,而父母协议主要考虑自身的经济能力、是否影响自己再婚、能否承担孩子上大学及未来的婚嫁开销等,而不是从子女角度考虑,给予孩子无条件的爱与付出。特别是涉及二孩的抚养权问题,往往采取由夫妻一人抚养一个的方式,虽实现离婚当事人的"抚养权平衡",却没有考虑同胞兄弟姐妹被迫别离对未成年人身心健康可能造成的情感伤害和不利影响,没有体现最有利于儿童的原则。

2. 法院难以确定最适当的直接抚养人

《民法典》对抚养权的规定,虽然有"按照最有利于未成年子女的原则"和"子女已满八周岁的,应当尊重其真实意愿"的表述,但在司法实践中仍有很多不足之处。"按照最有利于未成年子女的原则"作为确定抚养权的原则性条款,是一个较为抽象的概念,没有给法官列明需要参考的具体因素和明确依据。"子女已满八周岁的,应当尊重其真实意愿"实践起来也并不容易,法院一般采用庭下做询问笔录的方式,根据孩子的书信、通话录音、视频等证据判断子女的意愿,但有时受各种因素的影响,子女的话语仍不能体现其真实意思表达。法官在审理这些案件的过程中,大多数根据父母双方提交

的证据及其庭审陈述、答辩来综合认定,但是在案件数量大、审限紧的情况下,法官往往无暇顾及父母双方的责任心、养育付出、品格影响和生活习惯等需要细致考察的因素,不能保证涉抚养权案件未成年人利益最大化的最终实现。

(二)抚养费方面

1. 抚养费标准难以精准确定

虽然《最高人民法院关于适用〈中华人民共和国民法典〉婚姻家庭编的解释(一)》规定了"抚养费的数额,可以根据子女的实际需要、父母双方的负担能力和当地的实际生活水平确定",并提出按月收入的百分之二十至三十的比例给付的参考意见,但在司法实践中仍存在操作困难。随着我国职业的多元化,很多人的收入不再只是固定工资这一项,还可以有兼职、奖金、绩效工资等收入,收入总额难以精准确定,无固定职业群体的收入更是无法统计。打工、个人经营、兼职等多种收入方式具有不确定性和不稳定性,也没有相应的统计数字和明确的收入证明,加之很多当事人不愿意透露自身职业或故意隐瞒收入情况,给法官调查当事人收入或者另一半申请调查收入带来很大的挑战,这都使得法官确定子女抚养费的数额往往偏低,不利于保护未成年子女的合法利益与健康成长。

2. 抚养费范围及期限不统一

根据《最高人民法院关于适用〈中华人民共和国民法典〉婚姻家庭编的解释(一)》的规定,抚养费的支付范围包括子女生活费、教育费、医疗费等费用,但各地裁判文书对抚养费支付范围的表述尚未统一,大多数会写明每月需支付的固定抚养费数额,少数会将生活费与教育培训费、医疗费分开列明,这就导致大众对抚养费范围的理解产生分歧,有些人误以为抚养费只包括生活费,不包含教育费和医疗费,容易发生纠纷,引起后续诉讼问题。

对于抚养费的支付期限,根据《最高人民法院关于适用〈中华人民共和国民法典〉婚姻家庭编的解释(一)》的规定,一般至子女年满十八周岁能独立生活为止。虽然法律规定父母无须承担子女成年后的抚养费,但子女若读大学,由于课业繁重等原因,不能独立承担学费和生活开销,父母完全不提供经济支持不符合现实需要,也显得人情淡薄,所以提供一定经济帮助也是必要的。

3. 抚养费执行难问题

与普通财产型案件的执行相比,催讨抚养费因涉及婚姻家庭关系而更加困难。抚养费执行难的主要表现为:①被执行人经济困难,没有固定收入,也没有其他财产可供抵扣,解决不了申请人的实际需求;②被执行人隐匿转移收入和财产以期逃避执行,或者东躲西藏、变更住所,使法院执行因找不到人而执行不能;③抚养费执行期限往往具有长期性、反复性和周期性的特点;④因强制执行或者执行措施不当而使家庭关系进一步恶化甚至破裂,纠纷看似表面得到解决但实质在进一步恶化。

(三)探望权方面

1. 原则性条款缺乏可操作性

首先,大众对探望权的了解不够深入,对是否享有探望权以及该权利如何行使和实现知之甚少。夫妻起诉离婚时,未与子女直接生活的一方很少提出探望权要求,根据"不告不理"原则,法院一般不会就探望权作出硬性规定。其次,我国法律对行使探望权的时间、频次、方式、地点等没有具体规定,缺少可操作性,探望权的实施大多是口头协议,很大程度上取决于父母关系的紧张程度和生活工作安排,很容易引发纠纷,法官审理时也没有具体规定可以依照。再次,我国探望权的权利主体不是未成年子女本人,而是作为父亲或者母亲行使探望权的指向对象。探望权的行使方式,由离婚双方当事人协议或者法院判决,很少考虑未成年子女的真实意愿和情感需求,更侧重于满足父亲或者母亲对探望权的行使,未成年子女的合法权益没有得到有效保障。

2. 探望权执行不能

民事权利强制执行的标的只能是物和行为,对人身是不能强制执行的。拒绝协助执行的父亲或母亲,双方往往积怨颇深,在直接抚养方不愿意配合协助的情况下,探望权无法顺利实现,若用执行强制手段,则容易进一步激化双方的矛盾。协助探望的一方往往采取隐匿子女、带着子女搬离原住所、拒绝提供新的联系方式等行为阻挠另一方探望子女,或者祖父母、外祖父母基于对探望方的不满而阻挠、拒绝其探望孩子。除此之外,被探望的孩子也可能因为长期不与另一方共同生活，或者因直接抚养方及长辈的长期消极情绪影响，对探望方产生陌生、疏远、抵触的情绪，拒绝见面甚至拒绝联系。

3. 探望权引发其他纠纷

探望子女和给付抚养费关系紧密、相辅相成，对子女的健康成长而言两者缺一不可。间接抚养方若没有及时支付抚养费或者不支付抚养费，直接抚养方有可能因此拒绝其行使探望权，间接抚养方被拒绝后因此更加不情愿支付抚养费，导致恶性循环。又或者直接抚养方对间接抚养方怀有厌恶情绪，以各种理由阻挠对方探望孩子，双方争吵不断。这些纠纷会引起直接抚养方起诉要求另一方支付拖欠的抚养费、另一方起诉要求变更抚养关系等案件，甚至引发双方及亲属之间的肢体冲突，变成"民转刑"案件。

二、夫妻离婚后未成年子女权益保障困境的成因及后果

（一）司法困境之原因分析

1. 夫妻离婚时的博弈行为

夫妻在离婚时，因为感情的破裂、婚姻的失败，容易将对对方的不满情绪延续到对财产和子女的争夺上来，甚至把拥有对子女的抚养权作为报复对方或者是能分到更多财产的一种方式，没有设身处地为子女的利益着想。还有的父母为了快速摆脱这段婚姻，不惜在抚养权和抚养费方面作出让步，比如放弃孩子的抚养权，或者为了拿到孩子的抚养权自愿承担所有的抚养费用，或者答应对方拿出高额的抚养费，这都不是真实意愿的表达，反映出双方在处理子女抚养问题上缺乏理性态度，没有真正为子女的健康成长考虑。

2. 立法滞后与规定分散

从立法上看，我国关于未成年人保护的法律法规比较分散地分布在《宪法》《民法典》《未成年人保护法》等法律以及最高人民法院发布的规范文件中。例如《宪法》有"儿童受国家保护""父母对未成年人有抚养教育义务"等纲领性规定，《民法典》规定"子女已满八周岁的，应当尊重其真实意愿"，最高人民法院于2018年发布的《关于进一步深化家事审判方式和工作机制改

革的意见(试行)》指出"家事审判改革要依法保障未成年人、妇女和老年人的合法权益",等等。在上述法律以及规范性文件中,关于未成年人权益保护的规范多为宣誓性、原则性的条款,缺乏与之配套的细化规定,与域外立法相比未免滞后,在可操作性方面有所欠缺。此外,在我国民事诉讼法中也缺少未成年人参与庭审以及对未成年人权益予以特殊保护的专门性规定。到目前为止,我国还没有形成未成年人保护方面的完整的法律体系,立法对未成年子女权益保护的程度尚不够高。

3. 传统思想观念的影响

其一,受到传统思想观念的影响,儿童在家庭和社会中都处于需要保护的弱势地位,很多家长认为儿童没有必要参与父母的离婚诉讼,对未成年子女的意愿往往置之不理。其二,我国是礼仪之邦,一向提倡和谐共生、调解先行的理念,处理子女问题秉持着意思自治、自主协商的原则,在父母双方协商一致的情况下一般不做过多干预。其三,家事案件多数带有人身性,处理该类案件需要协调好家庭成员的情感关系,而这一方面的问题又往往是最难解决的,很容易陷入"和稀泥"的局面。

(二)未成年子女权益处理不当的后果

首先,对子女的身心健康产生不利影响。父母离婚后,未成年子女通常跟随一方生活,由另一方支付抚养费,偶尔探望。稳固的家庭结构瓦解,难免会给子女的生活和心理带来消极影响,若不能给予及时妥善的处理,则会进一步影响子女的身心健康。在现实生活中,父母解除婚姻关系后,由于照顾和监管不力,部分未成年子女的生活水平急剧下降、学习成绩差、心理抑郁、与父母缺乏沟通、关系疏远,有的青少年甚至走上犯罪道路。

其次,夫妻离婚后仍矛盾不断。夫妻双方在离婚时本就处于情绪对立、剑拔弩张的境地,往往不能理智冷静地思考问题,离婚协议很多表述不清,没能真正解决问题,其消极影响直接干扰夫妻双方离婚后的生活,导致其中一方不付抚养费、抚养费标准偏低、不履行探望协助义务等纠纷,离婚后双方仍纠缠不断,矛盾重重。

最后,不利于社会的和谐安定。家庭是社会的细胞,国家要繁荣,要昌盛,家庭和谐稳定是根基。离婚后,若因为抚养费、探望权等问题造成双方之间冲突不断,势必会影响社会稳定。如果父母未能尽到对未成年人的关爱监管责任,则势必会增加政府、社会在这方面的压力,因为不和谐的家庭关系会扰乱社会秩序,提高社会犯罪率,降低社会的安全性和稳定性。

三、完善夫妻离婚后未成年子女权益保障措施的建议

(一)以儿童权益最大化原则确定直接抚养人

1. 强化执法,夯实"子女本位"理念

1989年联合国《儿童权利公约》提出"儿童权益最大"原则。该公约是世界上影响最广泛的公约之一,要求将儿童视为权利主体,充分尊重儿童的合法权益和主体地位。我国是《儿童权利公约》的签约国之一,认同未成年子女利益最大化原则。在婚姻家庭案件中,特别是在离婚诉讼中,应充分体现"子女本位"理念,将"未成年人利益最大化"作为根本规则和家事案件处理未成年人权利纠纷的依据。法官和父母都应树立和强化"子女本位"意识,在确定直接抚养人时真正为子女着想,站在未成年子女角度考虑问题,作出最有利于未成年子女利益的决定。

2. 加强参与,充分考虑未成年子女意愿

离婚案件若涉及未成年人的利益,未成年子女有知情权和表达自己意见的权利。2016年最高人民法院《关于家事审判方式和工作机制改革的意见》提出涉及家事调查员、社工陪护、儿童心理专家等多种行为主体的多种创新形式和手段。法官在面临直接抚养人的抉择时,除了建立专门的儿童谈话室与适龄儿童进行交流、聘请心理咨询师进行心理测验等方式,还可以委托家事调查员进行调查,结合未成年人对物质生活、教育就学、情感依赖等方面的需求以及父母的具体情况,综合判断未成年人的真实意愿,向法院提交调查报告。当然,由于未成年子女年龄小,心智发育还不完全,法官要在充分考虑未成年子女意愿的基础上,结合父母的收入情况、抚养意愿、健康状况等多种因素进行综合考量,作出最有利于未成年子女利益的判断。

3. 职权探知,从严审核把关协议内容

在离婚案件中,为争取孩子的抚养权,不少当事人只提供对己方有利的

证据,掩盖对自己不利的真实情况。有些当事人受制于诉讼能力,不知道如何为自己争取更多的诉讼权利。所以,法官应当发挥职权能动性,在举证规则"谁主张,谁举证"的基础上,对当事人没有提到的案件事实,依职权调取相关证据,主动探知、全面调查子女的抚养情况。同时,法院不应一味认同父母达成的一致意见,而应站在对子女最有利的立场上,综合判断由父母哪一方担任直接抚养人。在子女抚养问题上,鼓励父母自行协商,但法院要审查协商意见是否最有利于未成年子女的健康成长,若不符合这一要求,应建议再次协商或依法判决。

(二)建立科学合理的抚养费标准

1. 制订抚养费计算指南

抚养费数额应尽量达到子女在父母离婚前的生活水平。为方便计算子女抚养费数额,日本东京、大阪抚养费研究会于2003年公布了简易的标准算定表,使用人只需填写父母双方的职业类别、年收入金额、子女个数、子女年龄等条件,即可在该表中找到应支付抚养费的区间范围,易于操作,使用方便。我国也可以组织相关领域的权威专家,根据权威机构发布的数据,结合我国各地区的具体情况,制订相应的抚养费计算指南,给自行协商和法院裁判提供参考依据。对于无固定收入或者低微收入的支付抚养费一方,可借鉴英美国家的做法,规定应支付抚养费的最低标准,最低抚养费不得低于当地城乡低保标准,保证其支付的抚养费能够满足未成年子女日常生活学习所需。

2. 严格控制"自行抚养"

应当从未成年子女的实际出发,合理确定抚养费数额,保障子女的正常学习和生活。在司法实践中,部分当事人没有考虑自身真正的经济能力,以自行承担抚养费作为筹码争取子女抚养权,待日后感到吃力无法负担时,又向法院起诉要求对方支付抚养费。故对父母双方约定由直接抚养方自行承担抚养费的协议,法院负有审查义务,如果发现直接抚养方的抚养能力明显不足,应当释明这种选择对自己以及对未成年子女成长可能带来的不利影响,让其在作出选择时更加慎重,并从儿童权益最大化原则出发,建议由间接抚养方也拿出一部分抚养费。

(三)探索抚养费执行难解决方法

1. 强化事前保障机制

制订抚养协议时,抚养费数额是否公平合理以及给付期限和给付方式是否恰当可行,都与抚养费的执行直接相关,所以在协议离婚或诉讼离婚时都应当仔细审查该条款是否可行。可从夫妻共同财产中抽取一部分作为子女的成长基金,存入银行,专款专用,避免以后因抚养费给付不能引发的矛盾。此外,可以参照担保制度对抚养费设立人保或者物保,如果给付义务方逃避履行或怠于履行,可以用其抵押的财物折抵抚养费,或者由保证人先行给付,然后再向义务人追偿。

2. 建立统一扣划制度

1975年美国设立抚养费强制制度,通过专门的抚养费执行机构强制收取抚养费。1988年澳大利亚在税收部门的办公场所设置儿童抚养代理机构,个人纳税与子女抚养费挂钩,代理机构收取抚养费并转交给子女。我国也可以建立法院抚养费统一扣缴和统一支付制度,设立全国范围内的抚养费生效裁判文书信息系统,建立系统与用人单位职工支付账户对接平台,并通过社保和税收系统进行追踪,准确定位被执行人的用人单位(或雇主),要求用人单位直接从被执行人工资中将抚养费数额按月汇入执行人账户或法院的抚养费专用账户,保证抚养费执行到位。

3. 完善配套救济机制

在执行过程中的确有一部分被执行人因为突发严重疾病、意外致残、生意失败破产等原因导致生活困难,无力负担子女的抚养费,因此,为保障未成年人的正常生活,应建立融司法救助、政府救助、社会救助为一体的救济体系:司法部门提供一定的救助资金,执行法官在案情符合条件时可及时为未成年人提出申请;民政部门、社保部门等可以向符合要求的生活困难人员发放低保金、补助金;社会救助机构、未成年人权利保护组织亦可协助未成年人解决实际生活困难。

（四）破解探望权履行不能问题

1. 制订灵活可行的探望方案

在制订探望方案时，除写明探望的频次、日期、形式与场所，还可以列明探望人可以出席如生日会、毕业典礼等重要活动，也可根据子女的年龄阶段制订探望方案，如可以带学龄前孩子到公园、游乐园去玩，探望正在读书的孩子应尽量安排在节假日、寒暑假，还可以带着孩子的祖父母、外祖父母一起探望，促进祖孙之间的情感交流。在探望方式上，不必拘泥于面对面探望，可以通过写信、打电话、微信视频等方式进行探望，也可以网购衣物、玩具寄给孩子，维系父母与子女之间的亲情。

2. 建立探望权监督人制度

探望权监督人制度，是指由法院、未成年子女的父母协商，确定由社会组织工作人员、亲属或朋友担任探望权监督人，监督保障探望权行使的制度。探望权监督人基于中间立场、工作经验、社会威望，能有效帮助法院找到探望权执行不能的根源，帮助双方找到化解矛盾的一揽子解决方案，从而保证探望权能够依法履行。该制度能够整合各方资源、借用多方力量，高效处理纠纷、化解矛盾，是法院参与社会治理的创新之举，应大力推广。

3. 采取教育为主、惩戒为辅的执行手段

探望权的执行需要法院作出以交流、劝导、教育为主的细致调解工作。比如：组织双方参加分离家庭疏导项目，为离婚后的夫妻提供免费咨询或指导服务，帮助改善关系；设立分离家庭会商制度，向离婚父母释明探望权的重要性，引导双方从子女角度考虑问题。如果被执行人仍不协助探望，法院强制措施要由轻到重：首先，对被执行人发送《家庭教育令》，责令其接受家庭教育指导，按裁判文书内容履行协助探望义务；其次，限制高消费，用分阶段递增式迟延履行金替代一次性罚款；最后，对性质恶劣的予以拘留，性质特别恶劣的，以拒执罪追究刑事责任。

四、结　语

　　未成年人是民族的希望，是国家的未来，用心呵护未成年人健康成长是国家和社会的使命和责任。如果未成年人的父母决定离婚，需要安排好子女未来的生活，把对他们的伤害降到最低。法院可以解决婚姻问题，但是解决不了亲情联结与关爱呵护的问题。父母要更多地站在对孩子有利的角度思考问题，家事审判要更加注重儿童权益最大化原则，全社会要更加重视未成年人的权益保障问题，齐心协力呵护未成年人的健康成长，促进家庭稳定和谐、社会长治久安。

离婚诉讼中设立法定居住权制度探析

——以保护非产权方居住权为视角

陈亚群　李兴定　王群华*

摘　要:当前我国离婚诉讼案件中,婚姻住宅的非产权方配偶居住权往往难以得到保障与实现。因此,有必要通过比较分析,进一步厘清非产权方居住权的概念与性质,对离婚诉讼中设定法定居住权的必要性与可行性进行剖析,检视目前居住权的制度设计漏洞和设定法定居住权的意义价值,并通过法定居住权的取得方式、期限设置、权利内容、义务限制、消灭事由等内容呈现法定居住权的构建路径。设定法定居住权,加大对非产权方配偶权利的保护力度,有助于彰显家庭伦理,实现"住有所居"。

关键词:离婚诉讼;非产权方;法定居住权

离婚后住房分割一直是离婚案件中财产分割的重要问题。《最高人民法院关于适用〈中华人民共和国婚姻法〉若干问题的解释(一)》(以下简称《婚姻法司法解释(一)》)提出以"房屋居住权"的方式对经济困难方作出补偿。《中华人民共和国民法典》(以下简称《民法典》)正式将"居住权"纳入物权编。不难看出,立法者正力求探索以新方式应对居住权问题。但《民法典》对于居住权的规定内容封闭简单,关于离婚诉讼中法定居住权的制度设计仍是空白,在实践中也没有形成规则引导。为发挥居住权的效力及功能,切

---

* 陈亚群,台州市三门县人民法院法官助理,研究方向为法学。李兴定,台州市三门县人民法院法官助理,研究方向为法学。王群华,台州市三门县人民法院民二庭副庭长,研究方向为法学。

实保护弱势群体的利益,除了当事人通过约定设立居住权外,不妨进一步探讨在离婚诉讼中设立法定居住权的可行性,为离婚案件当事人双方的利益平衡提供另一种思路。

一、非产权方居住权的概念与性质厘定

（一）非产权方居住权的概念

居住权的概念有广义和狭义之分。广义的居住权,一般说的是住的权利,有时也被称为住房权或住宅权,主要规定在国际条约及宪法中,是公法上的居住权。狭义的居住权则有别于公法上的居住权,仅指民法上的居住权,属于民事权利的一种。

关于非产权方居住权,虽然在我国法律条文中没有作出明确定义,但是学者们在探讨有关非产权方居住权制度时,对其概念作出了界定:所谓非产权方居住权,是指在婚姻住房属于配偶一方个人财产时,非产权方配偶有权依据法律的直接规定或者合同的约定或者所有权人的意思表示,对该房屋及其他配套设施的全部或者一部分享有的占有、使用、居住的权利。

（二）非产权方居住权的性质

虽然非产权方居住权在本质上仍然属于物权法中的居住权,但有其特殊性质,有别于一般居住权。

1. 适用主体更加特定和明确

非产权方居住权的产生依据是夫妻之间的扶养义务在婚姻关系解除后的一种延续,具有对婚姻中弱势一方配偶的生活帮助的性质,人身依附性更加强烈。所以,此项制度的适用主体较物权法中居住权的适用主体狭窄,仅适用非产权一方配偶。

2. 客体仅为夫妻一方所有的房屋

从设立目的看,非产权方居住权是对婚姻关系解除后无处居住的非产权一方配偶的生活帮助,其形式为房屋的所有权人将自己房屋的一间或者全部给予对方居住。因此,此项制度的客体为夫妻一方所拥有的房屋。

3. 取得方式为法定取得或者意定取得，且应当为无偿

在离婚诉讼中，非产权方配偶可以向法院请求享有产权方房屋的居住权，法院依据请求，判决其享有居住权，或者在离婚协议中，由双方明确约定非产权方在婚姻关系解除后依旧享有对产权方房屋的居住权。无论是判决取得还是协议约定取得，在享有权利期间，非产权方都应当是无偿享有。

二、离婚诉讼中设立法定居住权的必要性

在2010年至2020年的司法实践中，中国裁判文书网上涉及居住权的婚姻家庭纠纷案件共有7644件，案件分布情况为：2010年46件、2011年37件、2012年69件、2013年225件、2014年991件、2015年1157件、2016年1324件、2017年850件、2018年911件、2019年1058件、2020年976件。通过上述数据分布情况可以看出，在我国离婚诉讼中居住权纠纷案件的数量大致呈逐年递增趋势，亟须加大对离婚判决中非产权方居住权的保护。

（一）现实需求：婚姻关系解除后非产权方的住房难题

当下，婚姻住宅归属于夫妻一方所有的情形不在少数，且呈上升趋势，这就势必出现在婚姻关系解除后非产权方无房可住的问题，其中又以女性非产权方为多数。究其原因，主要有以下几点。

1. 传统习俗和观念的传承

传统婚姻模式很大程度上是一方"嫁入"（或"入赘"）另一方，一般说来都是由一方（多为男方）准备婚房，而另一方准备"嫁妆"。随着商品房市场的膨胀和房价的上涨，年轻人购买婚房，一般由一方支付首付并将产权登记在该方，婚后由双方共同偿还购房贷款，这种现象越来越普遍。

2. 立法加剧了婚姻住宅归一方所有的情形

《婚姻法司法解释（一）》规定了夫妻一方的个人财产不会因为婚姻关系的持续而转为共同财产。对夫妻一方以个人财产支付首付并登记在一方名下、婚后双方共同偿还贷款的婚姻住宅所有权归属，《最高人民法院关于适用〈中华人民共和国婚姻法〉若干问题的解释（三）》（以下简称《婚姻法司法

解释(三)》)第十一条作出进一步规定。另外,《婚姻法司法解释(三)》第七条还对婚后一方父母出资为子女购买的房屋且登记在一方名下的婚姻住宅的所有权归属进行了规定。这些都表明婚姻住宅更多地被立法认定为夫妻一方的个人财产。

(二)制度缺陷:离婚诉讼中非产权方居住权保护的法律空白

1. 规则引导缺位

通过对之前离婚诉讼司法判例的调查研究发现,在离婚诉讼中,法院往往采取"经济补偿"或"住房暂住"的方式,对非产权方配偶的居住权在一定程度上进行了保护。但对弱势群体进行救济的经济帮助制度也仅停留在离婚时提供帮助,离婚后出现困难的不属于经济帮助的范围。这就要求当事人,尤其是不同意离婚的一方,如果生活困难,就一定要把生活困难的现状及时提出来,否则人民法院在作出认定时就会忽视不同意离婚一方生活困难的现状,而作出不利于保护困难方权益的判决。此外,《婚姻法司法解释(一)》中规定的"没有住处"难以界定,如女方婚后没有住处而不得不住在娘家难以界定是否属于没有住处。对离婚诉讼中的居住权原则性规定存在不同解读,在客观上给法官留下很大的自由裁量空间,在同一问题上造成司法实践标准的多样性、不统一。

2. 立法设计缺乏

《婚姻法》《婚姻法司法解释(一)》以及《婚姻法司法解释(三)》对离婚诉讼中非产权方居住权保护的规定并不具体,《民法典》规定的现行有效的居住权实质上是一种意定居住权,而法定居住权并未涉及。根据《民法典》第三百六十六条至第三百七十一条有关居住权的规定,在当事人之间仅限于签订书面合同或者订立遗嘱的前提下,通过登记设立的方式才能成立居住权。故在离婚诉讼的司法案件中,当婚姻住宅属于夫妻一方所有时,若夫妻双方在离婚协议中未签订有关居住权的条款或者未另行签订有关居住权的书面合同,那么在婚姻关系解除后非产权方的配偶居住权将得不到应有的保护。

（三）价值整合：离婚诉讼中设定法定居住权的导向作用

1. 个人效果之居住安全

目前，作为非产权方的女方配偶在婚姻关系解除后的居住权问题较为严重，较男性而言，离婚女性更容易面临住房困难。特别是我国农村地区，按照风俗，结婚时一般由男方提供婚姻住房，男女双方共同使用。按照法律规定，婚前一方所有的房屋，离婚时未变更产权的，房屋仍归产权人所有。在这种情况下，女性就有可能存在离婚后无房可住的问题，且女性的父母及其兄弟姐妹此时一般是没有法定义务对其提供生活帮助的。从保护妇女的合法权益出发，为了解决女性离婚后的住房困难问题，居住权的设立是很有必要的。当婚姻住宅属于一方所有的时候，在离婚诉讼中设立居住权，可有效保障婚姻家庭成员的居住安全，避免非产权方配偶在离婚后因为没有能力购买或租赁房屋而面临无房居住的困境。

2. 家庭效果之婚姻稳定

从婚姻法的价值取向来看，个人自由不是也不应当是婚姻家庭领域最重要的价值，婚姻的伦理性决定了婚姻这种契约关系应当是一种长期合作、利他互惠的关系。而近些年来，我国传统的婚姻观念不断受到市场经济的经济理性与成本理性观念的冲击，再加上个人自由与契约婚姻观念的嫁接，一些人的婚姻生活观念日益功利化，家庭成员中"自我中心式个人主义"不断滋生。当婚姻住宅属于一方所有，非产权方配偶对婚姻住宅的权利仅建立在另一方许可的基础上，将使婚姻家庭处于不稳定状态，非产权方配偶有可能为了有一个安身之所而忍受来自另一方的不当行为甚至家庭暴力。而在离婚诉讼中设定居住权，非产权方配偶的利益可以因此得到有效的法律保护，从而促进婚姻家庭稳定，让双方在婚姻关系存续期间更加和谐。

3. 社会效果之物尽其用

当前，世界城市人口每天以17万人的速度增长，到2025年将达到50亿，城市人口将占全球总人口的2/3，人类将面临居住问题的巨大挑战。房屋是一种重要的不动产，建筑成本高，加之土地资源紧缺，商品房价格居高不下，对于多数公民来说，想拥有一套属于自己的住房绝非易事，并非所有人的住房都能通过所有权制度得以解决。居住权制度的建立与完善，可以在一定程度上解决部分居住问题,比如在离婚诉讼中设立居住权就符合经济效益原则,在婚姻关系解除后,婚姻住宅可因此得到最大程度的利用。在离婚诉讼中设立居住权,可以实现房屋应有价值的效益最大化,物尽其用,缓解住房紧张问题。

三、离婚诉讼中设立法定居住权的可行性

（一）理论构建：现有居住权的研究成果丰富

1. 法律基础：我国居住权制度不断完善

在《民法典》颁布之前,居住权一直未成为法定权利,但从《中华人民共和国物权法》(以下简称《物权法》)到《婚姻法》及相关解释,我国一直在探索并完善居住权制度。2001 年 5 月 28 日,在人大常委会法制工作委员会召开的《中华人民共和国物权法(草案)》专家讨论会上,学者江平提出将居住权制度纳入《物权法》"用益物权"一章,并具体规定了居住权的概念、设立条件及方式、期限、居住权人的权利义务以及居住权的消灭等部分。但在《物权法》通过时,最终居住权没有被规定为一种法定权利。

虽然居住权在《物权法》中没有规定,但我国离婚诉讼中非产权方的利益保护制度开始出现,如《婚姻法》第四十二条规定离婚时如一方生活困难,另一方应从其住房等个人财产中给予适当帮助。《婚姻法司法解释(一)》第二十七条第三款明确规定若离婚时夫妻一方生活困难,另一方可以将自己所有的住房以设立居住权的形式对其进行帮助。此外《婚姻法司法解释(三)》第二十七条还规定了离婚时一方以个人财产中的住房对生活困难者进行帮助的形式,可以是房屋的居住权或者房屋的所有权。

2. 法理支持：婚姻家庭法以保护弱者为原则

非产权方配偶居住权的设立,可以保护婚姻关系中弱势一方的利益。住房是每个公民安身立命之所,尤其是对婚姻关系中非产权一方配偶而言,设立居住权制度是对其生存生活的一种保障。解除婚姻关系时,在财产分割问题上,尤其是房屋产权的分割往往存在很大分歧,在婚姻关系解除后很可能导致非产权一方的生活陷入困难的境地。设立非产权方居住权制度,

能使非产权方配偶在离婚后不再为居住问题而劳心费力,而这也符合婚姻家庭法中保护弱者的原则。

3. 把握时机:居住权正式进入我国《民法典》

2021年1月1日,《民法典》开始施行,物权编中新增了居住权的内容,从此居住权成为一种法定权利。居住权的主要特征有:(1)基本属性是一种他物权,具有用益性;(2)是为特定自然人基于生活用房而设立的物权,具有人身性;(3)是一种长期存在的物权,具有独立性;(4)其设定是一种恩惠行为,具有不可转让性;(5)原则上是无偿设立的,但是当事人另有约定的除外;(6)设立或注销采用登记要件,自登记时成立或消灭。虽然我国现有居住权只是一种意定居住权,其设立的方式限于遗嘱方式设立和合同方式设立2种,但居住权正式进入《民法典》亦为今后法定居住权的建立提供了有效参考。

(二)实践探索:司法实务中关于离婚诉讼的居住权案例

自《物权法》实施以来,有关离婚判决中居住权纠纷案件的数量不断增加,法院对此类案件的审判依据主要是民法的基本原则以及《婚姻法司法解释(一)》中规定的房屋居住权,大量的司法案例为此项制度的设立奠定了实践基础,而在判决过程中,对居住权作出的概念界定为此项制度的设立提供了有益借鉴。法院在审理离婚案件居住权纠纷时,并不是所有的判决都强调非产权方配偶居住权,其中多数判决认为夫妻约定居住权没有法律依据。从已有的离婚诉讼中居住权纠纷案件的判决来看,对享有居住权的期限、居住权人的权利义务以及居住权的消灭并未作出任何规定。法院判决享有居住权或者不享有居住权,缺乏明确的法律依据。在居住权人的权利义务并不明确、法律依据不充足的情况下作出的居住权判决,也不能得到当事人的认可,自然也就不能被有效地执行。因此,确立非产权方居住权能够弥补《婚姻法》权利认定中的空白,使非产权方配偶居住权的享有能够有法可依。

(三)借鉴寻路:域外法律离婚诉讼中法定居住权的设定

由于婚姻住宅对婚姻家庭关系具有重要意义,使用欧美两大法系的许多国家和地区都对婚姻住宅非产权方配偶的利益进行立法保护,即当婚姻住宅所有权属于一方所有时,多数国家的法律会对非产权方配偶的居住权予以规定,在离婚时,法院会优先考虑经济弱者的利益,将该婚姻住宅分配给非产权方配偶。这充分体现了保护家庭经济弱者的价值取向,值得我国借鉴参考。

1. 英美法系国家的法律规定

使用英美法系的许多国家和地区都通过"婚姻住宅"这一专门的制度对非产权方配偶的婚姻住宅居住权予以特殊保护。例如,在英国,根据1996年《家庭法案》第三十条的规定,在一方配偶基于使用权、所有权、契约或者继续占有授权而享有居住权利的住宅中,另一方配偶虽然无上述权利或者授权,但如其正在占有住宅,则享有经法院许可进入并占有该住宅的权利。离婚时,婚姻住宅的分配并不完全取决于何方拥有所有权。在一方对婚姻住宅拥有法律上的所有权时,法院会基于另一方对婚姻住宅的贡献而认可其享有法律上的利益。而一旦确定非产权方配偶享有受益权,则对于该利益的大小,法官具有较大自由裁量权,甚至可以改变所有权的主体。

2. 大陆法系国家的法律规定

大陆法系许多国家和地区的亲属法对于婚姻住宅上非产权方配偶的权利作出了明确规定,其中包括非产权方配偶的居住权和离婚时婚姻住宅的分配问题。如《法国民法典》规定家庭住所应为夫妻一致同意选定的场所。据此推断,无论所有权属于何方,另一方都有居住的权利。又如《法国民法典》还规定在婚姻住宅属于一方所有时,在特定情况下,法官可以判决将其租让给另一方配偶。《德国民法典》也规定了法院会将婚姻住宅分配给更加需要婚姻住宅的一方使用。

四、离婚诉讼中设定法定居住权的立法构建

《民法典》对于意定居权的设定仍不能解决部分特殊群体的居住权问题,对于如何提供居住权、能够提供多久,都没有作出更具体的规定,特别是在离婚、抚养、赡养或继承制度下,有些特殊群体对于居住权的需求是高于给付金钱的债权需求的。因此,除了目前的条文设定,《民法典》还应对居住

权的法定取得方式、实行要素、消灭事由等进行补缺。

(一)法定居住权的取得方式

我国现行法律及司法解释,虽然能够依照《婚姻法》中相互扶持的原则提出居住权的申请,但仅有的原则性规定难以对非产权方配偶的居住权进行有效保护。设立法定居住权为在离婚诉讼中保护非产权方配偶提供了另一种思路:法院可以通过判决的方式给非产权方配偶设立居住权。由非产权方配偶申请,经法院审查,申请人离婚后确实经济困难没有居住地,同时被申请人有能力提供居住地的,可以判决申请人取得居住权。除上述基本要素之外,还可从婚姻关系存续期间为家庭付出程度、离婚时是否存在过错、是否需要抚养未成年人子女、丧失居住权对双方及子女是否存在影响等方面,综合认定是否准许申请人取得居住权。

(二)法定居住权的期限设置

期限是民事权利义务发生关系、变更、消灭的时间,其到来或消失不以人的意志为转移。期限分为法律规定、人民法院裁定指定和当事人约定三种。居住权属于物权的一种,具有较强的人身依附性,据此,有的国家或地区将非产权方配偶的居住权期限设定终身或直至居住人再婚为止。还有从保护未成年人利益出发的,将居住权的期限设定为子女成年为止。当然,不同的期限设定方式各有优劣。

1. 权利人终身

离婚后设定非产权方配偶终身居住权是最简单宽泛的方式。赋予居住权人终身的居住权,一定程度上能够缓解老有所居的问题,特别是对于年老的非产权方配偶而言,不至于为老年居住问题发愁。但终身期限的设定方式也容易造成为取得居住权而闪婚闪离的社会现象,进而损害房屋所有权人的权益。因此,应当谨慎考虑是否赋予非产权房配偶终身居住权,此项权利应优先考虑适用于年老或欠缺劳动能力的无住房者。

2. 子女成年

许多国家从抚养子女、保护子女权益的角度出发,规定获得子女抚养权的一方将同时获得居住权直至子女成年。根据我国家庭的实际状况,为抚养方及子女设定居住权,更有利于保障未成年子女的健康成长,减少因为父母离婚带来的伤害,对于非抚养权方而言也更利于维系与子女间的情感交流。因此,将离婚后居住权期限设至子女成年为止,符合《民法典》婚姻家庭编的立法目的。

3. 权利人再婚

对非产权方配偶设定居住权,意在保护婚姻关系中较为弱势的一方或者考量其对于家庭的付出等因素,但是因前段婚姻而得到的居住权,当居住权人开始另外一段婚姻关系时,之前得到的居住权也应当随之消灭。

为离婚后设定法定居住权的期限,一般从居住权人的年龄及身体情况、双方经济条件、是否有未成年子女等几个方面考虑。设定居住权的救济方式本质上限制了房屋所有权人的权益,居住权设置的时间过长很可能会造成双方更激烈的矛盾,因此法院在作出法定居住权期间的判决时要充分考虑各方面的因素,综合判断,设定合理的居住权期限。

(三)法定居住权的权利内容

1. 基础权利之房屋的占有与使用

根据所有权占有、使用、收益、处分的四项权利内容,可以确定离婚后法定居住权的权利内容。占有是使用居住权的前提条件,使用权是居住权的内容。居住权人行使权利的范围也不应仅限于对空间的使用,也应当包括房屋内附属设施及共有空间的使用权。居住权人的占有和使用权利,不因所有权人或其他物权人的改变而受到影响。换而言之,房屋所有权人出卖或出租房屋时,居住权人可以继续主张居住权,影响居住权人的,居住权人可主张无效。

2. 财产权利之房屋的优先购买权

非产权方配偶的优先购买权指的是房屋所有权人在转让房屋时同等条件下拥有优先购买的权利。首先,从居住权的性质来看,居住权为物权,优先于债权,比起承租权效力更优先,既然承租人都享有优先购买权,那么居住权人的优先购买权自不言而喻。再次,从房屋权益最大化的角度考虑,居住权人已经实际占有使用了房屋,并参与一定的管理,在居住权基础上获得所有权,可以更好地维持居住权人的生活现状,减少房屋交易损失。最后,从利益平衡的角度来看,房屋的所有权人和居住权人之间具有特殊的身份关系,有利于协调转让人与受让人之间的关系,赋予居住权人优先购买权更符合法理,更有利于平衡转让人与受让人双方的客观需求。

3. 对抗权利之房屋的物上请求权

物权既赋予物权权利人支配物的积极权利,同时也赋予权利人对抗他人侵害的权利,也就是物上请求权。物上请求权包含返还原物请求权、排除妨害请求权和消除危险请求权。对于居住权人而言,能够赋予物权权利人的是排除妨害请求权和消除危险请求权。前者指的是居住权人有权请求排除他人妨碍、干扰、阻挠实行居住权的权利,后者指的是面临他人妨害的危险时能够要求他人不作为的权利。

(四)法定居住权的义务限制

除《民法典》中对于居住权的限制性规定以外,居住权人也应当承担部分用益物权中的一般义务。虽然权利对当事人来说意味着意志的自由,但权利的行使不能逾越必要的界限,否则将构成滥用权利,因而权利的行使不得以损害他人为目的,应当遵守诚实信用、公序良俗的原则。

1. 善意合理使用

在房屋居住期间,居住权人应当与共同居住的家人以善良管理者的原则共同使用房屋,享受权利以居住必要为限,不得擅自改变房屋结构和性质,也不得将房屋用于经营,不享有房屋的收益权。

2. 承担必要开支

参考域外立法规定,承担房主住宅费用是居住权人的必要义务之一。既然居住权人占有使用了房屋,那么对于房屋日常维护、必要修缮及物业费用等应当承担支付义务。当然,这里的付款义务通常指的是"日常开支",涉及房屋主体结构的较大修整或者翻修的开支仍应当由房屋所有权人负担。

3. 到期返还房屋

设定的居住权期限届满后,居住权人应当及时搬离房屋,将房屋返还给所有权人,不应继续居住或转让给他人。居住权人未及时搬离房屋的,房屋所有权人有权要求居住权人腾退房屋或赔偿损失。

（五）法定居住权的消灭事由

根据《民法典》的规定，居住权期限届满或者居住权人死亡的，居住权消灭。除了上述两点外，笔者认为离婚后居住权消灭的原因还应当包括以下几点：①当双方约定或者法律规定的解除条件成立时，居住权的基础条件丧失，权利人应当返还房屋；②居住权人自己放弃居住权的，属对自己权利的自主处分，权利人放弃的权利应当消灭；③居住权人因购买等方式获得房屋所有权的，居住权人与所有权人发生混同，则居住权也随之消失；④房屋因为不可抗力等原因灭失，权利载体的灭失使得居住权自然消灭。从权利和义务相对应的角度而言，当事人除享有权利之外，还应承担相应的民事义务，违反义务责任的应当承担责任。因此，除了设置离婚后居住权消失事由外，也应当赋予所有权人申请撤销居住权的权利。例如未经房屋所有权人同意，擅自变更房屋使用性质或者转让出租房屋的，房屋所有权人有权申请法院撤销法定居住权人的居住权。

当前，距离人人都享有住房所有权的目标仍然很遥远，特定群体的住房困境也并非单一的制度设定就能够化解，破解这一困境，还需建立和完善房屋所有权之外的配套制度。对法定居住权的研究，是基于居住权的《物权法》特性和其在婚姻家庭法中的特殊地位，而法定居住权的设定，不仅是对非产权方居住权的保护，也是家庭和谐、社会稳定和国家发展的期盼和需要。

参考文献

[1]曹蓓.婚姻住宅上非产权方配偶居住权制度研究[D].石家庄：河北经贸大学,2013.

[2]闫晶.离婚诉讼中无房女性利益的法律保护问题研究[D].石家庄：河北经贸大学,2014.

论我国宣告死亡及撤销制度
对婚姻效力的影响

——以利益衡量理论为视角

陈　晨[*]

摘　要:《中华人民共和国民法典》第五十一条在《最高人民法院关于贯彻执行〈中华人民共和国民法通则〉若干问题的意见(试行)》第37条的基础上进行了完善,但在学界仍然存有争议。本文以利益衡量理论为视角,对涉及的主体利益分别进行衡量,采取预设情形的方式进行逻辑推理,揭示不同主体之间存在的利益冲突。结合《中华人民共和国民法典》第五十一条之规定,认为《最高人民法院关于贯彻执行〈中华人民共和国民法通则〉若干问题的意见(试行)》第37条宜解释为:下落不明之人的婚姻关系自宣告死亡之日起绝对消灭;宣告死亡的人的生存配偶与他人再婚的,再婚婚姻需以再婚双方主观善意作为有效前提;生存配偶与他人再次缔结婚姻后,当事人被撤销宣告死亡的,需在尊重生存配偶意愿的前提下,结合生存配偶是否生育子女的不同情况分别确定原婚和再婚婚姻的效力。

关键词:利益衡量;宣告死亡;宣告死亡撤销;婚姻效力

---

*　陈晨,北京中医药大学东方学院助教,研究方向为民商事法律。

一、问题的提出

自2021年1月1日起,《中华人民共和国民法典》(以下简称《民法典》)正式生效,影响着人们生活的方方面面。《民法典》第五十一条规定:"被宣告死亡的人的婚姻关系,自死亡宣告之日起消除。死亡宣告被撤销的,婚姻关系自撤销死亡宣告之日起自行恢复。但是,其配偶再婚或者向婚姻登记机关书面声明不愿意恢复的除外。"《民法典》第五十一条在《最高人民法院关于贯彻执行〈中华人民共和国民法通则〉若干问题的意见(试行)》(以下简称《民通意见》)第37条的基础上对宣告死亡的人的生存配偶的婚姻选择权利进行扩张,如果当事人被撤销宣告死亡,生存配偶虽未再婚但以书面形式向婚姻登记机关申请不愿意恢复婚姻关系的,其婚姻效力终局消灭。

宣告死亡制度的立法目的在于终结被宣告死亡的人财产关系和身份关系的不确定状态。自然人一旦被宣告死亡,其民事主体资格即视为消灭,非经依法撤销,死亡宣告的效力将得到维持,以被宣告死亡人原住所地为中心的一切民事法律关系全部归于消灭。一切享有以下落不明的人死亡为条件的财产权利的人,即可因此获得权利,如继承人可以继承其遗产等。婚姻关系系身份关系中最重要的一项,法律应明确宣告死亡及撤销制度对婚姻效力产生的影响。《民法典》虽已进行详细规定,但对法律条文的理解适用却存在歧义,主要体现在以下3个方面:第一,被宣告死亡的人原婚的效力终局消灭的时间问题。目前,"原婚的效力终局消灭的时间问题"的学界通说观点是以王利明教授为代表的"立即消灭说",认为宣告死亡一旦作出,被宣告死亡的人的婚姻关系即应当消灭。而笔者认为,如果被宣告死亡的人原婚的效力自其被宣告死亡时终局消灭,宣告死亡被撤销后原婚效力的自动恢复将失去法律基础,不符合法律逻辑。依照王利明教授等学者的观点,宣告死亡的人自被撤销宣告死亡后,原婚双方需到婚姻登记机关再次办理婚姻登记重新产生婚姻效力。第二,当事人被宣告死亡之后,其生存配偶与他人再婚婚姻的效力问题。根据《民法典》第五十一条的规定,如果被宣告死亡之人的生存配偶与他人再婚,后当事人被撤销宣告死亡的,原婚的效力终局消灭,即不论再婚婚姻是否发生法律效力,均可以阻止原婚效力的恢复。在司法实践中,往往出现生存配偶一方明知对方在外并有生存信息,故意隐瞒事实的真相,使之被人民法院宣告死亡后再行缔结新的婚姻的案件。在此问题上,王泽鉴教授认为:"如果再婚婚姻双方当事人均为善意,则原婚因生存配偶的再婚而消灭;如果再婚婚姻当事人一方为恶意,不论另一方为恶意与否,原婚的效力均因撤销宣告死亡得以即时恢复,而再婚婚姻则因构成重婚导致无效。"翟远见教授也曾谈到"唯再婚一律使原婚的效力终局消灭的模式是否合理,对于维护社会交往动态的安全是否会产生不利影响,仍有商榷余地"。笔者赞同王泽鉴教授、翟远见教授的观点,再婚婚姻是否发生法律效力,不仅要求生存配偶与他人缔结的婚姻符合婚姻有效的要件,同时也对再婚双方的主观方面进行考量。第三,对子女利益的衡量问题。当下学者聚焦于衡量被宣告死亡的人、生存配偶、与生存配偶缔结再婚婚姻的第三人三方的利益,却忽略了对子女利益的衡量。笔者认为,一个完整家庭的架构包含夫妻二人以及子女,其中掺杂着最为密切的身份利益、伦理利益以及情感利益。一个完整家庭的破裂严重影响未成年子女的健康成长,在衡量宣告死亡制度及撤销对婚姻效力的影响时应当考虑子女的利益。

民法是调整平等主体之间产生的人身关系和财产关系,其目的就是要维持利益的平衡,实现法律的公平价值。而忽略其他利害关系人的利益,需要对所涉及的当事人利益进行综合衡量。梁慧星先生曾提出,"利益衡量,是指法官审理案件……结合社会环境、经济状况、价值观念等,对双方当事人的利害关系作比较衡量,作出本案当事人哪一方应当受到保护的判断……是实质判断加上法律依据"。本文拟运用利益衡量理论,围绕以上问题展开探究分析,以期提出具有建设性的建议。

二、当事人被宣告死亡后至撤销前婚姻效力衡量

(一)原婚的效力

《民法典》第五十一条将《民通意见》第37条中的"消灭"修改为"消除",一字之差,却产生了极大的争议。对"消除"的解释是确定宣告死亡对婚姻

效力产生何种影响的关键。目前,对于当事人被宣告死亡后的婚姻效力在学界有2种观点。观点一认为:当事人被宣告死亡后,其婚姻效力并未真正消灭,而是不发生法律效力,处于"冬眠状态";当宣告死亡被撤销时,如果生存配偶未再婚且未向婚姻登记机关提出不愿意恢复婚姻关系的书面申请,则其婚姻效力将由"冬眠状态"转为"苏醒状态",继续发生法律效力。观点二认为:当事人被宣告死亡后,其婚姻效力归于消灭;当宣告死亡被撤销时,如果生存配偶未再婚且未向婚姻登记机关提出不愿意恢复婚姻关系的书面申请,则其婚姻效力恢复,此为法律的特别规定。

笔者支持观点二。《民法典》将婚姻效力划分为有效婚姻、无效婚姻和可撤销婚姻三种效力类型。观点一认为,当事人被宣告死亡后,其婚姻效力并未真正消灭,而是处于暂时不发生法律效力的状态,此效力类型明显不属于《民法典》规定的婚姻效力类型,持观点一的学者无疑是在《民法典》规定之外新创了一种婚姻效力类型。另外,如果认定观点一的婚姻效力有效,但是将婚姻效力解释为"冬眠状态"的表述过于含糊,无法确定其真实含义,会对司法实践过程中的理解适用造成困扰。即便将婚姻效力处于"冬眠状态"的婚姻归于有效婚姻的特殊类型,但本质上此种类型的婚姻在法律基础上属于有效婚姻,如果此时允许被宣告死亡的人的生存配偶与他人再婚,无疑将会构成重婚,这不仅违背《民法典》中关于有效婚姻的规定,并且再婚婚姻的效力也将因第一千零五十一条之规定导致无效,甚至导致再婚婚姻双方当事人构成《刑法》中的重婚罪。此外,也有学者持"宣告死亡的人的婚姻效力自生存配偶再婚之时消灭"的观点,该主张存在一定的合理之处,有效避免了生存配偶以及其再婚对象触犯重婚罪的情况,但仍存在不足之处。依据该观点,再婚婚姻的发生为原婚的效力消灭的原因,该观点无疑是本末倒置,不符合法律逻辑,正确的法律逻辑是原婚的效力消灭为再婚婚姻发生的前提。反观观点二,认为"当事人被宣告死亡后,其婚姻效力将归于消灭",宣告死亡制度赋予了生存配偶再婚的权利,生存配偶再婚不存在构成重婚的可能,生存配偶的权利得到有效保障。当宣告死亡撤销后,如果生存配偶未再婚且未向婚姻登记机关提出不愿意恢复婚姻关系的书面申请,其婚姻关系将自动恢复,将此情形作为法律的特别规定即可。因此,综合各方利益衡量,观点二更有利于充分保障当事人权利,更有利于充分发挥《民法典》第五十一条规定的效力。

（二）生存配偶再婚婚姻的效力

设立婚姻法律制度的目的在于稳定缔结婚姻关系双方的身份关系,维护良好的家庭关系以及夫妻双方的合法权利。原婚的效力于当事人被宣告死亡之日时消灭,其生存配偶即享有与他人缔结新的婚姻关系之自由,换言之,生存配偶自此享有再婚权利。一般情况下,当事人缔结婚姻关系时仅需符合法律规定的构成要件即可认定为有效,但在涉及宣告死亡制度时,需要同时考察缔结再婚婚姻双方当事人的主观方面,原因在于再婚婚姻的效力问题不仅仅涉及再婚当事人双方的利益,还涉及被撤销宣告死亡的人的利益,应当慎重考虑。结合利益衡量理论,应当对可能涉及的主体利益分别加以检讨,最终确定成本代价更低的模式。

1. 再婚婚姻当事人缔结婚姻时双方主观方面均为善意

当生存配偶和与生存配偶缔结再婚婚姻的第三人主观方面均不知道被宣告死亡的人仍然存活于世时,应当承认再婚婚姻的效力。宣告死亡制度设立的目的在于终结被宣告死亡的人尚未终局的财产关系和身份关系,当事人被宣告死亡后,法律即赋予生存配偶再婚的权利,享有与他人重新缔结婚姻的自由,生存配偶与他人缔结的再婚婚姻,不违背现行法律制度,法律应当认定该婚姻效力为有效,予以保护。

2. 再婚婚姻当事人缔结婚姻时一方主观方面为恶意

缔结婚姻关系是当事人双方的共同行为,当生存配偶或者与生存配偶缔结再婚婚姻的第三人在主观方面知道被宣告死亡的人仍然存活于世时,即一方主观方面存在恶意,法律应当认定该婚姻无效。如果法律认定再婚婚姻为有效,依照现有制度,会导致主观方面为恶意的一方当事人为达到其不法目的,侵犯被宣告死亡的人以及善意再婚婚姻当事人的合法利益。可从以下2种细分情形来看:(1)生存配偶主观方面为恶意。在这种情况下,认定再婚婚姻为有效婚姻,会导致宣告死亡制度沦为夫妻间一方逃避离婚制度而与他人缔结新的婚姻的手段。(2)与生存配偶缔结再婚婚姻的第三人为恶意。在这种情况下,认定再婚婚姻为有效婚姻,系对恶意第三人不法利益的保护,在一定程度上会导致恶意第三人通过宣告死亡的手段破坏他人婚姻。以上2种情形均构成对被宣告死亡的人的合法权益的侵犯,甚至存在侵犯缔结再婚婚姻中善意当事人一方缔结婚姻自由权利的可能。进一步检讨此2种情形,当生存配偶与第三人缔结婚姻时,被宣告死亡的人仍生存于世,此时无论缔结再婚婚姻中哪一方当事人主观方面为恶意,因被宣告死亡的人与生存配偶尚存在有效的婚姻关系,恶意再婚婚姻当事人均存在构成《刑法》中重婚罪的可能,这不仅不利于家庭和睦,而且也是对司法资源的严重浪费,反之,如果法律认定再婚婚姻为无效,则可有效避免前述不利后果。

3. 再婚婚姻当事人缔结婚姻时双方主观方面均为恶意

当生存配偶和与生存配偶缔结再婚婚姻的第三人主观方面均知道被宣告死亡的人仍然存活于世时,如果认定再婚婚姻为有效,无疑会导致恶意的当事人相互勾结,滥用宣告死亡制度。假设以下案例:甲、乙二人缔结婚姻后,为维持家庭生计,甲前往外地打工,其间与乙一直保持联系,后乙偶然间与丙相识,双方产生情愫,遂互相勾结诉请法院申请宣告甲死亡,法院依法定程序宣告甲死亡;后乙、丙二人到婚姻登记机关办理了婚姻登记;某日甲返回,知情后向法院申请撤销宣告死亡,法院依法予以撤销。上述案例中,乙、丙二人均明知甲尚存活,但为避开离婚制度的相关规定,实现二人缔结婚姻关系的不法目的,通过向法院申请宣告甲死亡的方式终结原婚的效力,从而获得再婚的权利。依照现有制度,即使甲撤销宣告死亡制度,但因乙已经缔结再婚婚姻,原婚的效力不能够自动恢复,甲陷入被迫离婚的窘境。若依此判决,宣告死亡制度就成为恶意双方当事人以合法手段消灭原婚效力这一不法目的的工具,严重损害被撤销宣告死亡的人的合法利益。

缔结婚姻关系不仅关乎双方当事人的身份利益,更攸关社会公共秩序和良风美俗。结合利益衡量理论,立足于节约法律成本,当事人被宣告死亡时,若其生存配偶再婚,除需满足法定缔结婚姻构成要件外,还应满足再婚婚姻当事人双方在缔结再婚婚姻时主观方面均为善意这一条件,即当事人双方均不知晓被宣告死亡的人尚且存活。

三、当事人被撤销宣告死亡后婚姻效力权衡

（一）生存配偶未再婚

《民法典》第五十一条充分尊重生存配偶的主观意愿,一定程度上会对被宣告死亡的人的合法利益造成损害。但是进一步检讨发现,因被宣告死亡的人长期与生存配偶处于失联状态,导致善意生存配偶被迫向法院申请对其宣告死亡,依据利益衡量理论,"两害相权,取其轻",民法不得不牺牲失踪人的利益而保全利害关系人的利益,尤其是当利害关系人的利益被认为涉及公共利益时,法律之天平向公共利益倾斜更是毋庸置疑的,生存配偶的利益理应优先得到保护。

（二）生存配偶再婚

被宣告死亡的人的生存配偶与第三人缔结再婚婚姻后,如果当事人被撤销宣告死亡的,通过利益衡量发现,可能涉及的利益主体分别为被撤销宣告死亡的人,被撤销宣告死亡的人的生存配偶,被撤销宣告死亡的人与其生存配偶在原婚有效期间所生育的子女,与生存配偶缔结再婚婚姻的第三人,生存配偶与缔结再婚婚姻的第三人在再婚婚姻有效期间所生育的子女。不妨以缔结再婚婚姻双方的主观方面均为善意为前提,针对当事人被撤销宣告死亡后,其生存配偶又与第三人缔结再婚婚姻的情形,分情况检讨如何在原婚的效力与再婚婚姻的效力之间进行取舍,明确法律成本更低的模式。

1. 考虑生存配偶意愿①的必要性(以生存配偶原婚期间与再婚婚姻期间均未生育子女为前提)

(1)不考虑生存配偶意愿(表1)。

表1　不考虑生存配偶意愿各主体利益衡量表

保护婚姻类型	涉及主体		
	生存配偶	原夫	后夫
原婚	0	√	×
再婚	0	×	√

说明:"0"表示存在不确定性,"√"表示得到法律维护,"×"表示未得到法律维护或不能得到法律维护。

(2)考虑生存配偶意愿(表2)。

表2　考虑生存配偶意愿各主体利益衡量表

保护婚姻类型	涉及主体		
	生存配偶	原夫	后夫
原婚	√	√	×
再婚	√	×	√

说明:"√"表示得到法律维护,"×"表示未得到法律维护或不能得到法律维护。

当事人被宣告死亡后,生存配偶再婚的原因有很多,或是迫于生计,或是确与原夫已无感情。通过分析表1、表2可以得出,如果不考虑生存配偶意愿,法律无论承认原婚的效力还是承认再婚婚姻的效力,对于生存配偶的利益是否可以得到保护始终处于不确定的状态,仅原夫或者后夫一方的利益可以得到确定的保护,反之,如果考虑生存配偶的意愿,则可以实现在生存配偶的利益可以得到确定保护的前提下,同时保护原夫或者后夫两方的利益。综上,当事人被撤销宣告死亡后,确定原婚的效力和再婚婚姻的效力时尽可能地尊重生存配偶当下的意愿,法律成本更低。

---

① 本处至表6所涉"生存配偶"以生存配偶是女性为例。

2. 生存配偶在原婚期间与再婚婚姻期间均无子女(以考虑生存配偶意愿为前提)(表3)

表3　生存配偶在原婚期间与再婚婚姻期间均无子女各主体利益衡量表

保护婚姻类型	涉及主体		
	生存配偶	原夫	后夫
原婚	√	√	×
再婚	√	×	√

说明:"√"表示得到法律维护,"×"表示未得到法律维护或不能得到法律维护。

通过分析表3可以看出,在尊重生存配偶意愿的前提下,如果生存配偶和宣告死亡的人在原婚期间并且与后夫在再婚婚姻期间均未生育子女的,法律无论是对原婚的效力予以承认还是对再婚婚姻的效力予以承认,三方中两方的利益可以得到确定的保护,同时一方的利益遭受确定的侵害,因此需进一步衡量原夫和后夫的利益,确定何者应予以优先保护。对于被宣告死亡的人而言,被宣告死亡是基于其下落不明达到法定期限所致,宣告死亡的人对于其处于下落不明的状态存在一定的过错,故应承担不利的法律后果;对于后夫而言,后夫与生存配偶缔结再婚婚姻期间,主观方面为善意,缔结婚姻的程序合法,不存在任何过错,法律应当优先保护后夫的再婚婚姻利益。综上,生存配偶于原婚期间和再婚婚姻期间均未生育子女,法律承认再婚婚姻的效力则法律成本更为低廉。

3. 生存配偶在原婚期间育有子女但在再婚婚姻期间无子女(以考虑生存配偶意愿为前提)(表4)

表4　生存配偶在原婚期间育有子女但在再婚婚姻期间无子女各主体利益衡量表

保护婚姻类型	涉及主体			
	生存配偶	原夫	后夫	原婚婚姻子女
原婚	√	√	×	√
再婚	√	×	√	0

说明:"√"表示得到法律维护,"×"表示未得到法律维护或不能得到法律维护,"0"表示存在不确定性。

通过分析表4可以看出,以尊重生存配偶意愿为前提,若生存配偶和宣告死亡的人在原婚期间生育子女,与后夫在再婚婚姻期间未生育子女,而法律承认原婚的效力,否定再婚婚姻的效力,则生存配偶、原夫以及原婚子女三方的利益可以得到确定的保护;反之,法律承认再婚婚姻的效力,否定原婚的效力,则仅生存配偶和后夫两方的利益可以得到确定的保护,原婚子女的利益是否能够得到保护处于不确定状态。原因在于,当事人被撤销宣告死亡之前,原婚子女已经处于不完整的家庭状态之中,此时,即便法律对再婚婚姻的效益予以承认,也不会改变原婚子女所处的家庭状态。综上,生存配偶和宣告死亡的人在原婚期间生育子女,与后夫在再婚婚姻期间未生育子女,法律承认原婚的效力则法律成本更为低廉。

4. 生存配偶在原婚期间无子女但在再婚婚姻期间育有子女(以考虑生存配偶意愿为前提)(表5)

表5　生存配偶在原婚期间无子女但在再婚婚姻期间育有子女各主体利益衡量表

保护婚姻类型	涉及主体			
	生存配偶	原夫	后夫	再婚婚姻子女
原婚	√	√	×	×
再婚	√	×	√	√

说明:"√"表示得到法律维护,"×"表示未得到法律维护或不能得到法律维护。

通过分析表5可以得出,在尊重生存配偶意愿的前提下,若生存配偶和被宣告死亡的人在原婚期间未生育子女,与后夫在再婚婚姻期间生育子女,而法律承认原婚的效力,否定再婚婚姻的效力,则仅生存配偶、原夫两方的利益可以得到确定的保护;反之,法律承认再婚婚姻的效力,否定原婚的效力,则生存配偶、后夫以及再婚婚姻子女三方的利益可以得到确定的保护。综上,生存配偶和宣告死亡的人在原婚期间未生育子女,与后夫在再婚婚姻期间生育子女,法律承认再婚婚姻的效力则法律成本更为低廉。

5. 生存配偶在原婚期间育有子女且在再婚婚姻期间也育有子女(以考虑生存配偶意愿为前提)(表6)

表6　生存配偶在原婚期间育有子女且在再婚婚姻期间也育有子女各主体利益衡量表

保护婚姻类型	涉及主体				
	生存配偶	原夫	原婚婚姻子女	后夫	再婚婚姻子女
原婚	√	√	√	×	×
再婚	√	×	0	√	√

说明:"√"表示得到维护,"×"表示未得到法律维护或不能得到法律维护,"0"表示存在不确定性。

通过分析表6可以得出,在尊重生存配偶意愿的前提下,若生存配偶和宣告死亡的人在原婚期间生育子女,与后夫在再婚婚姻期间也生育子女,而法律承认原婚的效力,否定再婚婚姻的效力,则生存配偶、原夫以及原婚子女三方的利益可以得到确定的保护,并且后夫和再婚婚姻子女两方的利益遭受确定的侵害,反之,法律承认再婚婚姻的效力,否定原婚的效力,则生存配偶、后夫以及再婚婚姻子女三方的利益可以得到确定的保护,并且仅原夫一方的利益遭受确定的侵害,原婚婚姻子女的利益是否能够得到保护处于不确定的状态。综上,生存配偶和宣告死亡的人在原婚期间生育子女,与后夫在再婚婚姻期间也生育子女,法律承认再婚婚姻的效力则法律成本更为低廉。

四、《民法典》第五十一条司法解释建议

首先,对原婚的效力认定影响着再婚婚姻的效力。若当事人宣告死亡之后至撤销宣告死亡期间原婚的效力不消灭,同时要保证再婚婚姻双方当事人不构成重婚,此种婚姻效力无疑超出现有婚姻效力类型;若原婚的效力于再婚婚姻缔结时消灭,则在法律逻辑层面造成"本末倒置";若原婚的效力于宣告死亡之时消灭,不仅可以有效避免再婚婚姻触犯重婚,并且符合法律逻辑。其次,认定再婚婚姻的效力时应考察缔结再婚婚姻当事人的主观方

面。若确定再婚婚姻有效,应满足生存配偶与再婚婚姻对象对宣告死亡的人尚且存活均不知情,即主观方面均为善意。如果生存配偶一方或者再婚婚姻对象一方,甚至再婚婚姻双方在缔结婚姻时明知宣告死亡的人尚且存活,此时认定再婚婚姻有效不免有违公序良俗之嫌疑,甚至将沦为生存配偶逃避离婚制度的渠道,这与我国的社会主义核心价值观背道而驰。最后,在权衡原婚的效力与再婚婚姻的效力时,因涉及多方主体的利益,应综合衡量。以尊重生存配偶意愿为前提,自当事人被宣告死亡至被撤销宣告死亡期间,如果生存配偶尚未再婚,且当事人被撤销宣告死亡后,生存配偶未向婚姻登记机关提出书面的不愿恢复原婚的申请,原婚的效力自动恢复,将此情形作为法律的特别规定;自当事人被宣告死亡至被撤销宣告死亡期间,如果生存配偶已经再婚,则应结合缔结再婚婚姻当事人的主观方面以及生存配偶在原婚期间以及再婚婚姻期间生育子女的情况进行利益衡量,分别判断。

综上所述,《民法典》第五十一条司法解释应规定为:当事人被宣告死亡的,其婚姻效力自宣告死亡之时消灭;当事人被撤销宣告死亡的,其婚姻效力是否恢复,应当尊重生存配偶意愿并结合以下情形综合衡量:(1)生存配偶未再婚且未向婚姻登记机关提出书面的不愿意恢复婚姻关系的,法律拟制其婚姻效力自动恢复。(2)生存配偶再婚的,缔结再婚婚姻双方当事人主观方面均为善意时再婚婚姻有效,原婚的效力消灭,再婚婚姻当事人双方或一方主观方面为恶意时,再婚婚姻无效,法律拟制恢复原婚的效力。(3)生存配偶存在有效再婚婚姻且在原婚期间或者再婚婚姻期间育有子女的:①原婚期间生育子女但再婚期间未生育子女的,法律拟制恢复原婚的效力,再婚婚姻归于无效。②原婚期间未生育子女但再婚婚姻期间生育子女的,再婚婚姻的效力继续有效,原婚的效力消灭。③原婚期间生育子女且再婚婚姻期间也生育子女的,再婚婚姻的效力继续有效,原婚的效力消灭。

《民法典》作为社会生活的百科全书,关系着生活的方方面面,婚姻关系作为私权主体身份关系中重要的一项内容,应当予以格外的重视。《民法典》颁布后,相关的司法解释工作也在按照"统一规划、分批制定、急用先行、重点推进、先易后难、确保质量"的原则紧锣密鼓地进行。相信在将来的司法解释中,会对宣告死亡及撤销制度对婚姻效力的影响予以更合理更完整的阐述,以便更好地发挥制度效力。

参考文献

[1]史尚宽.民法总论[M].北京:中国政法大学出版社,2000.

[2]王利明.民法总则[M].北京:中国人民大学出版社,2017.

[3]潍河.北京要案:我亲历的庭审实录[M].北京:中国城市出版社,2005.

[4]王泽鉴.民法总则[M].北京:北京大学出版社,2009.

[5]翟远见.论宣告死亡及其撤销在婚姻上的效力[J].中国法学,2021(2):42-60.

[6]王利明.民法总则研究[M].北京:中国人民大学出版社,2003.

[7]梁慧星.裁判的方法[M].北京:法律出版社,2003.

[8]尹田.论宣告失踪与宣告死亡[J].法学研究,2001,23(6):84-99.

[9]周强.以习近平新时代中国特色社会主义思想为指导充分发挥审判职能作用确保民法典正确贯彻实施[J].求是,2020(12):17-22.

《宁波市预防和制止家庭暴力条例》执行情况及推进建议

李　丹　吕忠仙　沈　梅*

摘　要: 2008年11月1日起施行的《宁波市预防和制止家庭暴力条例》为浙江省和全国出台相应条例和《反家庭暴力法》作出了重要贡献,宁波市后续也制定了一系列办法。《民法典》也有涉及反家庭暴力的相关规定。对条例执行情况、执行过程中存在的问题、推进执行效果的措施等开展翔实调研,可为《宁波市预防和制止家庭暴力条例》修订提供参考和依据。

关键词: 《宁波市预防和制止家庭暴力条例》;执行;调研

《宁波市预防和制止家庭暴力条例》(以下简称《条例》)于2008年10月16日公布,2008年11月1日起实施。《条例》从保护当事人合法权益、维护平等和谐文明的家庭关系出发,对家庭暴力的预防、处置、法律责任等进行了规定,是浙江省出台的首部关于预防和制止家庭暴力的地方性法规。《条例》实施后,国家出台了《反家庭暴力法》,宁波市随后又出台了《宁波市家庭暴力告诫制度实施办法》《关于联合实施人身安全保护令的意见》等。《民法典》中也有涉及反家庭暴力的相关规定。为了顺应宁波市预防和制止家庭暴力工作的需要,提高全社会预防和制止家庭暴力的意识和能力,对《条例》进行补充修改已经迫在眉睫。为此,宁波市妇联成立了专门的调研小组并邀请

---

* 李丹,宁波市妇女联合会副主席、党组成员,研究方向为妇女儿童权益保护。吕忠仙,宁波市妇女联合会权益部部长,研究方向为妇女儿童权益保护。沈梅,宁波市妇女联合会权益部三级调研员,研究方向为妇女儿童权益保护。

公安、法院、司法、民政、社区街道等部门参与调研工作,通过网络问卷调查、部分地区(宁海、鄞州、余姚)的实地调研、部分单位的数据统计分析等方式,实地调研和了解该条例的执行情况,了解反家庭暴力存在的问题和挑战,并形成报告,以期为该条例的立法修订和推进实施提供参考意见。

一、《条例》执行情况

近年来,宁波各地都开展了不同形式的学习宣传培训工作,反家庭暴力意识明显提高,但在思想重视程度和培训宣传力度上仍有差距。《反家庭暴力法》施行后,相关处置机制得到不同程度的执行,执行效果也比较明显。对于根据《反家庭暴力法》修改《条例》以及建立多机构协同机制的紧迫性,也达成了一些共识。反家暴处置机制具体执行情况主要可以从以下几方面来看。

(一)培训和宣传的情况

宁波各地多次组织妇联、法官、警察以及与反家暴工作相关人员进行反家暴法相关内容的工作培训,并针对人身安全保护令、告诫书的发放及如何进行家庭暴力个案处理进行专题培训,提高对家庭暴力问题的认识,明确各方在反家庭暴力中的职责。除了开展反家庭暴力宣传工作外,还通过多层次的学校、法官、公安、律师、社区培训等,建立心理疏导、法律咨询和服务试点,如金石榴女律师维权站、余姚的"周一门诊"、宁海的爱心驿站等公益性站点,取得了显著工作成效。

(二)公安部门出具告诫书的情况

总体来看,告诫书发放的进展亦不平衡,与家暴投诉量相比,告诫书的发放比例偏低,告诫书发放后的回访不理想。执行情况比较好的余姚市公安局,从2016年7月开始要求各基层派出所按照宁波市中级人民法院等6部门制定的《宁波市家庭暴力告诫制度实施办法》,对辖区内发现的家庭暴力案件正确履职、依法处理。在执法过程中,强化调查取证,采取笔录制作、现场拍照、录音录像等多种方式,全面搜集固定家暴证据,避免出现调解不成、处罚无据的被动局面。2019年1月1日至2022年9月20日,余姚市公安局共接家庭暴力警情2600余起,出具告诫书780多份,治安处罚110起,刑事案件25起。但部分地区2018年1月至2020年8月发放的告诫书不足10份。

（三）人民法院颁发人身保护令的情况

调研发现,各地人身安全保护令颁发的情况程度不一,人身保护令受理标准宽严不一。2018—2020年宁波全市共发出45份保护令,其中鄞州12份、宁海4份、余姚1份、江北2份、北仑2份、奉化3份、海曙11份、镇海8份、象山2份。反家暴工作成效突出的余姚市对人身安全保护令机制进行了积极探索,法院、公安、民政、妇联共同制定了《关于联合实施人身安全保护令的实施细则》,对保护令的申请、证据要求、审查等作出了明确规定。

（四）庇护工作情况

目前在全国范围内庇护工作开展得都比较薄弱,庇护机构的数量以及实际入住率都远远不足,与家暴发生率和家暴受害人对庇护潜在的巨大需求存在较大差距。调查发现:3个县市区调研地均未成立专门的庇护站,缺少专门的经费支持,仅在救助站中设立家暴救助中心;宁海县近3年内有6例庇护,余姚市有1例庇护,鄞州区设立的救助站主要针对儿童救助和福利,需要庇护的送到市救助站。庇护站在运营管理、人员、经费方面都存在瓶颈,政府的庇护机构主要由救助站兼管,工作权责不明,缺乏专门的人员编制,专业力量不足,缺乏专项经费扶持。从庇护服务看,救助站的工作原则与庇护理念有所冲突,入住门槛较高,需要公安部门、妇联转介或由公安机关、妇联护送。庇护服务多数是临时紧急救助,无法满足当事人在入住时间上的要求。若受害人在庇护期间出现自杀、突发状况等造成人身损害问题,也难以有效应对。此外,救助站工作人员大部分为男性,无法为受家暴妇女提供比较到位的服务。

（五）其他反家暴处置机制（强制报案、法律援助、撤销监护人资格）的执行情况

强制报案、监护权撤销制度是相对比较新的机制,宣传力度不够,3个调

研地在这些方面的工作虽有启动,但未得到高度重视。如余姚和鄞州公安局数据显示,2019年1月1日至2020年8月20日,涉及未成年人遭受家暴警情分别为120起和46起,但组织报警均为0起。余姚市近3年内有2例对施暴监护人申请撤销监护资格的案件,均为涉及性侵未成年人案件。宁波各区县重视对家暴受害人的法律援助,如余姚市妇联近3年内共接待家暴投诉88件,在接待过程中,告知必须第一时间报警,保存证据,同时跟公安系统和所在乡镇街道妇联对接,做好维权服务工作,需要法律援助的出具家暴维权建议书,余姚市法律援助中心依据维权建议书予以受理并指派援助律师。宁波市近3年内办理涉家暴法律援助案件共40件,其中余姚5件、鄞州10件、宁海1件、海曙16件、象山8件。

二、《条例》执行中存在的主要问题

(一)对家庭暴力的定义和理解存在不同观点

现行《条例》规定:"本条例所称家庭暴力,是指行为人以殴打、捆绑、残害、威胁、侮辱、强行限制人身自由或者其他手段,给其家庭成员的身体、精神等方面造成伤害后果的行为。本条例所称家庭成员,是指配偶、子女(养子女)、父母(养父母),以及有抚养、扶养、赡养关系或者共同生活的继子女、继父母、兄弟姐妹、祖父母、外祖父母、孙子女、外孙子女、儿媳(女婿)、公婆(岳父母)等亲属。"多数受访者认为,性暴力、冷战、冷暴力、经济制裁和控制、限制交友等行为也应当列入家庭暴力范畴。另外,《反家庭暴力法》的适用主体包括家庭成员以及家庭成员以外共同生活的人,如何解读家庭成员以外共同生活的人,前配偶等之间发生的暴力是否受《反家庭暴力法》的调整,也是调研时遇到的普遍性问题。

(二)对告诫制度的理解与运用存在困难

调研发现,一些基层人员对告诫书发放与实施的意义理解不足,这也反映了政府公权力对家庭暴力案件干预的基本态度,即以家庭纠纷调解为主,很少有施暴者因家庭暴力被采取拘留等强制措施。如鄞州区治安处罚在整个家暴报案中占比为 1‰，宁海近 3 年内仅 1 到 2 起。主要影响因素有：一是家暴受害人对处理施暴人的顾虑大，害怕对施暴人的处理影响其夫妻关系并对子女今后的政审产生影响；二是警察介入、干预家庭暴力治安案件的查处与处理程序不够细化和清晰，缺乏针对家暴的信息收集和统计系统；三是在执行监督方面，公安家庭暴力告诫书未录入打防控系统，只警示监督施暴者不得再次实施家庭暴力行为，但对继续施暴没有相应的惩罚措施。

（三）人身安全保护令的理解与运用问题

人身保护令是整个调研中的重点，从基层法官的反应看，在实施上还是有很多模糊地带需要进一步细化。调研发现的问题主要包括：第一，保护令的申请问题。各地对申请保护令的规定不完全一致，有的可单独提起保护令申请，有的并未单独受理申请，如鄞州法院基本上都是因离婚案件而开具保护令申请，不受理单独申请。第二，证明标准问题。人身保护令如何举证，在《反家庭暴力法》中并未明确规定，法官的意见也不尽统一，但大部分法官认同保护令可采取比较低的证明标准，以降低保护令申请的门槛，如鄞州法院、余姚法院有告诫书的一般都会出具保护令，宁海法院在证明标准上倾向于从轻把握举证责任。第三，保护令的具体内容和流程。如：保护令中是否应该加上财产内容，像必要的抚养费、扶养费、医疗费、房租等；在分居期间甚至离婚判决后是否还可以申请保护令；紧急状态下人身保护令是否只能由公安机关来签发以保证及时性；是否应扩大申请主体范围，加大处罚力度。第四，保护令的执行问题。人身保护令目前都是由法官主导、法警配合实施的，有些会出具协助通知书给当地的社区、公安派出所，由当地派出所对当事人的人身保护进行直接监控，在发生违反人身保护令的行为时予以果断制止。到底哪种做法更有效，还有待进一步的实践检验，但人身保护令的审理与执行应适当分离，由多部门形成合力，集中体现公权力对家庭暴力的强力干预意志。

（四）强制报告制度的宣传、执行薄弱

调研发现，相关部门和一线工作人员普遍对强制报告制度不熟悉、不了解。强制报告制度是反家暴法创设的一个新机制，落实这项制度是相关机

构的法定义务,但由于宣传不够,这块工作目前基本没有启动。对如何执行这个机制,相关部门和一线工作人员亦存有疑虑:一是如何发现和报告。《反家庭暴力法》规定应该向公安机关报案,但公安机关工作任务重,警力不足,而且处理未成年人等无民事行为能力人和限制民事行为能力人的家暴问题需要专业技巧和能力,基层民警缺乏这样的专业能力。如果所有家暴案件都直接报告给公安,相关部门和一线工作人员不确定能否及时有效处理,是否需要妇联或是专业服务机构介入。二是如何处理和转介。接到这类案件的报警之后,是否需要对受害人进行安全评估,面对需要救治、庇护、临时监护等不同的情况,应该如何处理和转介,这都需要有具体的流程和要求,也需要进行专业培训。

(五)反家暴牵头机构职责和权力、资源匹配不足

妇联是群团组织,由妇联作为反家暴牵头单位缺乏权威性与资源。县级以上人民政府负责妇女儿童工作的机构负责组织、协调、指导、督促有关部门做好反家庭暴力工作,是明确的反家庭暴力领导机构。但无论是妇儿工委还是妇联,在反家暴的权威性及人力财力投入上都与实际需要不匹配,到了区县、乡镇街道这个层面人力财力不足的矛盾更为突出。因此,要胜任"组织""指导"反家暴的职责,需要从职责定位、人员组成、工作方式、职数配置和专业资源等方面对反家暴牵头单位进行改革和增补。

(六)没有专门的信息收集统计机制与经费支持

实地调查发现,反家暴相关部门普遍存在没有经费支持的情况,也缺乏充分的调查研究和数据搜集。反家暴相关工作的实际需求究竟如何,需求和经费之间是否存在巨大差距,都需要科学准确的数据支持。

(七)缺乏有效的多机构干预家庭暴力机制

多机构联动建立干预家庭暴力机制被视为反家庭暴力的重要举措之一,但在现行《条例》中没有明确规定。在问卷调查中,绝大部分被调查者认为居住地居(村)民委员会、各级妇联、妇女儿童工作委员会、基层公共法律服务中心、乡镇人民政府、街道办事处、公安局都应当是家暴干预机构,但在

实际工作中仅有单一部门进行干预,救济途径较少。特别是对高度危险或伤害后果严重的家庭暴力案件,多机构的协同干预是不可缺少的。但目前基层干预家暴的多机构联动不足,缺乏有效的工作机制和有力的协调部门。

(八)其他问题

一是对家暴受害者的心理干预工作少有开展。反家暴法肯定社会组织在反家暴的预防以及法律服务、心理疏导、社工支持等方面的积极作用。调研问卷显示,1705人次中有1650人次认为有必要对家暴受害者提供心理辅导救助。但从实地调研情况看,各部门反家暴的主要工作任务是以化解矛盾为主,很少对家暴受害者进行心理辅导救助,而且受害人也不愿意接受心理辅导,认为有心理疾病、精神病才需要心理辅导。另外,基层部门也没有相关经费支持工作人员参加心理辅导培训,获得专业培训及支持的渠道和机会不多。二是对施暴者的矫治和处罚工作不到位。调研发现,各基层管理机构在反家暴的预防、教育和惩处方面都开展了一些工作,但力度都比较小。如治安处罚在鄞州全部家暴报案中占比只有近1‰。在网络调查问卷中发现,有72.14%的被调查者认为应当建立家暴者信息公开制度,有65.57%的调查者认为应当将施暴者的行为纳入个人征信系统,以加强警示告诫作用,这也是对家暴受害人、家庭功能的有效保护。三是对未成年人的优先特殊保护不够充分。调研发现,基层法院、民政部门、妇联及教育部门等对儿童遭受家暴与虐待的救济特别关注,但对家暴未成年人的保护和救济配套措施不足,可操作性不够,强制报告制度以及受暴儿童紧急安置制度不完善。有66.45%的网络被调查者认为应当撤销家暴受害者监护人的监护资格。

三、推进《条例》执行效果的策略建议

(一)完善家庭暴力概念

应将性暴力和经济控制纳入家暴行为,明确《反家庭暴力法》第三十七条"共同生活的人"包含哪些具体情形,并将前配偶、同居者列入《反家庭暴力法》保护的范畴,明确精神暴力的具体认定标准,对家庭暴力具体形式进行明确划分,以提高基层法院对家暴行为认定的统一性,对未成年人和老年人的暴力表现形式给予明确划分。

(二)设立反家暴工作牵头机构,明确机构工作职能,强化该机构反家暴工作的权威性

为提升反家暴工作的水平,切实解决好家庭暴力危机干预工作中出现的新情况、新问题,进一步扩大干预工作的覆盖面,建议明确市、县人民政府妇女儿童工作机构承担反家庭暴力的领导机构,增加人员编制及工作经费,牵头开展反家暴处置工作,明确工作职责,使其成为多机构协同开展反家庭暴力工作的枢纽。

(三)对各部门职责进一步细化,明确规定多机构应协同开展反家庭暴力工作

多机构合作干预家暴,除了妇联、公检法司、民政、街道等多部门的配合,同时也需要社工、心理干预等社会支持力量,形成比较完备的集预防、处置、救助为一体的多机构合作机制。进一步完善庇护机构的建设,形成庇护、社工、法律援助、心理咨询等一体化的庇护模式。

(四)完善告诫书、保护令等处置机制的具体流程、内容

应统一告诫书格式,完善具体内容。对人身安全保护令实施过程中出现的需要完善和细化的地方进行具体规定(如保护令内容、具体程序、时限),明确公安配合执行保护令的具体要求。进一步完善强制报告的具体流程。建立救助、服务一体化的庇护机构,对家庭暴力受害人的法律援助标准予以明确规定。

(五)完善家暴的证据制度

应结合家庭暴力的特殊性对证明标准和举证责任进行特别规定,合理分配举证责任,并适用优势证据规则。保护令与案件审理中的证明标准宜有所区别,保护令裁定中的证明标准应比较低。法院应强化依职权调查取证的职能。在此基础上,构建合理的证据制度和证明标准体系。

《条例》应加强牵头部门的力量,明确经费和人员保障,对各部门的职责进行更为明确具体的规定。加强对公安、法院、妇联、民政等反家暴工作核心部门的业务培训。对反家暴法中的预防和处置措施进行更具体的规定,如完善家庭暴力案件的处理与统计分析监测制度,制订保护弱势人群的具体措施,规定学校反家暴教育的具体课时,建立多机构合作的干预家暴的具体工作模式,将家暴案件处理率纳入工作考核,避免按家暴发生率进行考核,以防止为了减少发生率而掩盖案件的披露和处理。

同时,应将《反家庭暴力法》没有明确但在实践中非常重要的一些空白点纳入《条例》中,比如对施暴人的强制心理辅导和行为矫治、对目睹家暴儿童的心理支持和权益保护。为避免施暴人通过信息查询、定位等方式对逃离的受害人进行跟踪、骚扰,建议建立家暴受害人登记制度,凡是经过登记的受害人,非经相关程序任何人都无法查询其具体信息。

三孩政策背景下生育假期制度研究*

殷鹏飞**

摘 要：我国产假制度规定僵化、护理假制度落实情况不到位等问题，影响了妇女的生育意愿。育儿假制度则因发展时间较短未充分发挥效用，诸多因素使妇女在考虑生育时表现得极为谨慎。为减少妇女在生育方面的顾虑，扭转生育率持续走低的局面，应完善现有的生育假期制度，落实护理假、育儿假的规定，为生育提供更好的制度保障。

关键词：三孩政策；生育假期；产假；护理假

2021年8月20日，全国人大常委会通过了关于修改《中华人民共和国人口与计划生育法》(以下简称《人口与计划生育法》)的决定，其中关于三孩的规定引起了舆论热议，同时引发了社会各界对妇女生育期间权益保障问题的关注。在新形势下，如何切实保障妇女享有生育假期，如何增强男性在生育过程中的责任，是亟待解决的问题。

一、我国生育假期制度现状

传统的生育假期仅指女性职工在分娩前后所享有的产假，但是随着社

---

* 本文为山东省高校人文社科项目"生育保险与医疗保险合并实施问题研究"(基金项目，项目编号：J18RA002)的阶段性成果。

** 殷鹏飞，山东师范大学法学院硕士研究生，研究方向为宪法学和行政法学。

会的发展,男性加入育儿工作,护理假、育儿假等男性特有或男女双方共同享有的假期也逐步纳入生育假期的范畴。生育假期在保障妇女健康和婴儿成长方面发挥了重要作用,国家也在逐步完善生育假期的相关规定。国务院2012年颁布的《女职工劳动保护特别规定》对产假制度进行了规定,较为全面地保障了女性在生育期间所应享有的各项权益。该规定较1988年发布的《女职工劳动保护规定》而言,覆盖范围显著扩大,妇女的产假时间也从原有的90天延长至98天,同时补充了生育保险的相关内容,对原有规定中与社会发展不相适应的条款进行了调整,强化了对女性生育期间权益的保护。同时为鼓励妇女依照法律法规进行生育,各省(自治区、直辖市)在人口与计划生育条例中设置了时长不等的奖励假,使女性享有更充足的假期来休养和照料新生儿。

除产假规定外,我国还规定了护理假、育儿假等不同种类的生育假期。以2001年与2021年《人口与计划生育法》修改为重要节点,各省(自治区、直辖市)在法律修改后立即着手修改当地的人口与计划生育条例,分别增加了护理假与育儿假的相关内容,以期男性能够分担女性的生育压力,共担更多家庭责任。上述制度在实施过程中取得了不少成果,也遇到了诸多问题。

二、我国生育假期制度困境分析

我国现今形成了较为完善的生育假期制度,能够为夫妻双方提供一定时间的假期用以抚育幼儿。但在沉重的经济负担下,女性可能会主动放弃部分假期提前返回工作岗位,以减少生育对工作的影响,男性则因假期时间较短,无法更好地承担照料家庭的责任。

(一)产假规定较为僵化且落实情况较差

为保障女性生育后能够得到充分休养,有足够时间照顾新生子女,我国规定了较为宽裕的生育假期。《女职工劳动保护特别规定》第七条规定,女职工生育享受98天产假。同时,为了改变当前萎靡不振的生育态势,各省(自治区、直辖市)对符合法律、法规规定生育的女性给予一定期限的奖励假

（表1）。除陕西省因法规制定时间较早，与其他省份规定存在较为显著的区别外，其余省（自治区、直辖市）妇女在生育期间至少可以获得128天的假期，而最短期限的产假时间（符合表2中第四档的范围）也长于世界上8成左右的国家。这样的规定在劳动力充裕时并无不妥，但由于我国人口老龄化严重，过于漫长且缺乏弹性的假期非但不能保障妇女的权益，反而可能会增加女性在入职时的竞争压力。

表1　我国部分省（自治区、直辖市）产假时间①

产假时间/天	部分省（自治区、直辖市）
98＋15/30	陕西
128	江苏、吉林
148	广西
158	山东、上海、天津、北京、山西、湖北、新疆、贵州、宁夏、内蒙古、湖南、云南、四川、辽宁、安徽
158/188	河北、浙江
158～180	福建
178	重庆、广东
180	黑龙江、甘肃
188	江西、青海、海南、河南
365	西藏

2021年8月20日，全国人大常委会对《人口与计划生育法》进行了修改，将第十八条第一款修改为："国家提倡适龄婚育、优生优育。一对夫妻可以生育三个子女。"三孩政策落地后，用人单位尤其是小微企业在招聘时可能会加大对应聘女性生育方面的考量，因此女性的就业形势可能会更为严峻。当前我国的生育假期时间较长且灵活性较差，制度设计上未对职工生育后顺利返回工作岗位的需求予以充分考虑，加之并未硬性规定女职工休满产

---

① 数据来源于各省、自治区、直辖市的人口与计划生育条例，统计时间截至2021年12月14日。

假才可返回工作岗位,导致实践中出现部分女职工为完成工作任务提前结束产假的情况。为保证女性能真正享受到生育假期及相关待遇,有必要尽快进行制度调整。

表2　部分国家产假期限分档情况

分档	产假期限/周	国家数/个	占比/%
第一档	<12	27	15
第二档	12～13	60	32
第三档	14～18	56	30.3
第四档	>18	42	22.7
合计	—	158	100

（二）未建立完善的护理假制度

建立产假制度的本意是希望女性在生育期间能够拥有充足的时间进行休养,但这实际上增加了用人单位的用工成本,尤其是一些中小企业无法承担女职工产假过长带来的经济损失,因此生育期间女职工所应享受的待遇有时得不到落实。为了让女性不因生育在求职或工作中遭受差异化对待,同时提升男性对家庭的责任感,更多地承担起照顾子女的义务,有必要加强护理假在实践中的落实,缓解女性因产假而带来的生活和工作压力。

虽然各省(自治区、直辖市)均在人口与计划生育条例中规定了男性护理假①(表3),以期降低女性因生育带来的不利影响,但护理假在实践中的可操作性比较低,存在诸多问题。首先,在时间方面,各地根据自身情况设置了男性可享有7天到30天不等的护理假期,时长上相差悬殊。当前,用人单位都要为男性职工缴纳生育保险费,那么男性至少应平等地享有生育假期。以护理假时间最短的山东为例,短短一周的护理假远远不能满足男性对家庭的照顾责任需求,尤其是当前人口流动较为频繁,若夫妻二人因工作或其

---

① 《广东省人口与计划生育条例》《北京市人口与计划生育条例》《上海市人口与计划生育条例》中表述为陪产假,《福建省人口与计划生育条例》中表述为照顾假,《青海省人口与计划生育条例》中表述为看护假,本文采用大多数省(自治区、直辖市)采取的护理假表述方式。

他原因分居两地,在路途中便可能会用去一半的时间,这会进一步削弱护理假的作用。其次,在护理假的落实上,由于护理假的效力位阶较低,用人单位往往没有足够的重视,缩减护理假的情况较为常见,个别用人单位出于对单位效益的考量,甚至对护理假采取选择性忽视的态度,而男性职工出于对工作的考虑,即便知悉护理假也可能选择不休假。

表3　部分省(自治区、直辖市)护理假时间[①]

护理假时间/天	部分省(自治区、直辖市)
7	山东
10	上海、陕西
15	天津、北京、河北、浙江、江苏、福建、山西、青海、辽宁、吉林、黑龙江、湖北、广东、海南、新疆、贵州
20	重庆、四川、湖南
25	广西、宁夏、内蒙古
30	安徽、江西、甘肃、云南、河南、西藏

(三)未建立完善的育儿假制度

育儿假制度是产假制度的发展,指男女职工在保持同现有工作单位劳动关系的基础上,夫妻双方为照顾新生儿成长所享有的一定时长的假期。育儿假制度能够在一定程度上减轻夫妻双方的负担,提高生育意愿,在促进人口增长方面有积极意义。相较于产假、护理假而言,育儿假的权利主体为夫妻双方。男性群体加入育儿队伍之后,能够有效分担女性在照顾子女方面的压力,也有助于保障女性在劳动力市场的地位。目前世界上已有近70个国家规定了育儿假,以发达国家和东欧、中亚国家为主。

一直以来我国对育儿假缺乏足够重视,起步较晚。2019年国务院办公厅发布《国务院办公厅关于促进3岁以下婴幼儿照护服务发展的指导意见》,鼓励有条件的地市设置育儿假,加强新生儿配套措施的建设,从国家层面推

---

① 数据来源于各省、自治区、直辖市的人口与计划生育条例,统计时间截至2021年12月14日。

进育儿假制度的建设。在地方层面，江苏、福建、宁夏、黑龙江等省（自治区、直辖市）对育儿假进行了一定探索，如2018年颁布的《江苏省妇女权益保障条例》第二十六条规定，鼓励用人单位为男性提供不低于5天的共同育儿假。江苏省的该项规定是我国设立育儿假的开端，但其所提倡的共同育儿假并不属于育儿假的范畴，与陪产假更为相似。相比而言，福建、宁夏、黑龙江等地的规定则更能突显育儿假的本质。上述省（自治区、直辖市）在法规中鼓励用人单位为夫妻双方分别提供10天育儿假，用以陪伴子女成长。该项规定虽然仅是一条呼吁性条款，内容也十分简略，对育儿假期间的工资、福利待遇等内容未作出详细规定，但是该项规定能够扩大育儿假的影响力，使更多新生儿父母知晓该项制度。三孩政策铺开后，育儿假制度得到了空前重视，各省（自治区、直辖市）均探索建立育儿假制度。2021年底多省（自治区、直辖市）修改人口与计划生育条例，在地方性法规层面对育儿假制度进行规定（表4），为育儿假的落实提供法律依据。然而在推出育儿假后，是否会出现同护理假相同的"有法难依"问题，制度能否得到有效落实，依然值得探讨。

表4　部分省（自治区、直辖市）育儿假时间①

部分省（自治区、直辖市）	育儿假时间	儿童年龄段
上海、北京	夫妻双方每年各5天	3岁以下
天津、河北、河南、浙江、湖北、江西、四川、宁夏、贵州、辽宁、黑龙江	夫妻双方每年各10天	3岁以下
青海、甘肃	夫妻双方每年各15天	3岁以下
安徽	夫妻双方每年各10天	6岁以下
重庆	夫妻双方每年各5至10天	6岁以下

---

① 数据来源于各省、自治区、直辖市的人口与计划生育条例，统计时间截至2021年12月14日。

三、完善我国生育假期制度的建议

在三孩政策落地后,若不及时采取有针对性的措施,会在一定程度上阻碍政策的落实与实施。因此,有必要在现有基础上灵活调整产假时间,延长护理假与育儿假期限。

(一)合理规划与安排产假制度

2000年《保护妇女生育公约》第四条规定,妇女须有权享受时间不少于14周的产假,同时出于保护母亲健康和儿童健康的应有考虑,产假须包括6周时间的产后强制性休假。我国妇女可享受的产假时间长于该公约,尤其是在三孩政策推出之后,各地更是纷纷延长产假时间,但是产假的安排不够合理,既未规定女性强制休产假的时长,也未赋予女性对产假进行分割、选择的权利,引发女性在产假结束后不能充分照顾子女等问题,加重了照料子女与兼顾工作的难度。实践中许多女性在巨大的工作压力下选择放弃部分假期,提前回到工作岗位。为真正免除女性的后顾之忧,同时保持竞争力,应对产假制度进行调整。

在妇女产假的安排上,各国主要有2种情形:一是对产假进行灵活安排,妇女自行决定如何分配产假;二是由国家明确规定如何分配产假以及产前产后休假的具体天数。目前我国属于第二种情形,其弊端已逐步显现,有必要进行适度改革以使产假制度更适合当今社会发展的要求。产假制度的改革既要考虑妇女身体的恢复情况,又要照顾到妇女的生活、工作需求。《女职工劳动保护特别规定》已实行了10多年,其中涉及98天产假的规定因缺乏强制力而存在落实不到位的情况,应适时将该内容上升至法律层级并规定相应的奖惩措施,以督促用人单位保障女职工生育期间应享有的假期。

在保障妇女生育后获得必要休息的前提下,可增强产假的灵活性,机动调整产假时间。各省(自治区、直辖市)在本地区的人口与计划生育条例中均规定符合相关法律、法规生育的妇女可以享受生育假奖励,至于延长的产假部分,允许妇女自由选择继续休假或恢复部分工作。选择返回工作岗位的女性,应提前向用人单位报告,在特定的工作日工作,非工作日照常休息(图1)。此项内容可与男性护理假内容相结合,在女性恢复工作期间,男性亦可办理护理假照顾子女,分担家庭的照料压力。此种处理方式有利于女性在产假期间保留随时返回岗位的能力,保有对工作的熟悉度、掌控力,不至于在产假期间丧失竞争力,这在一定程度上可以缓解职工和用人单位之间的矛盾,减少女性因休产假给用人单位带来的潜在影响。考虑到当前劳动力紧缺的情况,该方案的实施存在一定的现实阻力,离真正落地还有差距。在2020年全国人口出生率仅有8.52‰的情况下,切实提高生育率已然成为一个重要问题,对解决生育的后顾之忧而言,该项措施是很有意义的。国家可对积极响应该政策的用人单位辅以一定的物质奖励或税收优惠,既能够使妇女安心哺育幼儿,同时也可以降低用人单位的用工成本。

图1 产假时间分配建议

(二)提高护理假的立法层级

鉴于各地人口状况存在差异,《人口与计划生育法》未对护理假进行规定。各省(自治区、直辖市)结合自身情况,在人口与计划生育条例中对男性护理假的时间、待遇等内容作出了较为细致的规定,用人单位在男性享受护理假期间,工资、奖金和其他福利待遇应当照常发放。但各省(自治区、直辖市)在护理假期限上存在较大差别,部分省(自治区、直辖市)护理假期限规定过短,影响男性承担家庭责任的程度,也不利于家庭和睦、幼儿成长。各地的人口与计划生育条例已经实施了较长时间,有必要适时将护理假制度上升至法律层级,统一提升护理假的时间并规范适用条件,解决目前各地护理假时间长短不一、适用条件存在差异的问题,保障男性亦可平等享有休假的权利。

提升护理假的立法层级还有助于解决我国当前中小企业对护理假的相关规定落实不到位的问题。法律位阶的提升有助于增强经营者对护理假制度的关注度,使更多的男性职工享受到护理假。长远来看,护理假制度的落实不仅能够让男性分担女性生育压力、增强其责任感,还有利于消除女性就业时遇到的性别歧视,促进社会和谐。

(三)加强育儿假制度的落实

相较于发达国家而言,我国在育儿假制度设计方面尚处于探索阶段,德国、日本、韩国等诸多国家已实施育儿假制度多年,形成了完备的育儿假体系(表5)。从实施情况来看,育儿假主要有2种方式:一是夫妻共同拥有一定期限的育儿假,假期中包含了夫妻各自所享有的假期和自由分割的假期,夫妻双方可自行商议用于分割的假期;二是夫妻双方分别享有一定期限的育儿假,两人的休假时间分别计算但不可重叠。总体上来看,国外设置育儿假的目的是给予夫妻更多的时间陪伴幼年期子女,更好地养育子女、保障子女健康成长。从我国的实际情况及立法现状来看,考虑到当前用人单位用工相对紧张,在现有产假、护理假的基础上再次大规模增加假期会挤压用人单位的生存环境,因此可以以第二种方式为参照设立我国的育儿假。为平衡家庭的育儿分工,各省(自治区、直辖市)规定育儿假的申请主体为夫妻双方,允许夫妻一方在子女3周岁以前向用人单位申请5至15日不等的假期。

表5　部分国家育儿假规定

国家	育儿假时间	工资支付比例
芬兰	158天	年收入低于36686欧元,支付70%;年收入在36687欧元至56443欧元之间,支付40%;年收入高于56443欧元的,支付25%
冰岛	3个月	月平均工资的80%
韩国	48周	育儿休职工资自开始日起3个月内,相当于月标准工资80%的金额;育儿休职第4个月至育儿休职结束,相当于月标准工资50%的金额
德国	48周	月平均工资的67%,但不超过1800欧元
日本	1年	不超过基本工资的2/3

在育儿假设立的过程中有必要注意以下2点:一是强调落实。单位和个人为了工作效益可能会放弃育儿假,致使育儿假流于形式,该问题同样出现

在护理假中。《人口与计划生育法》与各地的人口与计划生育条例中都会单设"法律责任"一章,规定不执行法律法规条款的,由有关地方人民政府责令改正,并对相关责任人予以处分。护理假制度已实行多年,但落实情况并不乐观,尤其是男性护理假的落实情况更不理想,若相关部门不加强监管,可能会面临与护理假相同的困境。二是期限问题。整体上看,育儿假制度实行之后夫妻双方每年均可享有5至15日时间不等的假期,照顾到了子女成长阶段的陪伴需求。考虑到子女3周岁之后可由家庭照看转变为托育服务机构照看,且子女此时也具备了一定的认知能力,因此大部分省(自治区、直辖市)规定夫妻在子女3周岁前可享有该假期。上述考虑不无道理,但从当下情况来看,新生儿父母往往是独生子女,要承担起赡养双方老人的重任,而幼儿托管中往往会产生一系列费用,进一步增大经济压力,因此部分夫妻会放弃机构托管,转而选择由老人照看子女至义务教育阶段入学,此种情形下夫妻双方不可避免地要投入更多的精力照看子女。即便是由托育服务机构进行照看,因子女年龄较小抵抗力较弱,难免会出现身体不适或因病就医等情况,亦需要父母的及时陪伴。鉴于此,育儿假的年龄阶段设置为6周岁之前更合适。

在我国人口出生率持续走低、自然增长率不断下降的情况下,有必要对生育假期制度进行完善以提升妇女的生育意愿。不过完善生育假期并非单单延长妇女的产假时间,否则可能会加剧女性职工生活与工作的矛盾,降低其在工作上的竞争力。抚育后代是夫妻双方共同的责任,应通过提升立法层级的方式保障护理假的落实,推动育儿假制度的建设,促使男性在家庭中承担更多责任,多措并举减轻妇女因生育所带来的压力。

家庭建设与社会发展

共同富裕背景下浙江城乡家庭服务均衡发展研究[*]

浙江省妇联办公室　浙江省妇女干部学校

摘　要：实现城乡区域公共服务更加普惠均等可及是浙江高质量发展建设共同富裕示范区的重要目标。调研组以浙江省妇联"四必访"实地调研收集的素材为例,结合对山区县农村困难家庭的问卷调研,聚焦浙江城乡家庭服务均衡发展问题。研究发现,与城市相比,浙江农村家庭服务在空间建设、乡村内生家庭服务力量、家庭服务能力等方面存在短板,同时存在外部政策、传统文化、人力资源等方面的有利条件。应坚持因地制宜、多元协同、持续发展的原则,强化社区的家庭服务功能,整合多元力量协同推进农村家庭服务实践,突出家庭服务的经济赋能作用,促进浙江城乡家庭服务的一体化发展。

关键词：共同富裕;家庭服务;"四必访"

公共服务差距是最重要、最突出的城乡差距之一。消除城乡公共服务差距是新时代城乡融合发展的重要课题,也是解决发展中不平衡、不充分问题的重要手段。《浙江高质量发展建设共同富裕示范区实施方案(2021—2025年)》把实现城乡区域公共服务更加普惠均等可及作为重要发展目标。家庭服务是以家庭为对象,根据不同类型的家庭需求开展的社会服务实践,旨在协助解决家庭问题、改善日常家庭生活、提升家庭发展能力、促进家庭

---

* 本文由贺华丽执笔。

关系和谐和家庭功能的正常发挥。当前,浙江省人民正满怀信心和期盼共建共享共同富裕示范区,满足城乡各类家庭尤其是困难家庭在就业参与、家庭成员照料、家庭关系调适以及亲职辅导等方面的需求,强化对各类家庭的社会服务,是助力公共服务优质共享,实现城乡公共服务更加普惠均等可及的重要内容。2021年9月3日,浙江省委印发《认真学习贯彻〈关于进一步加强家庭家教家风建设的实施意见〉的通知》,提出要聚焦现代家庭急难愁盼问题,满足其对美好生活的向往。

作为全国唯一一个省部共建的乡村振兴示范省,浙江一直走在乡村振兴的前列。在乡村振兴战略的引领下,全省各地整合各种资源,充分挖掘农村家庭服务力量,着力提高困难家庭服务水平,农村家庭服务总体处于领先水平,但还不能满足农村家庭多样化的需求,与城市存在着较大的差距。在共同富裕美好社会建设过程中,如何沿着"十四五"规划的指引,推动浙江农村家庭服务水平提高,不断满足农村各类家庭尤其是困难家庭在教育、健康、养老、社会参与等社会性服务方面日益增长的需求,探索以家庭服务提高生活品质、促进城乡家庭服务协调发展的新路径,需要引起关注,值得探讨。

2021年8—9月,浙江省妇联调研组开展了"四必访"实地调研。"四必访"是妇联组织"我为群众办实事"的重要抓手,要求各基层妇联干部、执委对生产经营遇到困难的创业女性家庭、困难家庭、空巢老人及留守妇女儿童家庭、涉及婚姻家庭矛盾纠纷的家庭全面开展联系和走访。调研组选择某代表性山区县,对该县103个村617户困难家庭进行问卷调查,以高质量发展共同富裕示范区为导向,通过城乡家庭服务建设状况的对比,分析浙江农村家庭服务在助力人的全生命周期公共服务优质共享方面存在的问题和短板,挖掘农村地区在家庭服务建设中的优势与潜力,提出建设共同富裕示范区背景下促进城乡家庭服务协调发展的对策建议。

一、浙江城乡家庭服务协调发展的现实考察

(一)调研工作概述

根据浙江省妇联和省妇干校"四必访"蹲点调研方案的安排,调研组于

2021年8月9—11日、8月23—25日、9月7—9日分别前往宁波市、安吉县、舟山市开展实地考察。到宁波市的调研主要在城市社区进行,考察了宁波海曙区涌尚特色街区、海曙区望春街道清风社区、鄞州区百丈街道划船社区和下应街道海创社区,并与各级妇联干部代表、各类妇女和家庭代表进行座谈交流。到安吉县的调研以走访农村困难家庭为主,实地走访了报福镇景溪村、报福村、中张村、洪家村、彭湖村共16户困难家庭,并与村妇联主席开展了一对一访谈。到舟山市的调研区域覆盖城市和乡村,但主要是在乡村,调研组赴普陀六横岛、蚂蚁岛实地调研和入户走访。通过实地走访和问卷调查,调研组具体深入地了解城乡社区困难家庭及相关妇女群体的生活实际,切身感受各地面向妇女及家庭开展的各种社会服务实践以及这些社会服务在城乡区域之间存在的差距。

(二)浙江农村与城市在家庭服务建设方面的主要差距

通过实地调研,结合课题组成员前期搜集的浙江农村家庭服务建设方面的资料,发现浙江各地都积极响应国家推进乡村全面振兴的号召,在推进农村社会建设过程中促进家庭服务发展。根据对山区县的问卷调查,78%左右的困难家庭接受过各类相关服务。各地乡镇社工站建设全面铺开,呈现出高质量发展的态势。如德清县依托村社幸福邻里中心通过专职社工的带动,将各类志愿服务工作科学嵌入幼儿托管、青少年成长、助老安老等家庭服务中。此外,各地加大了对农村地区服务性、公益性、互助性社会组织的支持力度,全省农村社区社会组织不断发展。截至2020年12月,有农村社区社会组织16.21万家,平均每个社区拥有社会组织约8.2个。社区社会组织对各类困难家庭及各类特殊群体的服务能力逐渐加强。

然而,农村家庭服务建设仍存在一些短板,与城市家庭服务建设存在明显差距。

1. 服务空间建设有待进一步完善

任何社会行动都要依托一定的空间,各类家庭服务的有效开展也是如此。尽管浙江省各地都在整合各类资源推进家庭服务场所建设,但从农村地区尤其是一些经济基础较为薄弱、地理位置偏远的乡村来看,幼儿、养老托护等家庭服务场所建设都急需加强。除了硬件设施,乡村家庭社会服务空间的软环境建设也与城市社区存在较大差距。宁波市海创社区十分重视通过高质量的家庭服务,紧紧抓住社区居住和生活功能,为社区各类家庭创造美好的生活,为社区居民面对面交往互动奠定了很好的空间基础。其中,为各类困难妇女和家庭免费提供的临时托幼服务、心理咨询服务、就业咨询服务等,对困难家庭起到较好的支撑和辅助作用。而嵌入乡村党群服务中心的家庭服务场所,因缺乏核心理念、功能定位、文化特色等软环境方面的建设,还没有形成从"物理空间"到"社会空间"的转变,没能成为农村各类弱势家庭和困难家庭的依托依靠。

2. 乡村社区的内生家庭服务力量发育不足

困难家庭大多在村庄社区之中,很多日常服务应该来自村庄社区。但是,村干部在实际工作中基本无力顾及如何组织群众、群众参与了多少、获得感提高了多少、群众自我教育自我服务的能力提高了多少等现实问题。如一名村庄女干部表示,她一共要负责12条线的工作,每天都要加班加点填写各种各样的表格,除了向村里的困难家庭发放一些"幸福清单",没有时间嘘寒问暖,解决具体问题。因资源缺乏、个体支配资源能力不足等,村民之间也没能形成较好的互助互惠关系。调查显示,农村社区居民参与社区公益活动的比例为25.86%,低于城市社区44.73%的参与率。相比而言,一些城市社区能够抓住"三社联动"建设的契机,较好地激发居民社区参与社区联动的积极性。宁波某个城市社区共有58个志愿微信群,71%的居民参与过社区志愿服务,社区内生性社会服务力量不断发育,一些困难家庭正是通过社区互助式服务逐渐获得了直面生活难题的信心和能力。总体来看,目前农村困难家庭仅在老年人照护服务方面得到较多支持,对困难农村家庭的妇女、儿童、青少年等成员的社区服务存在明显短板,与城市社区存在较大差距。

3. 技术和人才短缺,家庭服务能力有待提高

提供服务项目是社会服务的核心内容。高质量的服务项目设计、实施需要专业的社会服务人才和技术的支撑。在全面推进乡村振兴的背景下,乡村社工站覆盖面不断扩大,政府、妇联组织对各类社会组织支持力度不断加大,各类服务性、公益性、互助性农村社会组织逐渐成长,面向家庭的社会服务开始走进乡村居民的日常生活,但农村家庭服务专业人才匮乏,与城市

社区存在较大差距。城市社区中,公益俱乐部、婚姻家庭工作室、亲子阅读团队等各类社会组织可以为协调解决各类家庭问题提供服务支撑,但在农村社区,基层民政、妇联提供的家庭服务供给难以满足农村各类特殊家庭的需求。困难家庭除了能享受到政府的物质帮扶外,在其他生活问题上能享受到的服务少之又少,并衍生出一些相关问题。如:有些青少年因为家庭成员发生意外事故,长期陷入焦虑抑郁状态,社会参与能力十分缺乏;有些单亲母亲因为过重的家庭负担和精神压力,身心俱疲,自我调适能力下降,造成家庭亲子关系紧张;有些家庭成员因为生活贫困,长期处于焦虑、迷茫、无助、无力的精神状态。解决这些农村社区普遍存在的社会问题,需要动员多种力量,合力推进提升面向家庭的社会服务能力。

二、提升农村家庭服务水平,
促进城乡家庭服务协调发展的机遇

我国的家庭服务尚处于初步专业化、非制度化以及有限供给的阶段。近年来,浙江城市社区借鉴外来经验,在引进专业社会组织、推动政社合作的家庭服务模式方面积极探索,有力地推动了家庭服务业的发展。相较于城市,农村社区在服务空间建设、乡村内生服务力量、家庭服务能力等方面存在明显短板。随着乡村振兴战略的全面推进,浙江高质量发展建设共同富裕示范区向农村地区实施政策倾斜,提升浙江农村家庭服务建设水平,促进城乡家庭服务协调发展面临良好机遇。

(一)外部有利环境

1. 国家层面的政策支持

实现共同富裕是社会主义的本质要求,是人民群众的共同期盼,而要实现共同富裕,促进城乡区域公共服务优质共享是必经之路,其重中之重是推动农村公共服务从低水平向高水平转变。就国家对家庭服务这一公共服务类别的支持力度而言,尽管我国尚未有独立的家庭政策,但近年来为满足广大农村居民日益增长的美好生活需求,党和国家出台相关家庭政策增进农民的民生福祉,对农村家庭在儿童照料、养老服务、青少年辅导等方面的普遍需求给予积极回应。《中华人民共和国国民经济和社会发展第十四个五年规划和2035年远景目标纲要》提出,要强化家庭教育支持服务、促进家庭服务多元化发展。《"十四五"民政事业发展规划》"全方位加强基本社会服务"章节提出强化婚姻家庭辅导教育,健全未成年人保护体系、强化未成年人监护能力建设,加强困境儿童保障和留守儿童、留守妇女关爱等要求。《中共中央 国务院关于实施乡村振兴战略的意见》和《乡村振兴战略规划(2018—2022年)》都提出要大力培育服务性、公益性、互助性农村社会组织,积极发展农村社会工作和志愿服务等有利于家庭服务建设的政策。2021年12月召开的中央农村工作会议指出:"要扎实稳妥推进乡村发展建设,改进和完善乡村治理,持续整治提升农村人居环境,不断改善农村基础设施和基本公共服务条件"。2021年出台的《家庭教育促进法》明确规定,教育行政部门、妇女联合会统筹推进社会资源,协同推进覆盖城乡的家庭教育指导服务体系建设。这些规定和要求为农村家庭服务建设提供了机遇。

2. 浙江乡村振兴的先行示范助推农村家庭服务的发展

浙江是唯一一个省部共建乡村振兴示范省,其对乡村社会建设的重视助推了家庭服务的发展。2020年,浙江各地充分整合党群服务中心、社区服务中心、文化站等公共服务设施和文化设施,乡镇社工站建设全面铺开。2021年,浙江省在建成390个乡镇(街道)社会工作站的基础上,新建300个以上乡镇(街道)社会工作站,并提出乡镇(街道)社会工作站应配备不少于3人的持证社工,在社会工作站做专职工作。2021年5月,浙江省委组织部、省委宣传部、省委政法委和省妇联联合下发《关于深化家庭家教家风推进基层社会治理的通知》,强调合力形成爱国爱家、相亲相爱、向上向善、共建共享的社会主义家庭文明新风尚。2021年7月,《浙江高质量发展建设共同富裕示范区实施方案(2021—2025年)》发布,强调要"加大农村、海岛养老服务供给,健全农村留守老年人关爱服务体系""实施助力困难群众共同富裕'七大行动',推进预防性、发展性救助服务体系建设,推进由物质型向'物质+服务'转型""建立困境妇女、留守儿童关爱服务体系"。这些政策的落地能有效补齐农村地区家庭服务供给的短板,为城乡家庭社会服务一体化发展提供有力支持。

（二）内部有利条件

1. 邻里互助的文化传统

中国传统乡土社会具有深厚的邻里互助文化传统。对于身边出现的困难家庭，社区邻里会自发地给予力所能及的帮助和支持，人们常常通过串门、嘘寒问暖等日常活动提供精神慰藉，疏导各类矛盾。从功能和作用来看，这实际上是传统乡土社会本土化的家庭服务实践。近现代以来的一系列社会变迁使乡土社会原有的人与人之间的情感和道德连接出现松动，互助服务网络不断消解。尽管如此，基于血缘的社会关系依然在农村困难家庭的社会支持网络中不同程度地发挥作用，邻里互助的传统还或多或少存在于村民的日常生活中，对村民心理、行为发挥着一定的引领与规范作用。作为本土性的家庭服务实践，邻里互助传统是新时代家庭服务建设的重要文化资源，可以在新时代农村家庭服务体系建设中发挥积极作用。

2. 农村家庭服务的人力资源优势

家庭服务主要以提供劳务的形式满足村民在养老、教育、文化、情感等方面的需求，具有多层次、个性化的特征，需要丰富的人力资源支撑。在乡村振兴战略的引领下，相关部门、妇联组织群众动员机制有所创新，乡村产业开始转型，农村地区的低龄老人、妇女等群体正逐渐成为农村家庭服务供给的重要人力资源，成为进一步发展农村家庭服务的独特优势。德清县有41名来自本村或邻近村庄的妇女参与幸福邻里中心的社会服务工作；新市镇的"好姆妈"爱心志愿团在骨干成员的带领下，吸引了众多农村妇女、低龄老人为困难家庭的儿童、老人提供关爱服务，志愿团成员从最初的3人发展到后来的80多人；在海蓝社会工作服务中心的指导下，舟山六横岛各村社退休的妇联主席持续参与儿童关爱、困境母亲帮扶工作。这些群体不仅拥有独特的地缘服务优势，而且将服务融入日常生活之中，具有方便、细致和易获得等特点，能较好地满足乡村各类特殊人群的多元化个性化需求。这些群体是新时代农村家庭服务体系建设的基础性资源，必将在消除城乡家庭服务差距，促进城乡融合发展的时代命题中扮演不可或缺的角色，发挥独特而重要的作用。

三、推进浙江城乡家庭服务协调发展的对策建议

基于浙江城乡家庭服务建设方面的差距,以及目前农村家庭服务建设存在的有利条件,借鉴发达地区农村家庭服务的成功经验,调研组认为,推进浙江城乡家庭服务协调发展,重点在于补齐农村家庭服务短板,应以实现农村家庭尤其是各类困难家庭的美好生活为导向,遵循因地制宜、多元协同、持续发力的原则,助推乡村全面振兴和共同富裕目标的实现。

(一)因地制宜,加快农村社区服务建设,强化社区的家庭服务功能

社区是与家庭联结最紧密的社会单元,服务家庭最合适的场域在社区。社区是服务家庭的"温床",社区的凝聚力、社会网络、社会支持等都可以为家庭提供保护因子,社区的家庭服务功能需要得到重视和强化。但从工作实践来看,当前浙江农村社区的家庭服务功能与城市存在较大差距,对困难家庭的妇女、儿童、青少年等的家庭服务存在短板。因此,一要加大公共财政对农村社区的投入,发挥财政资金在农村社区服务建设中的兜底作用,优先支持山区县农村社区建立和完善服务困难家庭中妇女、儿童、残疾人、老年人等特殊群体的社区社会组织,培养社区居民互相关怀、彼此互济的美德,建立社区居民之间互帮互助的良性机制,形成有困难时社区叫得应、帮得上的良好局面。二要以共同富裕基本单元之未来乡村建设为契机,在有产业基础和人口集聚优势的农村社区增加诸如村级幸福院、妇女儿童综合服务驿站、社区康复站、社区图书馆等社会服务设施的投入和配置,加快打造养老、教育、文化、健康等面向家庭的各类社会服务平台的开发和应用,提高农村公共服务的普惠水平。

(二)多元协同,推进面向农村困难家庭的整合性社会服务

目前,农村基层组织的社区服务职能缺失或者弱化,专业服务技术短缺,但有比较明显的人力资源优势。借鉴发达县市家庭服务建设和城市社区家庭服务模式,面向农村家庭的社会服务发展应坚持政府主导、多元参

与,着重推进以村委会、妇联为代表的组织力量,社会组织为载体的专业力量和村民为主的村庄人力资源优势相融合的整合性服务模式。为此,要推动村级组织建立以需求为导向的服务文化和机制,充分发挥基层妇联组织在家庭服务领域的工作优势,积极发现、培育社区服务骨干,利用他们的力量推进家庭服务。各级妇联组织要积极统筹协调相关社会资源,引导不同类型专业服务机构下沉社区,或利用乡镇社工站汇聚各方资源提供面向家庭的各类服务。此外,基层妇联要加快孵化社会组织,引入、培育专业化的婚姻家庭辅导员、家庭教育指导员等家庭服务工作者,为农村困难家庭提供专业服务。要发挥乡村社会邻里互助的优良传统,通过良好政策引导各类农村基层工作者、社会群体及广大村民加入志愿服务队伍,构建起面向农村大众、低成本与低门槛、方便可及的互助性服务体系。

(三)持续发力,进一步提升农村困难家庭的发展能力

促进低收入群体增收能力明显提升是浙江高质量发展建设共同富裕示范区的重要目标。2022年浙江省委社会建设委员会第一次主任会议上强调,要在理念思路上有新转变,加快从政策帮扶向提升能力转变。浙江省民政厅提出助力困难群众共同富裕"七大行动",推进预防性、发展性救助服务体系建设,实际上也是对发挥社会服务经济赋能作用的政策回应。农村家庭服务体系建设要增强经济赋能作用,促进困难家庭发展能力的提升。为此,首先要加大就业服务项目的提供力度。着重通过就业服务破解困难家庭成员固有的价值观和行为模式,激励困难家庭中有劳动能力的成员通过"自身负责"的方式来主动改变当前的不利境况,促进其就业参与、技能储存和社会融合。其次,要大力推进社会服务创新。建立社会服务领域的竞争机制,营造推动农村社会服务助力创业就业的浓厚氛围。各级妇联组织要从农村困难家庭及女性面临的实际需求出发,多举措引导各类社会组织,探索有助于减少家庭妇女就业创业阻力的创新模式和举措,提升困难家庭的可持续发展能力。

衡量,目前的家政数字化只是开始,前景非常广阔。

面对数字化给重塑经济形态、实现产业升级带来的机遇,国家十分重视包括家政企业在内的服务业的数字化转型,出台了一系列支持政策。主要的政策文件有:《家政服务提质扩容行动方案(2017年)》《关于印发〈智慧健康养老产业发展行动计划(2017—2020年)〉的通知》《关于促进中小企业健康发展的指导意见》《家政兴农行动计划(2021—2025年)》。

浙江省则出台了《浙江省人民政府办公厅关于促进家政服务业提质扩容的实施意见》和《浙江省数字经济促进条例》,它们是指导浙江省家政服务业数字化的重要文件。2019年底出台的《浙江省人民政府办公厅关于促进家政服务业提质扩容的实施意见》提出,要发挥浙江省数字经济优势,加快利用现代信息技术改造提升传统家政服务业,大力发展家政电子商务、“互联网+家政”等新业态。培育一批家政专业设备、专用工具和智能产品等的研发制造企业,支持研发智能家政机器人,推动家政机器人产品向简单家务、智能管理、智能陪护等应用领域延伸,加快家政服务业提升发展。2020年底,《浙江省数字经济促进条例》颁布,这是全国第一部以促进数字经济发展为主题的地方性法规。该条例首次在法律制度层面对数字经济作出明确界定。该条例提出,通过培育转型试点等方式推动数字技术与生活性服务业、生产性服务业深度融合,推进数字生活新服务。该条例还规定加强数字教育、智慧医疗健康、智慧养老体系建设的基本路径和目标等。

在家政业与新科技不断融合、政府对家政数字化高度重视的背景下,浙江省家政业数字化的现状如何,存在哪些问题,应该怎样推进,是本次调研重点关注的几个问题。

(二)调研经过

为了掌握总体基本情况,我们通过浙江省巾帼家政服务联盟发放《浙江省家政服务业数字化现状、问题》调查问卷。本次调研选取大部分为女性员工的92家浙江省巾帼家政联盟成员家政企业作为问卷调查样本。在这92家企业中,员工规模10人以下的占22.8%,10~100人的占51.1%,100人以上的占26.1%。从企业组织特征上来看,这92家企业中,员工制的占32.6%,中介制的占23.9%,综合制的占43.5%。从人员结构方面看,这92家企业中,企业管理层员工的年龄主要集中在 40~49 岁,占 55.4%,其次是 30~39 岁,占 34.8%,同时一线家政员的年龄偏大,40~49 岁的占 72.8%,其次是 50 岁以上的,占 17.8%。企业管理层员工的文化层次集中在大专及以上,占 47.8%,其次是高中,占 38%。一线家政员的文化程度主要集中在初中,占 72.8%,其次是高中,占 14.1%,小学占 10.9%。样本的企业类型和员工的文化、年龄构成等基本情况,都具有一定的代表性。

2021 年 4 月至 11 月,调研组到杭州、台州、衢州进行调查,先后走访巾帼西丽、浙江好阿姨、365 生活服务平台、中电海康生活科技、临海与常山的家政企业、设置家政专业的大专院校等单位和学校,与浙江省家政行业协会经营者、行业专家、研究人员、"浙里好"家政场景应用平台相关人员进行访谈,对数字化情况进行调研。

二、浙江省家政数字化发展现状与问题

(一)浙江省内家政数字化基本现状

1. 家政企业平台化

互联网家政服务平台在市场端为企业提供线上交易平台,在运营端为企业提供 SaaS 系统管理平台,帮助企业构建线上线下一体化管理系统,拓宽企业的获客渠道,全面助力企业的人员培养和统一管理,这就是家政企业的平台化。在所有的订单获取和业务管理手段中,互联网平台和数字平台的占比指标能够在一定程度上反映企业现阶段的数字化水平。从表 1 可知,在 92 家样本企业中,85 家家政企业已经实现了平台化,通过平台(自有平台、生活类互联网公共平台、微信公众号、小程序、微店等)获取订单和对订单进行管理的比重已达到 34.98%。

表 1 订单获取与管理的途径

途径	数量/家	占比/%
单位自有的数字化平台	35	14.40
生活类互联网公共平台、微信公众号、小程序、微店	50	20.58

续　表

途径	数量/家	占比/%
微信、QQ	76	31.28
客户上门、电话、转介绍、招标、长护险客户等	82	33.74

表2显示,受访家政企业线上线下业务融合较好的占比达到一半。

表2　线上线下业务融合情况

融合情况	数量/家	占比/%
线上线下业务没有打通	14	15.2
线上线下业务融合较好	46	50.0
有线上业务没有线下业务	2	2.2
有线下业务没有线上业务	30	32.6

2. 家政数字化的障碍

表3显示,所有被访企业中,家政数字化障碍排第一位的是"缺乏专业人才"(67.39%),第二是"缺乏资金"(42.39%),第三是"没有业务数据库"(40.22%),"员工观念跟不上"排在第四位(36.96%),"信息安全顾虑"排在第五位(27.17%),最后是"领导不重视"(13.04%)和"其他"(2.17%)。由于这些数字化障碍的存在,家政企业在数字化方面的投入比较低(表4、表5)。

表3　企业数字化障碍(多选)

企业数字化障碍	数量/家	占比/%
缺乏专业人才	62	67.39
缺乏资金	39	42.39
领导不重视	12	13.04
员工观念跟不上	34	36.96
没有业务数据库	37	40.22
信息安全顾虑	25	27.17

续　表

企业数字化障碍	数量/家	占比/%
其他	2	2.17

表4　单位有无数字化专业人才

数字化专业人才	数量/家	占比/%
没有	62	67.4
有	30	32.6
总计	92	100

表5　单位员工是否接受过与数字化有关的培训

数字化培训	数量/家	占比/%
没有	56	60.9
有	36	39.1
总计	92	100

3. 浙江省内家政数字化的探索

利用互联网信息技术实现信息化管理、提升家政服务效率,是对传统家政的巨大升级,但这只是解决了基础性、简单化的信息集成,并没有对内部管理流程进行深度改造,故很快就触及传统家政发展的天花板。目前,浙江省内少数头部家政公司为达到降本增效的目的,采用数字化技术对原有的信息平台进行升级,对家政业务流程进行重塑,尝试以大数据、智能化应用手段对家政企业进行精准化、精益化管理。

目前,浙江省内家政数字化主要有3条途径:数字化转型中家政企业的自主探索,加盟政府家政数字化平台,科技企业赋能家政数字化。

(1)头部企业的家政数字化自主探索。浙江省家政企业数字化起源于20世纪之交少数几个头部家政企业。如成立于1999年的巾帼西丽集团,2016年成立遐龄荟科技公司,有信息部和专门的技术团队,还开发了数字平台。遐龄荟App和数据可视化"智慧大屏"让经营实时数据信息一目了然。

该公司还拥有10多项专利、20多项计算机软件著作权,建立了10多个信息平台,实现了全线业务数据化。服务与科技的融合让巾帼西丽从家政1.0、2.0到3.0的迭代步伐稳健推进,虽然投入巨大,但场景应用贴合实际,较快地形成了成熟的应用品牌。

(2)科技企业赋能家政数字化。软件公司利用自身技术优势,进军家政细分领域,为家政应用软件开发到家政企业数字化转型提供全面解决方案,在家政数字化过程中,家政科技企业起到了行业领头雁的作用。在这方面,海康"家立方"是一个典型。海康"家立方"是由管理学博士领衔的专业技术团队着力打造的科技化家政赋能项目,通过构建面向数字化时代的家政服务行业底层技术支撑平台,致力于为家政机构提供开展数字化经营管理的系统解决方案。该平台运用云计算、大数据、物联网、人工智能等高科技,通过智能化供需匹配及个性化服务方案,专注社会家庭服务,为家政企业提供涵盖现代管理理念、创新商业模式和管理信息系统的三位一体赋能方案。

(3)政府家政数字化平台建设。由于数字化基础资源的缺乏,入驻政府建设的家政数字平台是众多中小家政企业搭上数字化大船的快捷通道。

21世纪初以来,地方政府为了有效回应民生需求,对家政企业特别是科技家政企业予以扶持。2017年以来,覆盖全省的96365生活服务平台、宁波的81890平台、温州的家政服务云、衢州的"享"家政、家政安心码等平台都在向数字化应用迈进。

96365生活服务平台一开始就采用线上到家生活服务匹配的S2B2C模式,主要从政府侧、企业侧、用户侧为家政服务业数字化赋能。"浙里好家政"场景应用平台则是迈向建立全省性家政统一数字化平台的最近的一次重要试点项目。"浙里好家政"场景应用在数字化应用上有创新点,比如有自动识别适业人群激活转化、集成政策扶持打造"家政一件事"服务闭环、建立能够实时动态预警的信用体系等。借助"一地创新全省共享"机制,2022年10月12日"浙里好家政"上线"浙里办"。从2021年上线以来到2022年10月下旬,临海本地入驻机构158家、家政员586人,页面累计访问量26万,独立访客突破12万,总订单数将近6000单,交易金额超过170万元。

从上述情况可知,我省家政数字化总体处于起步阶段,数字化在家政服务业落地生根的时间较短,数字化在行业中的应用才刚起步。

浙江省内家政数字化地图主要由3块构成:一是少数头部家政企业自主开发数字平台,这不仅解决了家政信息撮合问题,还涉及数字化应用,可以称之为家政2.5阶段,介于信息化2.0阶段和真正意义上的数字化3.0阶段之间。二是家政服务机构利用公众号、小程序,或者开有赞、微盟小店或者加盟政府数字平台等方式获取订单、管理业务,其技术水平实质上仍处于信息化阶段。三是众多的小微家政服务组织利用面向熟人或半熟人客户群体的本地化服务优势,通过客户上门、微信、QQ、电话、转介绍等传统方式招揽客户,仍处在传统家政的阶段。

问卷调查结果显示,数字化刚刚起步和尚未开始数字化转型的企业占了受访企业的8成以上(表6)。行业内多名资深家政负责人认为,家政企业数字化还没有看到非常成功的案例。

表6　对所在企业数字化程度认知

数字化程度	数量/家	占比/%
比较成熟阶段	15	16.3
成熟阶段	2	2.2
初步阶段	43	46.7
尚未实施	32	34.8

(二)浙江省家政数字化面临的问题

数字化是一个长期的工程,投入资金较大,成果一般难以立即显现,变现周期较长,加上一些障碍因素的存在,企业数字化动力并没有想象中那么大,浙江省内家政数字化面临一些亟须解决的问题。

1. 数字化观念不清晰

多数企业对于什么是数字化、数字化的途径和基于业务逻辑的数字化战略都缺乏明晰的概念。调研发现,许多家政企业对数字化理解比较简单、片面,把无纸化办公、签约的数字化理解为完成了数字化。目前,家政数字化远没有渗透到企业的核心业务。

2. 人才缺乏

数字化人才要兼具业务能力、全局数字化理念和技能,这决定了数字化人才培养的周期长、成本高。数字化人才在家政企业中严重不足。

3. 资金缺乏

浙江省内家政行业格局以"小、弱、散、乱"为基本特征,而数字化转型动辄需花费数百万元,众多家政企业无力承担数字化所需的大额资金。在同质化竞争的情况下,绝大多数家政企业利润微薄,在可预计的将来其资本积累很难满足数字化转型的现实需要。

4. 数据问题

浙江省内家政数字化在数据方面的问题主要表现在:(1)多数家政服务机构在管理各种业务流程、业务数据的软件系统建设方面普遍缺课,业务管理数据流失严重。(2)从已有的企业数字化经验来看,家政企业普遍存在用户数据采集难的问题,如线下服务难以产生闭环数据、采集的数据缺乏实时性与全面性等。在数据的处理上存在数据清洗困难、不同来源数据不易打通因而造成数据质量不高的问题。(3)数据应用层面的用户行为预测、销售决策质量低下。(4)数据分享的问题。问卷调研发现,那些自主探索数字化转型的家政企业的数据共享意愿较低,而那些没有尝试数字化的家政企业的数据分享意愿较强,2类企业之间存在较严重的数据孤岛现象。对于公共平台来说,主要存在的问题有:一是数据壁垒问题(如家政服务人员的征信系统存在重复建设和数据不能打通的问题),二是数据引流问题,三是入驻平台的家政企业的信息(数据)主动权缺失问题。

5. 数字化的规模效应不明显

目前,一些案例表明,为家政企业做数字化平台的软件公司多数仅仅是基于过去的业务模型予以IT化,仅仅是对某个环节或者某个流程进行局部性数字化建设,并没有复制或者推广到全企业全业务场景,整体的数字化建设规模效应不明显,大大削弱了数字化的效果。

6. 社区家政数字化建设呈现碎片化

随着一老一小照护需求的增长,社区在连接家政服务供需两端的作用将越来越明显。目前,社区的家政数字化平台建设明显不足,政府推荐的各种家政应用场景应用呈现碎片化现象,社区家政应用App变换频繁,缺乏资源链接便捷流畅、管理规范的稳定的社区家政服务平台。

三、我省家政数字化问题分析

家政数字化问题的原因是多方面的,既有行业的原因,如整个行业的技术渗透率低、产业化水平低,也有企业自身的原因,如管理层的观念还跟不上数字化浪潮的脚步、数字化思维缺乏、家政企业的技术创新缺乏必要的财力和人才基础。但制约家政数字化的最重要因素是家政市场有效供给不足与家政企业之间同质竞争之间的矛盾。

伴随经济实力的提升和居民收入的增长,家政需求旺盛。但家政行业的有效供给却相对不足,市场供给缺口巨大,居民的家政需求得不到很好的满足。

由于在理念、技术创新方面存在缺陷,家政服务质量难以提高,同时也造成了家政企业之间严重的同质化竞争,抢客户、抢员工、彼此经常打价格战的现象十分普遍。员工端的工资上升压力,消费端被吊高的对低价高质服务的期望,家政企业利润微薄,企业积累水平低,可用于企业转型升级发展的资本积累严重缺乏,这就是行业所谓的"蓝海市场里的红海"现象。低水平的价格战,导致行业无法形成优胜劣汰的局面,行业声誉不高,对家政行业的传统偏见得不到纠正,行业对包括数字化人才在内的优秀人才的吸引力较低,这种恶性循环催生了阻碍行业提质扩容的一系列障碍。

可以看出,行业困境是造成家政数字化障碍因素的原因或部分原因,而且这些障碍因素之间存在相互加强的效应。例如,数据的分享障碍,表面上来看,是家政数据的特殊性——客户资源的就地或近地性所造成的,但是,这种低分享意愿仍与行业困境有关。低水平的行业竞争、以价格战为主要竞争手段的行业现状,致使大多数家政企业的获客成本居高不下,低分享意愿是自然的结果,而低分享意愿又加剧了数据壁垒和"数据孤岛"现象。

数字技术是化解行业矛盾的关键。从供给方面来说,数字化具有改进效率、提高服务品质的潜力,家政数字化能提升家政员的服务素质和职业形象,例如:智能化工作系统能有效提高家政人员的工作效率、降低职业伤害;

行业形象的提升有助于吸引更多高素质的年轻人进入家政行业,改变行业从业者素质偏低和劳动力青黄不接的状况。从需求方面来说,数字化技术的应用既能让消费者有更多的选择,又能解决家政服务的及时性和供需的匹配度问题。数字化还能提升家政服务质量,改善用户的消费体验。

行业数字化的前提是家政企业的数字化。数字化让家政企业拥有自己的平台、流量和内容,打通用户、客户和服务三端,能便捷地触达消费者,为营销渠道拓展以及客户数、订单量增长和收益增加提供条件,也为业务改造和升级创造条件。例如,巾帼西丽凭借数字化先行的优势,在严峻的形势下,家政销售额仍然保持了稳健的态势。以数字技术提升家政行业整体的服务质量和经营效率,塑造新模式、新业态、新服务,有望化解、打破低技术引起的内卷化同质竞争局面。

四、推进浙江省家政数字化建设的对策建议

对于解决浙江省家政行业数字化建设过程中存在的问题,政府既要顺势而为,充分发挥市场机制作用,还要积极扮演家政数字化的"战略引导者""市场机制补充者"角色,在统筹经济、技术、数据、模式、安全等要素,完善家政数字化转型的基础设施建设、平台建设、组织建设的基础上,完善已有的政策措施,精准赋能广大中小家政企业数字化,助推家政行业数字化。

(一)分类施策,赋能家政企业以推动数字化转型

克服数字化障碍,需要对有实力自主研发数字化平台的企业和依托家政科技公司寻求技术支持的家政企业,提供资金、人才等方面的扶持政策。

1. 加强资金扶持

财税支持政策方面,建议税收优惠政策与实施家政服务业提质扩容"领跑者"行动相配套,加大对管理规范、经营状况良好的家政企业的税收政策支持力度,帮助其推进数字化建设,真正成为提质扩容的"领跑者"和示范者。例如,对符合条件的家政服务业企业,计算其年应纳税所得额时,对其数字化建设费用,在按照规定据实扣除的基础上,加计50%扣除。地方政府

还可以设立公益创投项目,为家政企业解决数字化过程中的资金不足问题,也可以采用技术外包、引导技术入股、委托科技公司或互联网公司为家政企业提供技术服务,为家政公司数字化转型降低技术资金成本。

2. 引进数字化人才

数字化人才是家政企业中的特殊人才,企业数字化转型强烈依赖内部数字化人才。目前,家政企业普遍存在家政企业数字化人才稀缺的问题,应进一步强化落实数字化人才向家政领域流入的政策。政府部门要在引导实际成果导向职称评定、购房、配偶子女就业入学等方面给予更多的政策支持。建议加大对引进数字化建设人才的家政服务业企业的社保补贴力度,降低企业用工成本,提高企业进行数字化改革的意愿。数字化人才补贴标准可参照《关于对员工制家政服务企业实行社会保险补贴有关问题的通知》(浙人社发〔2012〕86号),给为员工实际缴纳基本养老、医疗和失业保险的企业提供50%的补贴额度,补贴期限不超过3年,也可采取逐年递减的方式,如第一年补助60%,第二年补助50%,第三年补助40%。

从整个家政市场来看,家政服务链的数字化布局需要加大投入,在扩大平台规模、完善平台功能、建立培训基地等方面给予资金等的支持,帮助中小家政行业驶入数字化的高速公路。

3. 推动数据流动和共享

从微观上看,数字化的内核驱动力是通过数据解决方案来帮助企业改善经营管理活动的科学决策水平,实现降本增效。建议政府在助推企业全业务全流程的数字化方面出台必要的鼓励政策。

从宏观上看,以家政服务机构的企业化为基础,高质量的家政市场的形成和良性发展依赖于以数字化为基础的家政产业化。打通家政行业上下游,打造全链条、全要素的家政产业服务链,要达到这个目标,数据共享是重要前提。

在推动公益性家政互联网平台实现数据共享、政府帮助家政平台协调大数据部门的对接与支持方面,各政府主导的平台已经迈出了坚实的步伐,积累了有益的经验,但需要打破数据壁垒,增加平台的数据归集和信息汇总,实现家政人员身份认证信息、健康状况信息可查询。最大难点在私域数据流量的共享上。建议在科学的调查研究基础上,推动立法,在法律层面明确企业私域数据流量的权属(财产权、知识产权和人格权),在保护好消费者和企业权益、共同建立行业规范与加强行业监管以及建立私域数据流量保护机制的前提下,扫清技术和法律上的障碍,渐进推动数据共享。

(二)改善用户体验,实现政府家政数字化平台的持续引流

政府建立的公益性家政平台是广大中小家政企业实现数字化转型的高速公路,其基础建设的完善程度、使用的便捷程度、客户流量的丰沛程度,将在很大程度上决定中小家政企业数字化转型成功与否。

如何给用户带来良好体验是政府家政数字平台引流的核心问题。互联网原住民"90后"已经陆续迈入就业、婚姻、上有老下有小的阶段,他们是家政消费决策的主力军。能否吸引年轻消费群体是政府公益性平台能否存活和发展的关键,而家政数字化平台的生命力在于用户体验。机制和平台风格不同导致政府建立的公益性家政数字化平台与商业性平台的用户体验存在区别。公益性平台以权威性、正规性为用户带来信任和安全感,商业性平台以营销手段灵活、时尚吸引年轻用户。相比而言,政府建立的家政数字平台目前存在平台功能大而全和用户体验不佳的问题,App访问层级过多使信息友好度降低。随着用户需求的个性化、定制化特点越来越突出,家政数字平台要转变观念,适应消费文化的变迁,熟悉用户的习惯和思维,贴近用户需求,优化场景消费体验,吸引更多用户使用。借鉴商业性家政平台运营的成功经验,平衡功能需要和用户消费体验,这是政府家政数字化平台在运作过程中需要特别注意的问题。

此外,平台还要拓宽引流途径。除了通过功能完备和界面友好给予用户良好体验外,还可以通过整合供应链、主动配合监管以增加引流途径。要注重与其他第三方平台的兼容互通性,将公益性家政互联网平台的链接嵌入到更多的App城市服务板块,方便用户更加便捷地进行操作,互动无障碍,通过提升体验来扩大平台的使用面。

(三)发挥家政协会在家政数字化中的知识支持作用

家政协会是介于政企之间、家政企业之间并为其提供知识、监督、沟通、协调、咨询等服务的社会中介组织,在行业发展中有着重要的地位。在家政

数字化转型过程中,家政行业协会组织在凝聚企业数字化转型共识、帮助企业树立数字思维、打造企业数字化团队、创新文化与组织制度体系、建立企业内部门之间和横向协同联动机制等方面提供知识支持。

家政协会要了解行业和家政数字化动态,及时向政企提供行业发展信息和专业知识支持。家政协会要以服务会员发展、加强规范管理为导向,发挥行业协会对市场和行业政策熟悉、对行业趋势了解的独特优势,注重调查研究,及时向有关部门反映家政行业数字化的最新情况,为政策制定献计献策,参与制订数字化的战略谋划和行动步骤,以专业资源服务会员企业,以实际行动支持家政企业数字化。

充分发挥浙江省巾帼家政服务联盟的作用,发挥浙江省妇女干部学校长期从事高端家政人才培训的经验优势,利用挖掘其作为浙江省家政服务业培训基地的条件和潜力。建议浙江省政府有关部门提供资金、政策支持,使联盟在推广家政数字化应用公益性培训、助力浙江省广大家政服务企业的转型升级方面发挥更大的知识支持作用。

(四)以"市场化＋社会化"机制为基础,探索"大平台＋社区嵌入式网点"的服务模式

城乡社区中,居民家庭的经济条件、成员结构等情况复杂多样,有着各种层次、各种类型的家政需求。社区家政需求有服务对象集中、需求类型层次多样、规模巨大等特点。要在面向普通社区家庭(特别是贫困弱势家庭)提供低价优质的家政服务方面有所作为,立足于"就近就地、整合资源、全域数治",鼓励有关企业在各种家政进社区的实现模式方面进行探索实践。

目前,在社区家政服务的"社区＋社工＋家政机构"模式下,数字化平台建设存在碎片化问题明显和常态化运作不足的问题。要大力培育扶持家政公益社会组织,以项目制方式为社区人群开展多样化的家政服务。推进社区数字化服务平台与家政企业数字化的衔接,积极探索数字科技与家政服务相融合的"大平台＋社区嵌入式网点"的服务模式,并通过覆盖各类社群充分实现其价值。这一模式以数字化实现家政服务的人机协作和团队合作为支撑、家政实体门店＋虚拟门店为依托,向所服务社区的居民和家庭提供从普通家政服务到专家团队上门服务的早教育婴、养老陪护、康复训练、营

养膳食、健康服务等内容的定制服务。其中,大平台解决后台赋能如模式输出系统、技术输出、知识输出、服务订单引流和智能化工具的研发,团队解决业务管理如人员招募、人员管理、区域推广、业务对接、订单履约、客户投诉处理,以及解决如服务客户、现场沟通、服务协作、需求挖掘等入户服务问题。引进或培育志愿者社会服务组织,或者把现有的社工志愿服务加以整合纳入社区家政服务机制中。建议在浙江省范围内选择一批有指标意义的社区进行试点工作,积累相关经验。

以 2017 年 17 个部门联合印发的《家政服务提质扩容行动方案(2017年)》为标志,我国家政服务进入提质扩容阶段。在家政业亟须提质扩容的背景下,应加大技术创新的支持力度,引导并赋能广大中小家政企业的数字技术与业务、公司战略的深度融合,实现家政业从当前的信息化主赛道到数字化主赛道的转换。家政数字化这一项系统工程的持续推进,将为浙江打造"重要窗口"、实现高质量发展和建设共同富裕示范区作出特殊贡献。

家庭治理数字化的积极经验与升级路径*
——以杭州市为例

徐士青**

摘　要：家庭是社会的细胞，家庭暴力是侵害家庭的毒瘤。由于其隐秘性和反复性的特点，家庭暴力成为社会治理的痛点和难点。如何运用数字化手段，开发适合家庭治理的应用场景，助力浙江高效能治理、高质量发展、高品质生活，是需要深入思考的问题。本研究通过走访杭州市各级各地妇联、服务于女性和家庭的社会组织、各级矛盾纠纷调处化解中心等机构，了解杭州市运用数字化技术和手段推进家庭治理的现状和积极经验，归纳分析家庭治理数字化需要破解的三大难题，并对家庭治理数字化迭代升级的路径选择进行了思考。

关键词：数字化；家庭治理；积极经验；升级路径

　　反家暴是家庭治理的核心业务之一，是家庭治理的突破口和制度重塑的关键点。但是由于婚姻家庭矛盾纠纷产生原因复杂多元，矛盾纠纷信息涉及各个部门，家庭治理数字化面临实现信息共享难、形成工作合力难的局面。家庭治理数字化是指运用大数据、云计算、移动互联网、物联网等信息技术，对反家暴数据进行整合，做到精准分析、精准服务、精准治理，使反家

---

* 本文已在《中国妇女报》2022年1月25日刊登（摘编）。

** 徐士青，浙江省妇女干部学校《家庭教育》编辑部副主任，浙江省妇女研究会副秘书长，研究方向为家庭社会学。

暴工作实现基于数据要素的协同与合作,基于数据资源的决策与服务,提高治理的科学化和智能化。

一、家庭治理数字化的杭州探索

《中华人民共和国国民经济和社会发展第十四个五年规划和2035年远景目标纲要》明确提出加快数字化发展、建设数字中国的要求。浙江省妇联提出要打造妇联多跨协同标志性应用场景。在此背景下,杭州市妇联按照省妇联相关工作部署,基于已有的"数智群团"工作格局,积极推进家庭治理数字化,进行了一系列有效的实践探索。

(一)实施背景

1. 家庭治理数字化是国家"十四五"规划建设数字中国的要求

《中华人民共和国国民经济和社会发展第十四个五年规划和2035年远景目标纲要》明确提出加快数字化发展、建设数字中国的要求,强调加快建设数字经济、数字社会、数字政府,以数字化转型整体驱动生产方式、生活方式和治理方式变革。

2. 家庭治理数字化是打造妇联多跨协同标志性应用场景的要求

在2022年1月召开的浙江省妇联十四届六次执委会上,省妇联党组书记、主席佟桂莉提出要树立主动拥抱变革的理念,把握变革型组织数字化、智能化的特征,强化数字化认知、数字化思维、数字化手段,坚持顶层设计与基层首创相结合,全面提速妇联数字化改革,打造妇联多跨协同标志性应用场景,推动理念转变、机制创新、组织变革。杭州市妇联按照浙江省妇联部署,立足家庭需求,开发参与基层社会治理的应用,努力实现网上婚姻家庭类矛盾纠纷调处、受理,通过智能分析及时预警、及时研判、及时处置,推动妇联参与构建"小事不出村、大事不出镇""家庭矛盾解决在家庭"的社会治理工作格局。

3. 家庭治理数字化是融入杭州市"数智群团"系统的要求

杭州市全力打造以"1+5+1+N"为主体架构的"数智群团"系统,包括1

个一体化数字驾驶舱、5个协同管理系统、1个群团公共服务平台和N个重点应用场景。家庭治理数字化工作的推进是积极融入杭州市"数智群团"系统的要求。

（二）主要成果

1. 上线数字驾驶舱

杭州市妇联数字驾驶舱在城市大脑上线，并接入杭州市"数智群团"系统。该驾驶舱围绕思想引领、组织建设、妇女维权、家庭工作、妇女发展五大核心业务，与公安、人社、民政等部门进行数据协同共享，实现全市涉家暴警情数、女性人数等多个数据实时动态展示，初步构建了妇联工作运行新体系。

2. 开发应用场景

各应用场景的服务端大多在"浙里办"和"杭州城市大脑"上线。治理端基本是在"浙政钉"的数字化改革门户上线，其管理权限目前都限制在本辖区内。

一是富阳区妇联"家和智联"应用场景。2020年，杭州市妇联与富阳区妇联、区委政法委推出"家和智联"场景，聚焦家庭矛盾纠纷预防化解，以日常共同居住（实际上接近户的概念）为家庭标准，通过基层妇联干部采集、公安等部门推送守法、平安、和谐指数信息，建立家庭档案库并赋码管理，实现婚姻家庭矛盾未病先防、既病快治、愈后防复。该场景被确定为浙江省"民转刑"防控应用场景综合集成的基础场景之一，已列入全市数智政法系列应用场景。

二是萧山区妇联"安心驿站"应用场景。"安心驿站"项目是萧山区"反家暴联盟"的数字化运用，获得杭州市数字法治轨道应用场景铜奖。萧山区"反家暴联盟"成立于2020年，是萧山区委政法委、公安、法院、检察院、妇联、司法、民政、教育、卫健等各部门及镇街对反家暴工作的有力回应。"反家暴联盟"依据《反家庭暴力法》中对各个职能部门的职责划分，拟定了各职能部门工作职责。"安心驿站"在进一步明确各职能部门以及区、镇、村三级妇联工作职责任务的基础上，将任务具体到人，并且形成任务流，用数字化手段再现和完善反家暴联盟的各项功能。

三是西湖区妇联"家和帮"应用场景。西湖区妇联以"精准化解家庭矛盾纠纷、提升和谐指数、助力平安稳定"为总目标,形成矛盾纠纷事件收集、分析研判、跟踪服务、重点预警、精准反馈全流程处理体系。"家和帮"应用场景的事件来源主要有110转办案件、"西湖码"推送、群众来电来访、法院诉调衔接、基层网格员信息采集以及信访、检察院、民政、卫健、教育等相关部门推送。根据案件复杂程度,启动"邻里帮""姐妹帮""专家帮""政府帮",对接家庭的急难愁盼。

四是建德市妇联"伊码办"微信小程序。建德市妇联聚焦主责主业,以数字化作为开展"四必访"工作的重要手段,对"四必访"中了解到的群众呼声进行实时记录、闭环管理,构建"联系、工作、数据、服务"四位一体的妇联网络工作格局。梅城镇妇联针对执委走访过程中出现的"妇女群众需求收集存在滞后性""走访情况督办难度大"等问题,探索数字赋能,依托"智在严州"数字平台,开通"伊码办"微信小程序。妇女、家庭通过"伊码办"小程序提交诉求,由网格妇联执委分级应答办理,并由农户、村妇联通过亮灯进行"双评价",实现家庭需求"伊码呼—伊码应—伊码督"。

五是高新区(滨江)妇联"一码解家事"掌上应用平台。高新区(滨江)妇联联合区司法局开展"一码解家事"掌上平台应用工作,以此推进"数智妇联"在化解基层婚姻家庭矛盾纠纷、基层妇联参与"数字滨江"社会治理中的新实践。因赡养、扶养、抚养、继承、财产权益、子女教育、婚姻关系、家庭暴力等引发的婚姻家庭纠纷问题,社区居民不出家门,就可以通过"一码解家事"掌上应用平台得以解决,达到"随时调、随地调、随手调"的效果。

3. 入驻浙江解纷码平台

浙江解纷码平台(线上矛调中心)秉持"数据多跑路、群众少跑腿"的理念,集在线咨询、在线评估、在线调解、在线仲裁、在线诉讼五大功能模块于一体,不论管理员、调解员还是当事人,均可通过一台电脑或者一部手机线上开展工作,解决纠纷,实现"人不出户、事不出网"。杭州市涉及婚姻调解的女性社会组织通过入驻浙江解纷码,为广大家庭提供便捷服务。

二、家庭治理数字化的积极经验

杭州市妇联基于多年线下家庭治理的实践,在推进数字化改革的过程中,形成了4个方面的积极经验。

(一)多元收集,畅通诉求渠道

应用场景对家庭诉求的收集主要有3个渠道。一是诉源,主要是社区"微法庭"、各级人民法院和浙江解纷码平台的案件。二是警源,主要是110社会应急联动平台的案件。杭州市妇联利用联动平台二级联动成员单位的优势,通过杭州市妇联数字驾驶舱实时掌握家暴警情。三是访源,主要是各级矛盾调解中心、基层治理四平台和应用场景群众端的案件,以及妇联干部在日常走访中搜集到的案件。

(二)优化流程,整合数据资源

根据应用开发V字模型,确定核心业务并进行拆解,分成纵向和横向两条任务流。在纵向任务流中实现区、乡镇(街道)、村(社区)三级联动,逐级对家暴受害人进行回访。在横向任务流中,根据对接层级不同分为两种情况:一是镇街妇联与辖区四平台、派出所、村社开展联动;二是区级层面由区妇联与公检法司、民政等部门开展联动。反家暴应用场景用数据说话、用数据管理、用数据决策,不断提升家庭治理的能力和服务效率,实现社会治理的高效化和精细化。

每个应用场景都非常注重指标体系的合理性,分别设定若干个一级指标、二级指标和三级指标。根据这些指标对案件进行评分,并且分级分类进行管理。对同一数据源进行分层管理,分级应用;对不同数据源进行科学研判,深度整合。比如:在接到家暴受害人的维权请求后,各级妇联联动,各职能部门跟进;针对不同时期、不同区域的案例,通过研究设定指标,计算出某个时期某个区域的安全阈值,以达到预警的目的。

（三）倒逼改革，实现制度重塑

数字化应用场景通过明确事件的流转顺序和时限，实现闭环管理。同时，在适当的时机将应用场景的操作规范等成果制度化，倒逼机构改革。比如：萧山区"安心驿站"项目工作机制已经由区委政法委联动协同部门发文。

一是紧跟实施进程，构建部门职责倒逼机制。应用场景的工作职责细化到人，并且明确各项任务的时间节点。二是实现闭环管理，构建反家暴工作评价反馈机制。从案件办结率、及时性、回访信息准确率等方面对反家暴工作给予评价。三是分层分类管理，实现治理和服务精准化。各地妇联在应用场景的开发中，都会对案件进行分类。比如：高新区（滨江）妇联的"一码解家事"平台，根据案件进展情况，赋予相应的"五色调解码"；西湖区妇联的"家和帮"平台，根据家事案件的复杂程度，帮助家庭对接"邻里帮""专家帮""姐妹帮""政府帮"，根据家庭的个性化需求对接不同的服务主体。

（四）重塑能力，实现组织变革

一是重塑能力，正确认识线上线下的关系。一方面，线上治理水平依赖于线下精细化治理的颗粒度。尤其是家庭矛盾的排查，还是离不开日常的走访。调查发现，反家暴应用场景的开发都是基于近年来杭州反家暴的线下实践。比如：杭州市妇联系统与政府部门联动的机制，尤其是与110社会应急联动平台关于家暴警情的二级联动，是反家暴应用场景开发设计的基础。再如：西湖区妇联"家和帮"项目离不开近年来线下反家暴工作的深入开展和数据积累；萧山区妇联的"安心驿站"项目是反家暴联盟的数字化应用，反家暴联盟于2020年成立并开始运作。

二是敢于创新，塑造变革型组织。一方面，应用场景的开发要求妇联干部具有数字化技术、数字化思维、数字化认知的能力和素质。杭州市妇联系统主动适应数字化浪潮，树立数字意识和思维，培养数字能力和方法，构建数字治理体系和机制，满足妇女群众和广大家庭对高品质生活的需求，为社会治理提供系统、及时、高效的支撑。同时，除必备的能力之外，妇联干部还要遵守数字伦理，在数字技术的开发、利用和管理等方面避免技术滥用、数据不当采集。另一方面，数字化的本质在于推动改革，数字化改革最重要的就是解决传统管理思维与技术赋能支撑间的关系问题。应用场景通过流程化、定量化的数字化方式，对线下工作进行审视和反思，通过改进工作方式方法，最终实现妇联组织的变革。

三、家庭治理数字化需要破解三大难题

当然，目前杭州的家庭治理数字化工作尚处于探索阶段，还面临不少现实问题。特别是受体制机制、公私边界以及治理理念等因素的制约，推进家庭治理数字化需要破解三大难题。

（一）数据共享与数据安全之间的统筹协调问题

信息的碎片化、条块化，快速反应能力不足等问题对家庭治理提出了新要求。应用场景的开发既要实现市、区、部门间互联互通，也要实现中枢、系统、平台、场景之间的互联互通。关于家庭领域应用场景的开发，最理想的状况就是所有的数据都通过家庭成员聚集。在确保数据安全的前提下，激发数据要素对广大家庭追求高品质生活和实现基层社会治理现代化的叠加和倍增作用。数据安全不仅影响个人权益，更关乎社会经济发展和国家安全。《中华人民共和国数据安全法》《中华人民共和国网络安全法》《中华人民共和国个人信息保护法》，共同构成了网络与数据安全领域的基础立法。家庭治理数字化过程中，既需要遵守上述上位法的规定，同时也需要进一步建立健全应用场景的管理制度和操作规范，以确保数据安全。

（二）公权介入和私权保障之间的边界划分问题

以何种方式介入家庭矛盾、解决家庭矛盾，避免二次伤害，这无论在理论界还是实务界都备受关注。在家庭治理中，家庭结构相对好把握，但是家庭关系的变化难以也不宜实时监测。数字化常用的技术手段，尤其是监控技术，无法在家庭领域实施，但是技术在家庭治理领域仍然有用武之地。比如浙江解纷码平台提供的24小时全天候智能咨询服务，既可以避免咨询者的尴尬，也有助于保护他们的隐私。如何有效介入发生家暴的家庭，这是基层干部觉得比较棘手的问题。数字化应用场景可以通过留痕来厘清责任,但是也要避免过度留痕。家庭暴力现场当事人如何取证,基层妇联干部走访日志如何记录等问题,都需要在法律的框架之内进行细致研究。

(三)社会治理与家庭服务之间的有效融合问题

浙江省妇联提出要将平安家庭建设纳入基层治理体系,并且将服务阵地嵌入基层治理平台。妇联作为联系党委政府和妇女群众的桥梁纽带,要有寓治理于服务的理念。各级各地妇联要积极探讨将家庭服务纳入党建统筹范围,将家庭相关需求与基层社情民意同步采集的方式方法,将家庭领域关键指标融入基层社会治理组织架构之中,构建线上线下一体的智能化公共服务平台,为城乡家庭提供更多元、更便捷、更精细的"家门口服务"。家庭治理数字化建设应从服务端和治理端入手。服务端面向社会公众,深入了解公众需求,梳理应用场景,以便民、服务为最终目标。治理端面向政府管理部门,从流程再造、业务协同方面入手,打破业务层级壁垒,充分发挥协同作用。在现有的应用场景中,有些只是作为治理端存在,尚未开通常态化、即时性广泛收集家庭需求的渠道,群众端需要在后续应用场景的迭代升级中进行开发,用治理的精细化实现服务的精准化,用妇联干部的服务指数提高广大家庭的幸福指数。

四、家庭治理数字化迭代升级的路径选择

任何现实难题的破解都是在创新实践中展开的,家庭治理数字化也不例外。基于上文的思考与分析,笔者认为可以从以下3个方面推进家庭治理数字化迭代升级。

(一)坚持以人民为中心的价值取向,实现数字赋能与人文关怀相融合

形势在变化,目标在迭代,工具在升级,但坚持以人民为中心始终是妇联工作的价值取向。这一价值取向应落实在制度安排与治理实践之中。妇

联组织要将家庭相关需求与基层社情民意采集同步,线上完善数字智治机制,线下推进"四必访"工作(即生产经营遇到困难的创业女性必访、困难家庭必访、空巢老人及留守妇女儿童家庭必访、涉及婚姻家庭矛盾纠纷的家庭必访),实现家庭服务的精准化。

在大数据时代,如何回应每个家庭鲜活的、个性化的需求,是需要深入思考的问题。家庭领域有一定的私密性,无法像其他公共领域那样进行公开的实时监测。对涉家暴家庭进行精准画像,仍需要妇联干部实地走访,并及时上报信息。数字化可以带来一定的便利,使家庭工作不至于人走事走,便于工作延续。但是数字化无法替代传统的工作方式,尤其是在多方矛盾纠纷调解时。无论是数字化手段还是传统的日常走访,都只是服务妇女和家庭的手段,不是目的。妇联作为妇女的娘家人,要在工作中体现人文关怀。尤其是对于多方矛盾的调处化解,实地走访、用心沟通是必不可少的。

(二)合理设定指标,实现基于算法模型的科学决策

数据要素只有通过算法、模型与其他生产要素结合才能创造价值。如何将家庭领域关键指标融入基层社会治理组织架构之中,将基层社会治理的颗粒度精细化到"家庭",是家庭治理数字化的核心问题之一。对于发生家庭暴力的家庭,尤其是高危家庭,需要通过精准画像实现预警,助力科学决策。通过对既有高危家庭数据进行深入分析,合理设置一级指标,精细化设置二级指标和三级指标,构建高危家庭预警模型。同时,在评价指标上,可以通过引入第三方评价、群众测评等方式,增加评价的效度和信度。

(三)做好顶层设计,实现技术理性到制度理性的跨越

反家暴是家庭治理的核心业务之一,是家庭治理的突破口和制度重塑的关键点。家庭治理数字化需要进一步明确反家暴应用场景的领域、事项、指标、协同关系和数据项等内容,完善系统集成清单和数据共享清单,绘制数据集成流程图和业务集成流程图。设置最小颗粒度的任务事项,形成4个工作体系,即指标体系、工作体系、政策体系、评价体系。目前,应用场景的治理端多在"浙政钉"的数字化改革门户上线,且有区域划分,服务端有的在"浙里办",有的在杭州城市大脑,且服务对象只针对辖区家庭,笔者认为服

务端最终还是要突破行政区划的壁垒。这就依赖于上级组织的顶层设计，实现自上而下的顶层设计和自下而上的应用场景创新相结合，实现技术与组织、制度的深度融合。

杭州市妇联系统积极推进家庭治理数字化建设，对构建"数据采集＋需求分析＋决策实施＋评价反馈"的婚姻家庭纠纷预防化解系统进行了有效探索，这是坚持和完善"党委领导、政府负责、社会协同、公众参与、法治保障、科技支撑"社会治理体系的新举措，是妇联立足主责主业、服务大局和服务家庭的新方式，也是政府体制机制改革的助推器。家庭领域的数字化改革一定会通过日益丰富的数字化要素供给不断迭代升级，实现精准治理和精准服务，回应广大家庭的急难愁盼和对美好生活的诉求。

平安家庭建设的温岭探索

——以"343"婚恋纠纷风险清零体系为例

温岭市妇联

摘　要：2021年发布的《中共中央　国务院关于支持浙江高质量发展建设共同富裕示范区的意见》要求浙江坚持和发展新时代"枫桥经验"，高质量发展建设共同富裕示范区，构建舒心安心放心的社会环境。温岭市妇联以平安家庭建设为基础，坚持党建统领、平台智治、网格群治、部门联治，着力构建"343"婚恋纠纷风险清零体系，形成"智慧智能、民本民治、共建共享"的"和合善治同心圆"温岭社会治理新模式。该体系成为温岭市女性参与社会治理的创新品牌，为全省妇联组织参与平安家庭建设提供了温岭经验。

关键词：平安家庭；婚恋纠纷风险清零体系；社会治理

共同富裕具有鲜明的中国特色和时代特征。其中"社会和谐和睦"目标的达成，以及其他目标顺利实现的社会保障，都需要不断创新和深化社会治理，推动治理体系和治理能力现代化。温岭市妇联聚焦"源头治理"，推动关口前移，切实形成闭环管理处置模式，聚焦"建强基层"，推动力量集成，不断提升镇街统筹协调能力，聚焦"智治融合"，推动共建共治，打造多元参与治理格局。2022年，温岭市妇联以浙江省委"稳进提质、除险保安、塑造变革"要求为指引，积极探索"343"婚恋纠纷风险清零体系，构建起全量建档、实时预警、闭环管控的家庭婚恋纠纷排查化解体系，以"一网智治"解决婚姻家庭矛盾"不集成、不高效"难题，以"四色"治理解决"处置难、办理慢"难题，以"一家调解"解决"看不见、管不着"难题。截至2022年9月，全市排摸家庭婚恋纠纷1847件,其中31件重点家庭纠纷均化解清零,累计发放家暴告诫书449份、家教督促监护令6份。

一、"三化排查"力促源头把控遏"增量"

一是开展网格化排查。发挥"网格妇联"优势,结合执委"四必访四必应",建立"联系领导＋驻村干部＋妇联主席＋妇联执委＋巾帼志愿者"的村社排查网格,开展家庭婚恋纠纷"底朝天"式排查。动员学校、企业、外来人口协会等多方力量,全方位、全量式掌握信息线索。如对本市流动人口密集、人员结构复杂的区域,联合公安局、流动人口中心筛选流动人口中有威望、有影响力的优秀代表,通过参与"异地商会""老乡会"等社会团体收集异常家庭信息线索。

二是开展数字化排查。依托"浙里家·连心桥"应用场景,综合"四必访四必应""和睦E家"等数据信息,按照家庭婚恋矛盾纠纷的性质、类型等进行建档立卡,建立家庭数字档案1.8万份。主动对接基层社会治理"一中心四平台""警网融合"等平台,加强数据对接、线索互通,2022年上半年协同流转家庭婚恋纠纷案件32起。

三是开展协同化排查。在市级层面,成立以政法委、公安局、民政局、司法局、流管局、妇联等为成员单位的婚姻家庭矛盾纠纷化解专项工作领导小组。在镇(街道)层面,集中人力、物力、智力加强排查研判,由综治办负责统筹协调,妇联负责日常管理,党政办、流管所、司法所等基层站所按照分工各司其职。在村社层面,对遇到的疑难复杂问题及时"吹哨报告",由市、镇两级实时跟进,并帮助提供技术手段、专家会商、案件定性等专业保障,回应基层所需。

二、"四色预警"实现协同联动去"存量"

一是"四色"分级评估风险。综合"线上＋线下"数据信息,精准对接公检法司卫健等职能部门,结合12类定性矛盾纠纷和13条定量指标,实施"四色"分级预警管理,即蓝色(一般级)、黄色(异常级)、橙色(风险级)和红色(危险级)。截至2022年9月,全市共有1816件蓝色、22件黄色、9件橙色家庭婚恋纠纷纳入"四色"管理。

二是"四色"分类闭环处置。以乡镇为基本单元对四类家庭实施"一户一策",明确化解时限,形成交办清单。红色家庭要求镇(街道)"一把手"包干,派出所第一时间予以列管,设立"一户一专班",落实"一日一报告";橙色家庭由镇街联系领导包干、村(社)两委跟进,落实"一周一梳理";黄色家庭由驻村干部包干、村社妇联执委跟进,落实"一月一走访";蓝色家庭由村(社)妇联主席包干、网格妇联跟进,落实"一季一反馈"。

三是"四色"分层回溯管理。充分发挥妇联执委在异常家庭预警中的回访作用,通过"四平台"指令下发,要求对已化解的"四色"案件按照级别高低,分别开展每周两次、每周一次、每月一次、每季一次的跟踪回访。建立成员单位联系包干镇(街道)制度,通过查阅台账、集中座谈、个别谈话等形式,对执委进行"一月一督导""每季一通报一排名",对晾晒出来的问题要求属地妇联逐一核查处置并反馈结果,对"除险保安"业绩进行晾晒,推动创先争优。

三、"三式化解"推进应解尽解防"变量"

一是"链式"反家暴联动机制促"专项"式化解。推动政府资源、司法资源和社会资源融合,形成"事前预警、事中保护、事后谅解"的全程化"链式"反家暴工作机制,持续完善"服务中心＋服务站点"的两级阵地建设,已建立1个联动服务中心、16个服务站点。充分撬动专业团队和社会组织力量,开展家庭暴力风险评估和家暴行为"三色"管理,高效高质调处家暴案件,截至2022年9月共受理家暴类案件15起,调解12起,谅解3起(图1)。

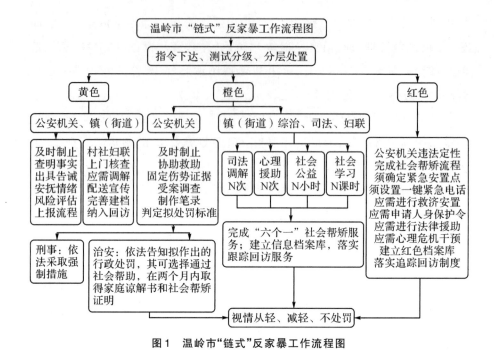

图1 温岭市"链式"反家暴工作流程图

二是"和合"家事调解工作室促"特色"式化解。健全完善人民调解与行政调解、司法调解相衔接的"大调解"联动工作体系,实现"和合"家事调解工作室阵地延伸、功能提升、效率优化。建立台州市首个三八红旗手(集体)婚姻家庭矛盾纠纷化解流动调解室,靶向开展流动调解服务。建立台州市首个巾帼人大代表调解室,联合18名人大代表开展婚姻家庭矛盾纠纷化解。全市17个工作室家事调解成功率达98%。

三是家事"掌上微网格"促"芳邻"式化解。充分发挥村(社)女党员、女代表、女干部及妇女群众代表"人熟、地熟、情况熟"的优势,以微信群构建掌上微网格。实施"三联盟三机制",即:家庭女主人联盟实施"日报"制度,每天报告邻里结对家庭最新动态;执委联盟实施"定岗"制度,每月组织活动两次以上,了解妇女思想动态,及时向村妇联反馈;妇联主席联盟实施"轮值"制度,市妇联班子、镇(街道)妇联主席以月为单位,开展村情民意"月月谈"活动,打通家庭婚恋纠纷排查化解"最后一公里"。

"343"婚恋纠纷风险清零体系是平安家庭建设的创新抓手,实现了全市婚恋纠纷家庭基本清零,群众安全满意率达99%。在今后的工作中,温岭市妇联将继续完善"343"婚恋纠纷风险清零体系,创新妇联在新时代参与社会治理的新模式,推动妇女事业和经济社会同步发展,保障妇女群众的合法权益,切实提升人民群众的获得感、幸福感和安全感。

中国家庭教育政策的变迁及其特征

摘　要：家庭教育是教育的重要构成内容，也是公民社会化的基础。随着经济社会的发展，家庭教育在提高人口素质、推动社会治理等方面发挥了重要作用。新中国成立以来，家庭教育总体上经历了理念建立期、政策摸索和初步实践期以及政策全面推进期。当前，地方性家庭教育政策正在蓬勃发展，关于家庭教育的基本范围、公共服务属性、责任主体、支持主体、资金保障、服务模式、责任追究等内容也基本达成了较为一致的意见，国家层面家庭教育法律政策逐步走向完善。

关键词：家庭教育政策；发展逻辑；内涵解读；总体特征

中国有悠久的家庭教育传统，家庭教育、学校教育和社会教育很早就成为教育的重要渠道和方法。回顾新中国家庭教育政策的发展，总体上经历了3个时期。新中国成立以后，百废待兴，经济建设成为首要问题，因此，我国家庭教育政策的发展基本上是伴随着经济社会发展状况调整并推进的。尽管家庭教育在不同时期都得到了一定程度的重视，但经济社会发展状况无法完全满足各级学校和普通民众对家庭教育的需求。

---

*　王宏亮，全国妇联干部培训学院/中华女子学院讲师，研究方向为公共政策。

一、家庭教育政策的发展逻辑

（一）家庭教育理念建立期（1949～1978年）

从新中国成立到改革开放初期是我国家庭教育理念初步建立时期。尽管我们有悠久的家庭教育历史，但近代以来的战争以及西方文化的入侵使得我们开始怀疑自己的文化和传统，这种怀疑在一定程度上既否定了教育内容也否定了教育形式。尽管如此，新中国成立初期，党和国家领导人仍然重视家庭教育。1953年，朱德在第二次全国少年儿童工作会议上提出家长要利用多种形式引导少年儿童尊重劳动。1963年颁布的《全日制小学暂行工作条例（草案）》和《全日制中学暂行工作条例（草案）》都要求重视家长工作，推进家校合作。

改革开放初期，家庭教育成为党和政府倡导的一种理念。这种理念主要和社会主义建设、尊重劳动群众、重视劳动结合在一起。实际生活中的家庭教育并没有和相关政策有机结合，普通民众仍然按照自己的习惯和理解进行家庭教育。尽管这一时期的家庭教育政策没有得到发展，但并不代表家庭教育实践是空白。父母的教养方式和风俗习惯实际上对家庭教育有重要影响，父母往往会根据民族习俗、生活习惯对孩子进行家庭教育，教育内容多以礼仪、道德等为主。

（二）家庭教育政策摸索和初步实践期（1979～2009年）

改革开放以后，随着经济社会的发展，人们的生活发生了巨大变化。改革开放不仅带来了生活的富裕，也带来了人口的流动、思想的多元，各种新的社会问题开始显现。家长们为更加富裕的生活努力奋斗，可能会忽视子女的教育问题，青少年不良行为问题日渐凸显。1981年，中共中央以中发〔1981〕19号文件向各省市自治区转发全国妇联党组《关于两个会议情况及1981年妇联工作要点的报告》的通知，强调要帮助家长加强和改进对子女的教育。1982年修订的《宪法》也强调父母有抚养教育未成年子女的义务，这标志着家庭教育理念以国家根本大法形式予以确立。由此，家庭教育政策的摸索和实践开始推进。1982年，康克清在少年儿童思想教育座谈会上强调家庭是子女成长的摇篮；1985年妇女节前夕，她在接受记者采访时强调养育孩子是全社会的责任；1986年儿童节前夕，她强调家庭教育是时代提出的新课题。至此，家庭教育政策的探索和实践被正式引入国家公共政策的视野。

1991年，《中华人民共和国未成年人保护法》从未成年人家庭保护的角度明确了家庭教育的基本内容。1992年国务院颁布的《九十年代中国儿童发展规划纲要》提出要建立学校教育、社会教育、家庭教育相结合的育人机制，标志着政府正式主导家庭教育工作。1996年，全国妇联联合教育部门等共同颁布的《全国家庭教育工作"九五"计划》提出，到2000年，使90%的儿童（14岁以下）家长不同程度地掌握保育、教育儿童的知识，引导家长树立正确教育观念，提高家长素质。1998年，全国妇联印发了《全国家长学校工作指导意见（试行）》，以此推进家庭教育政策的落实。

2001年，国务院颁布《中国儿童发展纲要（2001—2010年）》，提出要促进学校、家庭和社会教育一体化，办好各类家长学校。2002年，《全国家庭教育工作"十五"计划》提出："要进一步提高家长的科学教子水平和能力，拓宽家庭教育知识传播渠道，广泛宣传'优生、优育、优教'的科学知识和教育子女的科学方法；构建家庭教育工作指导体系，加强家长学校、家庭教育指导队伍、家庭教育理论研究及家庭教育教材等基础建设；进一步推进家庭教育工作的科学化、社会化、法制化。"《中国儿童发展纲要（2001—2010年）》和《全国家庭教育工作"十五"计划》从整体上指明了家庭教育政策的基本方针和实施规划。

2004年，中共中央、国务院颁布了《关于进一步加强和改进未成年人思想道德建设的若干意见》（中发〔2004〕8号文件，以下简称《意见》），强调妇联和教育部门要履行和推进家庭教育的责任。《意见》提出："要与社区密切合作，办好家长学校、家庭教育指导中心，并积极运用新闻媒体和互联网，面向社会广泛开展家庭教育宣传，普及家庭教育知识，推广家庭教育的成功经验，帮助和引导家长树立正确的家庭教育观念，掌握科学的家庭教育方法，提高科学教育子女的能力。充分发挥各类家庭教育学术团体的作用，针对家庭教育中存在的突出问题，积极开展科学研究，为指导家庭教育工作提供理论支持和决策依据。"《意见》同时强调："党政机关、企事业单位和社区、村镇等城乡基层单位,要关心职工、居民的家庭教育问题,教育引导职工、居民重视对子女特别是学龄前儿童的思想启蒙和道德品质培养,支持子女参与道德实践活动。注意加强对成年人的思想道德教育,引导家长以良好的思想道德修养为子女作表率。要把家庭教育的情况作为评选文明职工、文明家庭的重要内容。特别要关心单亲家庭、困难家庭、流动人口家庭的未成年子女教育,为他们提供指导和帮助。"《意见》从总体上对家庭教育的行政主管、责任主体、实施渠道、教育内容、教育方法、重点人群等多方面作出了较为全面的解释和说明,为家庭教育政策的深入探索和实践提供了指南。

在《意见》的推动下,妇联系统和教育部门进行了多样化的家庭教育实践探索。全国妇联修订并重新印发 1998 年发布的《家长学校工作指导意见》。2002 年,全国妇联携有关部门成立的"更新家庭教育观念报告团"开始开展巡回讲座。2004 年,全国妇联、教育部、共青团中央等部门发起"争做合格家长、培养合格人才"家庭教育宣传实践活动。2007 年,全国妇联联合教育部门等共同颁布的《全国家庭教育工作"十一五"规划》提出:"使 0～18 岁儿童家长家庭教育知识和科学育儿知识的知晓率达到 95% 以上;大力发展多元化、多类型、满足不同群体需求的家长学校;经济基础较好的城市 70%的社区建立社区家长学校或家庭教育指导中心;具备条件的农村 50% 的村建立家长学校或家庭教育指导中心;重视和加强农村留守、流动儿童的家庭教育;5 年内建立 5000 所全国和省级留守儿童、流动人口子女家长学校;加强家庭教育调查研究,针对当前家庭教育中的新情况、新问题,开展专题调研,形成一批有分量的调研报告;加强家庭教育理论研究,确立家庭教育研究课题,促进研究成果的推广和应用;加强对现有家庭教育研究机构及社团组织的建设和管理,有条件的地(市)、县要建立家庭教育研究机构或社团组织。"2007 年,全国双合格家庭教育报告团成立,重点面向中西部地区和各地开展家庭教育宣传指导。2008 年,上海编印《幼小衔接家长手册》,引导家长科学实施家庭教育;同年,新疆克拉玛依市开展中小学和谐家庭教育工程;2009年,北京交通大学构建了家庭教育与学校教育互动平台。类似的各种家庭教育实践活动以多种形式开始了家庭教育政策的试点,也为家庭教育政策的全面推进打好了基础。

二、家庭教育政策的内涵解读

从国家家庭教育法律政策精神和各地家庭教育政策具体实践来看,当前家庭教育政策的基本内容已经比较清晰,主要涵盖了家庭教育的概念、家庭教育的政策主体、家庭教育的资金保障、家庭教育的实施主体、学校和社会的参与责任以及激励和保障措施等。不同地区在以上方面的内容有所不同,但基本理念和精神是一致的。

（一）家庭教育的概念和基本原则

从已出台的国家和地方家庭教育政策来看,家庭教育主要指父母或监护人对未成年人的教育。广义家庭教育中的晚辈对长辈的教育一般不属于负有法律义务的家庭教育,故不是家庭教育政策关注的内容。重庆市人大法制委员会在其家庭教育促进条例审议结果中对此问题进行了较为详细的解释。山西省、江苏省等地的促进条例基本也采取了狭义家庭教育的概念,明确家庭教育主要是父母对未成年人的教育。

现有的家庭教育政策明确了家庭尽责、学校指导、社会参与、政府推进的基本原则。政府在资金、政策、管理、宣传等方面予以支持。学校通过各种形式为家庭提供家庭教育指导。各地政策也明确了妇儿工委是家庭教育议事协调的主要机构,负责组织、协调、指导和督促等工作,妇联负责日常管理工作。总体上来看,发展和促进家庭教育的基本原则已经非常明确,主要有关部门的基本职责也基本明确。

（二）家庭是实施家庭教育的责任主体

目前的家庭教育政策强调家庭是家庭教育的主要责任者,具体指父母或监护人。首先,父母应当与未成年子女共同生活并履行教育责任。如果父母无法与未成年人共同生活,必须委托有监护能力的人或机构教育未成年子女并及时了解未成年人情况。同时,政策强调继父母、养父母对未成年子女同样有家庭教育义务。其次,家庭教育的主要内容包括传统文化、社会主义核心价值观、社会公德、家庭美德、各类生活技能、良好的生活习惯、礼仪修养、身心健康、法律法规、安全常识等,目的是引导未成年人养成良好的行为习惯。

(三)学校、社区等机构应积极参与并提供支持

学校和社区以及其他有关机构是家庭教育的支持者。现有政策强调幼儿园、中小学是家庭教育指导的主要支持者。各类幼儿园、中小学要将家庭教育培训、咨询、指导等工作纳入日常工作计划,通过家委会、家长学校等向家长提供家庭教育指导。同时,现有政策强调民政婚姻登记部门、妇幼保健医院、儿童福利机构、社会救助站等机构要进行家庭教育宣传指导,开展各类公益性的家庭教育服务活动。政策还鼓励各类国家机关、社会团体、企事业单位为职工提供家庭教育指导服务。在符合法律规定的前提下,经营性家庭教育机构、社会工作机构或家庭教育基金会等可以开展各种家庭教育服务活动。

(四)对未履行家庭教育职责的主体依法追究法律责任

对于未履行家庭教育职责的父母或监护人,政策规定了相应的处理机制。现有政策强调,在父母或监护人不履行责任使未成年人处于危险或无人照看状态的,采用暴力或侮辱方式教育的,或因父母死亡、失踪等原因无法履行职责的,未成年人可以向学校、父母或监护人所在单位、村(居)民委员会、妇联、民政、未成年人保护组织等部门反映和投诉,也可以向公安机关报案,有关单位应及时处理。政策强调对未履行家庭教育职责的、未履行家庭教育指导职责的,可以根据情节予以训诫、告诫、行政处罚,构成犯罪的依法追究刑事责任。对于不履行家庭教育职责的父母或监护人,人民法院可以根据有关人员申请撤销监护人资格并另行指定监护人。对其他阻碍家庭教育政策贯彻落实的行为,政策也强调可追究其法律责任。

(五)政府采取各类措施鼓励和发展家庭教育

现有政策对政府的保障激励措施也有较为明确的规定。将家庭教育纳入城乡公共服务体系是最基本的保障形式。政府优先为特殊群体提供家庭

教育服务,如孤残、留守、流动、遗弃、单亲、父母服刑等情况的儿童。政府应通过购买公共服务和社会服务的形式发展家庭教育服务,强调社会工作机构和志愿机构具有优先权。政府应通过广播、电视、报刊、互联网等多种形式开展家庭教育宣传互动,营造良好的家庭教育社会舆论。政府还应通过审核、评估、评奖等措施对家庭教育工作先进个人和单位予以表彰奖励。

三、家庭教育政策的总体特征以及发展方向

《大纲》为当前家庭教育政策奠定了从宏观到微观的总体基础。对家庭教育的认知和定位也已经明确,对家庭教育的具体内容、基本原则、相关问题也逐渐形成了较为清晰的政策思路和具体应对办法。从总体上来看,家庭教育政策已经初具规模,家庭教育政策的基本框架已基本形成。具体来看,当前家庭教育政策呈现如下特征。

(一)政策主体基本明确,但具体管理框架有待厘清和加强

经过改革开放以来几十年的探索总结,在全国妇联以及以宋庆龄基金会原主席康克清同志为代表的领导、专家学者的推动下,我们在家庭教育政策主体上达成了一致认识。《宪法》《婚姻法》《教育法》等基本法律和国家有关家庭教育的政策,确立了政府作为政策主体的核心地位。国家有责任推动家庭教育的发展,推动家庭教育以公共服务的形式出现,这意味着家庭教育应当是国家基本福利体系的一个重要组成部分。具体来说,各级地方政府、教育主管部门对家庭教育负有直接的政策责任,各级妇联通常作为协助联络和监督的主要部门,促使家庭教育在家庭、学校和社会中得以实现。同时,家庭教育的主要实施主体是家庭,这意味着家庭是家庭教育政策主体的最终执行者。目前,家庭教育政策也明确了学校和社会对家庭教育的辅助作用。

从我国目前的实际情况来看,政策主体的总体架构是合理的。但从未来发展来看,具体管理框架还有待进一步梳理和加强。首先,2019年初教育部强调将家庭教育纳入公共服务,表明家庭教育政策将由教育部门总体把

握。但家庭教育的实施主体是家庭,父母或监护人是具体责任人,实施场所不是学校等教育机构,教育部门如何推动非学校场所的家庭教育成为一个难点。而在此之前,家庭教育一般由妇联协调社区或有关单位开展相关活动,相关的指导大纲也由妇联制定并推广,如何解决妇联和教育部门之间的关系也是家庭教育政策未来需要厘清的重点。家庭教育服务如何提供、对提供服务的各类机构如何评价及如何管理等问题,需要通过制定更加详细和完善的家庭教育政策来进一步解决。

(二)政策的总体受益对象基本明确,但受益水平和服务传递机制等问题仍有待解决

目前,家庭教育政策已经基本明确了总体的受益对象。有未成年子女的家庭是家庭教育政策的主要受益对象。但家庭教育的内容与质量和不同地区的经济社会发展水平密切相关,也和不同家庭的具体条件密切相关。纳入公共服务的家庭教育如何应对差异性需求是必然要考虑的问题。在目前仍存在巨大城乡差异的情况下,城市乡村对家庭教育的需求也完全不同,家庭作为家庭教育实施主体的教育能力也因家庭成员的具体情况而有差异,这就对家庭教育政策的受益水平提出了挑战。家庭教育政策需要首先保证福利水平的公平性,既要保证受益对象可以得到符合一定标准的家庭教育服务,同时又要兼顾不同地区、不同家庭具体的家庭教育需求,这在具体执行过程中并不容易实现。

如果没有办法保证家庭教育福利水平的公平性,就会出现家庭教育福利的竞争行为,这与当前各地存在的学区竞争等现象类似。未来的家庭教育政策必须考虑这些问题,并设计合理的解决机制。此外,家庭教育服务如何传递也是家庭教育政策亟待解决的问题。目前,各种网络课堂、教育机构都提供各种类型的家庭教育指导服务,满足了家庭教育的需求,但实际上又存在挤出家庭教育的现象。很多家长用课堂和教育机构的服务替代了自己对孩子的直接家庭教育,使得家庭教育服务实际上成为未成年人的一种额外学业负担。学校和其他机构通过家长学校等形式开展的家庭教育服务同样存在问题,家长学校可能成为学校加强学校教育和学校管理的手段,不仅无益于家庭教育的开展,还有可能阻碍家庭教育的发展。因此,家庭教育政

策既要考虑动员家长积极开展家庭教育,同时也要考虑在不挤出家长直接教育的前提下更加有效地提供家庭教育指导服务。

（三）政策的总体经费保障原则已明确,但具体投入、支出和管理制度尚待建立和完善

从当前各地出台的家庭教育政策来看,由政府财政支持,纳入国民经济和社会发展规划的原则已经明确。教育部提出将家庭教育纳入公共服务同样表达了这样的原则。应该说,在这一原则下,家庭教育的经费保障已经得到解决。但从有关政策的具体细则来看,经费保障的程度、经费如何投入及如何支出、具体如何管理等问题尚未明确。未来家庭教育政策必须明确经费保障程度,确定年人均家庭教育经费保障水平。

同时,要考虑建立合理的家庭教育经费支出模式,以及家庭、学校以及各类服务机构如何获得经费支持。其中,家庭作为家庭教育实施主体,家庭教育经费应主要用于家庭,但家庭如何才能得到家庭教育经费的支持,如何获得更好、低价的家庭教育指导服务是必须考虑的问题。学校和有关家庭教育指导机构应以怎样的标准提供服务、如何为家庭教育服务定价、如何收取费用、提供公共服务时如何获得费用补偿,这些问题也需要有更为具体的家庭教育实施和管理政策出台。在以市场为基础的社会体系里,公共服务的供给也必须尊重市场基本原则,否则,公共服务就会成为低效的福利产品,最终既不能解决家庭教育问题,还可能导致公共资金的漏损。家庭教育政策在表达以公共服务促进家庭教育发展理念的同时,必须考虑建立符合市场规律的资金投入、支出和管理体系。

总体来看,家庭教育政策已经基本完备。中央和各地政策为家庭教育政策的完善提供了良好的试点经验,对家庭教育的基本范围、公共服务属性、责任主体、支持主体、资金保障、服务模式、责任追究等内容也基本形成了较为一致的意见。

家庭教育数字化改革的探索与实践

——以台州市路桥区"家庭教育在线"应用为例

台州市路桥区妇联

摘　要:《中华人民共和国家庭教育促进法》的实施,标志着家庭教育由传统"家事"上升为重要"国事"。依法带娃、科学养娃成为社会热点焦点。如何在这一立法背景和"双减"背景下探索转变家庭教育工作方法,是当前政府部门、群团组织需要研究的问题。本文着眼数字化改革的热点和趋势,通过分析社会问题及家庭教育的工作难点,以路桥区"家庭教育在线"应用为例,系统分析了路桥区家庭教育数字化改革的目标定位、V字模型和实施效果,阐述了数字赋能家庭教育的重要意义和在实践层面的推广价值。

关键词:数字化改革;家庭教育;服务闭环;综合集成

家庭教育是国民教育的基石。党和国家领导人一直高度重视家庭建设和家庭教育工作,习近平总书记系列重要讲话从治国理政的高度强调注重家庭家教家风建设的重要性。中央、浙江省委、台州市委相继出台进一步加强家庭家教家风建设的文件,把家庭建设和家庭教育作为国家发展、社会进步的重要基点。《中华人民共和国家庭教育促进法》和《浙江省家庭教育促进条例》的施行,成为推动浙江家庭教育事业创新发展的指导纲领。在数字化改革背景下,创新运用系统化、数字化理念赋能家庭教育是贯彻家庭教育法律法规的有效载体,也是"双减"背景下优化家庭教育服务供给,提升家庭教育的服务质量、服务效率的大胆尝试。

一、探索家庭教育数字化改革的工作基础

路桥区坚持"线下打基础、线上促提升"的家庭教育指导服务模式。经过十几年的推进,全区形成了"中心＋指导站＋家长学校"的三级组织建构,建立"顾问团＋讲师团＋志愿者＋社工＋联络员＋亲职教育顾问官＋亲职教育指导官"的7支立体化队伍和"研讨会＋推进会＋评审会＋高峰论坛"的"三会一论坛"工作推进机制。以"四好"(做好家长、传好家风、塑好家训、建好家庭)为目标,集"五化"(专业化、联动化、常态化、精准化、多元化)于一体的家庭教育指导服务体系业已建立并持续发挥作用。路桥区连续17年开展家庭教育巡回讲座,连续6年举办"家风与家庭教育"高峰论坛,连续6年编写"路桥区家庭教育工作日志",连续5年编写家庭教育原创书籍、开设"绘本妈妈"课堂,连续开设318期家庭教育空中课堂,覆盖家长95.4万人次,为讲好路桥家庭教育故事,建好家庭教育数据驾驶舱奠定了基础。在此基础上,路桥区妇联抓住数字化改革契机,以"系统化＋数字化"理念开发"家庭教育在线"应用,提供指尖式家庭教育服务。该应用立足新时代家庭领域的新变化、新需求,依托妇联、教育、宣传、纪委、政法委、民政、卫健、公检法司、团委、慈善、关工委等部门的数据集成资源,旨在进一步发挥家教家风在基层社会治理中的作用,不断提升数字化背景下家庭教育服务水平。"家庭教育在线"应用于2021年10月上架"浙里办",同步上架"浙政钉"数改门户;同年11月,"家庭教育在线掌上管家"上架"浙政钉",实现"浙里办""浙政钉"双轨运行。

二、家庭教育数字化改革的目标定位

(一)破解家庭教育领域的四大难点,补齐民生短板

一是破解因教育不当引发社会问题的难点。近年来,未成年人犯罪、自残自杀等事件偶有发生,社会关注面大、影响恶劣。这些社会问题背后,大

都存在家庭教育缺失、缺位、不当等情况，一方面是家庭教育理念出现偏差，另一方面是亲子沟通不够顺畅，导致苗头性、倾向性问题没有得到及时解决。二是破解因家长焦虑带来亲子冲突的难点。家长对子女的期待值越高，往往施压越大，日益"内卷"的家庭氛围易导致家长焦虑化、孩子情绪化等问题，而家长又苦于没有途径及时获取相应家教知识，容易使亲子冲突加剧。三是破解阻碍家庭教育理念精准普及的难点。受文化程度、家庭背景等因素制约，仍有不少家庭尚未树立科学的家庭教育理念，抑或家庭教育需求与辖区内的家庭教育供给存在不对称的问题，导致家庭教育理念精准普及程度不高。四是破解家庭教育评价反馈机制不畅的难点。当前家庭教育的输出往往是单向性、普惠型居多，个性化需求和真实反馈性收集较难。"80后""90后"等因精力有限，更倾向于可以突破时空限制的、线上扁平式和集成式的高效服务。

（二）锚定家庭教育领域的三大目标，实现蝶变升级

一是积极构建和谐的家庭关系，降低问题发生率。坚持问题导向、目标导向和实效导向，尊重个体成长规律，针对全生命周期提供精准指导，降低问题家庭发生率。二是打造家教家风数据资源收集、学习、反馈闭环管理体系，提升家教家风服务精准化、规范化、科学化水平。围绕家教需求收集、在线学习查询、部门协同联动、评价积分奖励、数据精准研判和家长需求反馈等各方面工作，推动制度重塑和流程再造。三是高效回应社会对良好家庭教育的热切期待，提高群众的获得感和幸福感。对儿童成长期进行科学分类，突破时间空间的局限，积极回应家长诉求，提高广大家庭的获得感和幸福感。

（三）设定家庭教育在线四大功能，做优服务平台

一是"你点单，我服务"。家长可通过家教家风需求点单器提交知识需求，同时也可获得婚姻家庭在线调解服务。二是"你提问，我解答"。家长可通过家庭教育课程及咨询板块进行在线咨询。三是"你评价，我提升"。家长可对完成学习的课程进行星级评价，对每个课程实行星级展示。四是"你学习，我赋分"。系统自动对家长学完的课程进行赋分，积分可以自动累计（图1）。

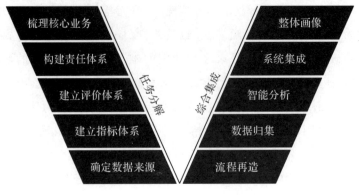

图1　家庭教育在线 V 字模型

三、家庭教育数字化改革的成效与经验

"家庭教育在线"应用着眼实用、管用，是在党中央对家庭家教家风工作的日趋重视下，基于浙江省尤其是台州市路桥区良好的家教实践基础而开发的家庭教育指导服务数字化应用系统，是对家风家教助力基层社会治理工作的有力探索。场景对应全省数字化改革重大应用"一本账 S1"数字社会系统的"浙里家·连心桥应用——家庭教育"小切口子场景（V 字模型详见图 1）。

（一）优化家庭教育指标体系

一是梳理核心业务。紧扣目标定位，构建"243"系统架构。"2"指"浙里办"和"浙政钉"两端运行。"4"指 4 个核心场景，即幸福家长学堂场景、特色学堂场景、亲职教育场景、互动场景。幸福家长学堂场景梳理了新婚启航、准爸准妈、0～3 岁婴幼儿期、3～6 岁幼儿期、小学阶段、初中阶段、高中阶段等人生个体成长的 7 个阶段，每个阶段分别设置 N 节课程；特色学堂场景设置了家风传承、父职教育、隔代教育、多孩教育等模块；亲职教育场景分服务端和治理端"两端"实现对家庭教育存在重大过失、过错或懈怠等严重问题的家庭依职权或依申请强制介入家庭教育指导；互动场景包含家教问题咨询答疑、婚姻矛盾在线调解和村（社）家庭教育帮帮团 3 个模块。"3"指形成家庭教育资源库、需求库及师资库。

二是构建责任体系。根据业务职能主体,确定牵头和协同单位。整体流程和内容的梳理由妇联牵头;家庭教育课程设置及在线咨询由教育部门牵头;新婚启航阶段,由民政部门牵头,妇联、教育、司法等部门协同;准爸准妈、0~3岁婴幼儿期由卫健部门牵头,妇联、教育部门协同;3~6岁幼儿期、小学阶段、初中阶段、高中阶段由教育部门牵头;家风传承由妇联牵头,纪委、宣传等部门协同;父职教育、隔代教育由妇联牵头,教育部门协同;亲职教育由妇联牵头,政法委、公检法司、团委、慈善、关工委等部门协同;婚姻矛盾在线调解由司法部门牵头,妇联协同。

三是建立评价反馈体系。建立星级反馈评价体系,用户对完成学习的课程进行星级评价,根据评价情况对每个课程进行赋星。设置"积分银行"系统,完成一课时学习并点击评价得3分,留言心得体会得6分,由系统自动统计计分。累计100分可获得区妇女儿童服务中心课程、线下亲子活动等优先体验权。通过大数据研判后推送的课程,按照此前对家长用户的标记,以短信形式向同类需求家长进行批量反馈。

四是形成指标体系。包括用户数据监测、家庭教育课程学习情况、咨询答疑、需求分析研判、满意度调查、用户活跃度监测亲职教育、帮帮团等10项一级指标,用户类型分析、各学校家长用户数据监测情况、课程学习情况分析、课程视频监测、热门家庭教育知识需求分析、亲职教育情况分析等14项二级指标,家长用户数、家长用户活跃度、课程点击率、完播率、复播率及课程满意度评价、积分情况、亲职教育服务对象等33项三级指标,用于评价家庭教育服务水平和精准收集家长需求。

五是确定数据来源。围绕核心业务和指标体系,确定实现目标功能定位的数据来源。在课程开发上,在线家庭教育课程视频或音频主要来源于教育部门,新婚起航阶段课程主要来源于司法部门,准爸准妈阶段课程主要来源于卫健部门,亲子关系、亲职教育课程主要来源于司法部门,亲职教育需求主要数据来源于公检法司及政法委基层四平台、妇联"四必访"平台。

(二)形成家庭教育综合集成

一是开展流程再造。按照"制度重塑、流程再造"的理念梳理形成5个环节,实现"前端需求收集—在线查询学习—在线答疑咨询—后台分析研判—精准批量反馈"的数字化家庭教育服务闭环。

二是加强数据归集。确定平台共享、手工导入、自动采集3种归集方式。依托台州网上家长学堂、路桥区数字家长学校、路桥区家庭教育微课堂资源系统、路桥区母子健康中心平台、浙江省人民调解大数据平台、浙江省婚姻登记管理系统、基层治理四平台等10个系统,通过自动化接口、数据定期交换等方式与各个系统共享资源。针对系统运行过程中的家长点击播放量、星级评价、在线咨询等数据形成自动采集,为优化家庭教育服务提供数据基础。

三是开展智能分析。通过后台大数据,对家长或孩子所处的人生阶段、课程点击播放量、家教家风课程需求等进行综合分析研判,形成家教家风"需求数据云图",提升精准服务水平。"需求数据云图"定期动态更新,作为路桥区以及台州市家庭教育工作需求研判分析、家长学校课程推送的重要数据参考。

四是实现系统集成。按照业务应用层、通信交互层、数据资源层、平台支撑层的整体架构进行系统集成。业务应用层包含用户需求收集、4个核心场景;通信交互层包含通信接入、协议转换、安全控制、服务鉴权等8大技术模块;数据资源层包含台州网上家长学堂、路桥区数字家长学校、路桥区家庭教育微课堂资源系统等各平台数据形成"学习资源云库";平台支撑层使用"浙里办"提供的统一身份认证等组件。

五是构建整体画像。根据不同的使用对象,建设数字驾驶舱、治理端和服务端"一舱两端"界面。其中,数字驾驶舱为决策层提供可视化的数据运行画像;治理端可供相关部门进行数据录入、管理等;服务端面向广大家长群众和家教讲师团、调解团队、律师团队等,可进行在线学习评价、在线咨询、在线答疑等。

(三)提升应用场景的实际成效和推广价值

一是突破时空限制,精准化满足家长对于家庭教育知识的渴求。当前,家长对于家庭教育知识的需求日益上升,"家庭教育在线"的服务对象不仅仅可以在路桥区、台州市推广,亦可以向全省、全国推广。只要下载并注册

"浙里办",各地家长都可以无偿使用家庭教育数据资源,实现数据资源的最大化使用。从现有数据来看,"家庭教育在线"服务端上架"浙里办"4个月,已推送"家庭教育在线"课程视频124个,服务端累计访问达到3.4万余次、访问人数达到4745人。台州市妇联联合市教育局已就应用推广发文,在台州市全面推广。

二是突破部门壁垒,协同化实现跨部门、跨地区的共建共享。"家庭教育在线"在台州市妇联、市教育局、市民政局的指导下,由路桥区妇联、区教育局、区委宣传部联建,卫健、司法、民政等部门通力合作,建立本土师资队伍,开发课程资源,将分散在各个系统平台的家庭教育资源、家庭问题咨询渠道进行整合归集,实现家庭教育课程"一点通",家庭教育问题"一站解",打造路桥家教家风全方位、全流程、可量化的服务体系。在市级层面推广后,全市优势家庭教育资源将进一步集聚。

三是突破单向局限,闭环式形成家庭教育的全流程互动和监测。"家庭教育在线"应用场景通过四大功能,形成"前端需求收集—在线查询学习—在线答疑咨询—后台分析研判—精准批量反馈"的服务闭环。在场景设计上,前端层级少,门类清晰,简洁明了,"按需选修+点单+咨询+评价"的操作性更强、体验感更好,并配合积分奖励,为整体推进提供有效支撑。

此应用已纳入台州市数字群团改革、台州市"益童护"项目应用建设,作为台州市妇联数字化改革推进党政机关整体智治试点项目在全市推广,并在全省妇联系统数字化改革应用路演活动上进行汇报展示。在数字赋能的加持下,路桥区家庭教育工作实现了线上线下的全域提升,家庭教育指导服务被列为2021年浙江省实施妇女儿童发展规划示范项目,被评为台州市市域社会治理现代化A类项目。项目自启动以来,为父母"依法带娃"提供了支撑,有效破解了科学家庭教育理念普及难、服务需求精准匹配难等问题,推动了家庭教育工作方式方法改革,提升了家庭教育工作的精准化、规范化、科学化水平。

家庭教育指导中的 PBL 模式探索

刘　琳[*]

摘　要:家庭教育是一项复杂、长期的系统工程。家庭教育指导是为提高家长的家庭教育素养而提供的专业性支持服务和引导,意在帮助家长掌握必备的家庭教育知识以及解决家庭教育问题的能力。PBL模式在家庭教育指导中的应用,以家庭教育问题为基础,以家长为主体,有助于家长掌握科学的家庭教育方法,提高家庭教育能力,增强家庭教育效果。

关键词:家庭教育指导;PBL;探索

2021年7月,中共中央办公厅、国务院办公厅印发了《关于进一步减轻义务教育阶段学生作业负担和校外培训负担的意见》,并发出通知,要求各地区各部门结合实际认真贯彻落实。"双减"政策的目的是激发学生的兴趣,提高学生的素质,促进学生德、智、体、美、劳全面发展。"双减"政策也对有效地开展家庭教育指导提出了新的要求。"天下之本在国,国之本在家","家事"即"国事"。2021年10月23日,十三届全国人大常委会第三十一次会议通过了新制定的《中华人民共和国家庭教育促进法》(以下简称《家庭教育促进法》),这是我国首次就家庭教育进行专门立法,2022年1月1日起施行。《家庭教育促进法》指出:"本法所称家庭教育,是指父母或者其他监护人为促进未成年人全面健康成长,对其实施的道德品质、身体素质、生活技能、文化修养、行为习惯等方面的培育、引导和影响。"未成年人的父母或者其他监护人

---

* 刘琳,泰山学院教师教育学院讲师,研究方向为儿童心理发展与家庭教育心理学。

应当与中小学校、幼儿园、婴幼儿照护服务机构、社区密切配合,积极参加为其提供的家庭教育指导和实践活动,共同促进未成年人健康成长。

一、家庭教育指导与PBL

政府、学校和社会一直积极拓展家庭教育指导的平台。例如,社区教育协会、社区教育志愿者服务站、学生成长助教团、教师家庭教育助教团、家长助教团、家委会交流会、家长沙龙、家长课堂、定期举行的学校开放日等各种平台和载体,都致力于更好地引导学校和家长有效沟通,形成教育合力,携手共育。政府、学校和社会也一直在积极努力探讨家庭教育指导的各种有效途径,携手共促孩子的身心健康发展。

(一)家庭教育指导

家庭教育指导是指为提高家长的家庭教育素养而提供的专业性支持服务和引导。家庭教育指导通过教育学、心理学和社会学等学科知识的综合运用,帮助家庭在亲子关系、婚姻关系等关系中建立良好的家庭环境和氛围,帮助孩子养成良好的生活习惯、学习习惯、道德品质等,培养孩子的责任感和独立性,帮助家庭和孩子走向幸福。

家庭教育指导的宗旨是向家长普及家庭教育和儿童身心发展的知识,引导家长树立家庭教育新观念,掌握家庭教育新方法,提升家庭教育新技能。家庭教育指导应根据家长的需求,传授家庭教育理念、知识和方法,帮助家长掌握科学的家庭教育方法,提高家庭教育的能力。

(二)PBL

PBL(Problem-Based Learning)即问题式学习。PBL主要包括6个基本要素:以问题为学习的起点;问题是学习者可能遇到或者正在遭遇的问题;偏重小组合作学习和自主学习;以学习者为中心,学习者必须担负起学习的责任;指导者的角色是指导认知学习技巧的教练;在每一个问题解决和每一个专题结束时要进行自我评价和小组评价。

PBL的理论依据主要是建构主义。建构主义学习理论强调学习的主动性、社会性和情境性，对学习者提出了许多新的要求。家庭教育指导中PBL模式的应用，是通过家庭教育问题真实情景的展示，通过家长探究和小组合作相结合的方式解决家庭教育中的问题，提高家长发现家庭教育问题、分析家庭教育问题和解决家庭教育问题的能力。PBL模式在家庭教育指导中的应用，符合《家庭教育促进法》对提升家长家庭教育能力的要求，有利于更好地促进家庭教育问题的解决，提高家长与学生自主学习和终身学习的能力。

二、PBL在家庭教育指导中的应用

在家庭教育指导中应用PBL模式，有助于引导家长由被动解决家庭教育问题转为主动学习家庭教育知识，引导家长及时发现家庭教育问题，提升解决家庭教育中实际问题的综合能力。PBL在家庭教育指导中的应用包括确定目标、设计问题、组建小组、探究交流和评价与反思等基本环节。

（一）确定目标

家庭教育指导的目标包括家庭教育信念与责任、家庭教育知识与能力和家庭教育实践与体验3个方面。根据家庭教育指导的目标，明确基于PBL的家庭教育指导目标，包括知识目标、技能目标和素质目标。知识目标是指应该掌握的家庭教育指导基本知识；技能目标是指能够运用家庭教育相关知识解决家庭教育中的问题；素质目标是指家长在家庭教育中获得学习体验和自我成长。

在辅导孩子作业的过程中，作业拖沓是家庭教育指导中常见的问题。有调查研究显示，作业拖沓的原因之一是注意分散。学业不良的孩子，大多存在注意分散问题。在针对注意分散问题进行指导时，知识目标是引导家长掌握有关注意分散的基本知识。注意就像一扇门，凡是进入心灵的东西，都必须通过那扇门，注意分散，即分心，是指由于受到无关刺激的干扰，注意不自觉地离开了需要注意的对象，转移到了无关活动上，这会对完成当前的活动任务产生消极的影响。技能目标是家长能运用注意分散产生的原因和有针对性的方法,帮助孩子减少分心。例如,引导孩子养成良好的生活和学习习惯,用心观察注意的表现,排除无关刺激的干扰,等等。素质目标是指家长在掌握和运用注意分散知识过程中获得学习体验和自我成长。家长在学习和了解注意分散的知识过程中,就会认识到父母的言行会对孩子产生无意识影响,意识到对孩子的教育引导的过程,也是家长自我成长的过程,就会反思怎样更好地做好言传身教。

家庭教育指导的目标采用行为目标陈述方式。行为目标陈述至少需满足2个条件:学习者在学习后出现的行为表现和规定行为产生的条件。学习者在学习后出现的行为表现即家长在基于PBL的家庭教育指导之后能做什么;规定行为产生的条件即提供基于家庭教育内容的问题情境。最终目的是在基于PBL模式的家庭教育指导之后,家长能够学以致用,有效解决家庭教育问题。按照家庭教育指导的目标把家庭教育指导的内容分成专题,围绕专题设计问题,依据家庭教育指导所需要的知识和技能,设定具体目标和行动计划。

(二)设计问题

PBL在家庭教育指导中的应用的第二个环节是基于家庭教育内容及家庭教育实际需求设计问题。PBL理念强调问题是学习的起点,也是选择知识的依据。家庭教育指导过程中应"先问题,后内容"。通过创设家庭教育问题情境,可引发家长的兴趣和思考。

将家庭教育指导的内容分成专题,围绕专题设计问题。家庭教育指导中设计的问题是根据家庭教育中的实际问题、孩子的身心发展水平、家庭教育包含的内容等方面设计的。具体包括:家庭教育自身内容存在的问题、家长在家庭教育中发现的需要解决的实际问题、孩子在自身的成长中遇到的问题、政府、学校等在家庭教育指导中随时发现的问题。例如,不同年龄阶段孩子的家庭教育问题,不良亲子关系的改善,写作业拖沓问题,学习策略不得当问题,等等。总之,家庭教育指导中的问题设计要考虑家庭教育问题的真实性,以孩子的身心发展状态和家长的实际需求为基础。

(三)组建小组

家庭教育指导有家委会交流、家长沙龙、家长课堂、定期举行的学校开放日等各种平台和载体。可以将参与的家长分组,每组由 4~5 名家长组成。按"组内异质,组间同质"的原则,根据家庭教育中面临的共同问题以及家长现阶段对孩子的不同关注点组建小组。例如,可以依据孩子写作业拖沓问题、人际交往问题、学习动机不足问题等不同关注点进行分组。组长可自荐,然后由组内民主表决最终产生。确定组长后,建立小组交流群,搭建组内交流平台。

各小组分工合作,确定小组内每个家长具体的家庭教育任务和所要达到的目标。组内成员按照分工,依据相关的家庭教育问题查阅资料,收集、分析和整理解决问题所需的相关理论和方法策略。例如,针对写作业拖沓问题,组内成员分别寻找和作业拖沓相关的各种问题尤其是注意分散问题有关的家庭教育指导理论,分析产生问题的原因,并在集思广益、综合分析的基础上提出具体可行的解决方法。

(四)探究交流

探究交流是 PBL 在家庭教育指导中应用的核心环节。在这一阶段,基于家庭教育指导内容及家长在家庭教育中的实际需求设计问题,各小组通过充分讨论,探究解决方案。最后各小组整合探究成果,供所有家长共享。

在探究交流环节,家庭教育指导者和组织者要引导家长总结在解决家庭教育问题过程中的收获,同时要对不同的家庭教育内容和方式进行点评,引导家长反思在解决家庭教育问题过程中存在的不足。遇到棘手的家庭教育问题,可及时向家庭教育指导者或家庭教育专家请教。

(五)评价与反思

在每次专题活动之后,家庭教育指导者和家长沟通教学效果,进行评价与反思,及时调整活动重点。根据在家庭教育指导活动中发挥的不同作用,评价方式可分为诊断性评价、形成性评价和总结性评价 3 种类型。基于 PBL 的评价方式,采用家长自评、家长互评和家庭教育指导者评价相结合的方式,以形成性评价为主、总结性评价为辅。

形成性评价是在家庭教育指导过程中为了解家庭教育的情况和及时发现家庭教育中的问题而进行的评价。形成性评价可以及时发现PBL在家庭教育指导应用中存在的问题,及时修改或调整方案,提升家长在家庭教育中的自我效能感和成就感,以期获得更加有效的家庭教育效果。

总结性评价是在应用PBL进行家庭教育指导之后,为了解家庭教育指导的最终效果而进行的评价。总结性评价主要采用考核、调查等方式进行,以检验家长的家庭教育能力是否最终达到了家庭教育指导的目标和初衷。例如,是否有效地引导并帮助孩子解决了写作业拖沓的问题,是否学会了积极人际交往的方法,是否激发了孩子的学习动机并取得了成效。

三、应用PBL教学法需要注意的问题

PBL突出"家庭教育的内容是灵魂,家长是主体,指导是关键"的理念。与此相关,家庭教育指导中的PBL模式有家庭教育问题、家长和指导者三大要素。家庭教育指导中的PBL应用需要注意的问题主要针对以下3个方面。

(一)家庭教育问题的创设

问题是指个体面临的一个不易达到的目标或困难情境,根据其明确度,可以分为界定清晰的问题和界定含糊的问题。界定清晰的问题是指初始状态、目标状态以及由初始状态到目标状态的通路都很清楚的问题。例如,已知 A>B,B>C,问 A 与 C 谁大? 界定含糊的问题是指初始状态和目标状态两者至少有一方面没有明确说明的问题,这样的问题有很大的不确定性。例如,怎样才能提升家长的家庭教育能力? 家庭教育指导中设计的家庭教育问题要以界定含糊的问题为主、界定清晰的问题为辅,积极寻求解决家庭教育问题的多种可行的途径。家庭教育中问题情境的创设要突出家庭教育指导内容的重点难点,基于孩子的身心发展阶段和发展水平,并且与家庭教育实践密切结合,具有一定的实用性。

绝大多数家庭教育问题是界定含糊的问题,没有固定的解决方法和过程,需要考虑每个孩子的不同个性特点,找到切实可行的解决方法。例如,同样是注意分散问题,有的孩子是因为生活作息不规律,有时不午睡,或者晚上晚睡,或因其他事情扰乱了生活规律,导致身心疲劳,造成学习时的注意分散。针对这种情况,父母应该帮助孩子制定严格合理的作息制度,让孩子可以精力充沛地投入学习,同时,在学习过程中设定合理的休息间隔并严格执行,减少疲劳对学习的影响。有的孩子注意分散是因为房间布置过于花哨,墙壁上张贴着各种海报或者装饰物,书桌上摆放着小摆件、卡通削笔刀、折纸、蜡笔、课外读物等琳琅满目的物品,让人感到眼花缭乱。这种情况下,父母就要提醒和帮助孩子把房间和书桌尽量布置得简单整洁,将平时使用频率不高的或者不需要的一些物品归置收纳好,尽量减少无关物品对注意力的干扰。

因此,在家庭教育问题的创设下,寻求和借鉴不同的解决家庭教育实际问题的方式,以达到家庭教育指导提升家长家庭教育能力的初衷。在总结评价时,也要具体问题具体分析,因材施教,以有效解决家庭教育问题为目标。

(二)关注家长主体

家庭教育指导中PBL的应用要关注家长的主体地位,强调家长不仅是家庭教育知识的学习者,更是家庭教育问题有效解决的探究者。家庭教育指导者只能为家长提供某种思考方式和解决方法,只能帮助家长成长,而不能代替家长成长。因为真正了解孩子并且最容易对孩子产生影响的还是家长,需要充分发挥家长在家庭教育问题解决过程中的主体作用。

PBL在家庭教育指导中的应用包括确定目标、设计问题、组建小组、探究交流和评价与反思等基本环节。在确定目标这个环节,要明确家长家庭教育指导内容的学习目标,包括知识目标、技能目标、素质目标。在设计问题环节,问题情境的设计应考虑家长的受教育水平、家长已有的教育理念和家长在教育孩子过程中出现的问题和困惑。在组建小组环节,依据家长面对的家庭教育问题类别等进行分组,以进行有针对性的指导。在探究交流环节,让家长充分表达自己的观点和建议,一起交流和学习。在评价与反思这个环节,保证家长自评、家长互评和家庭教育指导者评价相结合的有效实施。所有环节都要确保在家庭教育指导中以家长为主体,使家长获得解决家庭教育问题的实际能力。

(三)指导者的角色定位

《家庭教育促进法》提出:家庭教育指导服务纳入教师业务培训,帮助家长掌握科学的家庭教育方法,提高家庭教育的能力;中小学校、幼儿园要将家庭教育指导服务纳入工作计划,作为教师业务培训的内容,定期组织公益性家庭教育指导服务和实践活动;具备条件的中小学校、幼儿园要为开展公益性家庭教育指导服务活动提供支持;中小学校、幼儿园应当根据家长的需求,邀请有关人员传授家庭教育理念、知识和方法,组织开展家庭教育指导服务和实践活动,促进家庭与学校共同教育。

在家庭教育指导中应用PBL模式,指导者的角色定位要清晰。家庭教育的指导者是家长学习家庭教育知识的策划者、组织者、咨询者、点评者、监督者和鼓励者。家庭教育指导中的指导者可能是中小学校、幼儿园教师或者学校的管理者、专家等。PBL的理论依据主要是建构主义,PBL在家庭教育指导中的指导者角色和建构主义学习理论中关于指导者的角色一致。在家庭教育指导中,指导者应从关注如何教给家长家庭教育的知识,转移到如何促进家长主动学习家庭教育知识上来,即指导者如何为家长提供引导和支持。

四、结　语

如何科学有效地开展家庭教育指导,这一直是政府、学校、家庭和社会共同关注的问题。在家庭教育指导中使用PBL模式,可以促使家长围绕问题不断进行思考,让孤立的家庭教育的知识碎片化作整体知识链,让家长能触类旁通,学以致用,这符合"双减"背景下《家庭教育促进法》提出的有效开展家庭教育指导的要求。基于PBL模式有效地开展家庭教育指导,有利于把家庭教育中的问题前置化,使家庭教育的途径更加通畅,促进孩子的身心健康发展。

浙江省学龄前儿童阅读状况的调查与思考

浙江省妇联家庭和儿童工作部　浙江省家庭教育指导中心

摘　要: 近年来,浙江省妇联在全省深入开展"书香飘万家"家庭亲子阅读活动。为了解学龄前儿童阅读现状,课题组对浙江省10个县(市、区)进行抽样问卷调查。本文主要对问卷调查结果进行研究梳理,并提出相应对策建议。当前浙江省学龄前儿童阅读总体状况较好,儿童阅读起始时间、阅读喜爱度、阅读率、阅读量、阅读时长和家庭藏书量等有显著提升,应该发挥社会、妇联、家庭等多方力量,进一步推进学龄前儿童阅读。

关键词: 学龄前儿童;阅读状况;调查;对策建议

一、调研背景

党的十八大以来,全民阅读逐渐上升为国家文化战略。自2006年国家11个部委发出全民阅读倡议,到2016年国家新闻出版广电总局发布《全民阅读"十三五"时期发展规划》,再到2020年中宣部印发《关于促进全民阅读工作的意见》,初步实现了国家层面的顶层布局。浙江省委省政府高度重视阅读在社会主义精神文明建设中的重要作用,于2017年印发《关于加快推进全民阅读建设书香浙江的意见》,将开展全民阅读作为推进文化浙江建设的重要内容。2019年,全国妇联启动"家家幸福安康工程",将"书香飘万家"亲子阅读活动列入"家庭文明创建行动"中。

浙江省妇联积极响应全国妇联号召,在全省深入开展"书香飘万家"家庭亲子阅读活动,联合浙江省新闻出版广电局下发《关于深入开展"亲子共读书香润浙"全省家庭亲子阅读活动的通知》,将家庭亲子阅读活动与培育和践行社会主义核心价值观、促进形成社会主义文明新风尚紧密结合起来,推动亲子阅读活动成为开展家庭教育指导、推动家庭文明建设的日常性工作,积极引导儿童从小养成良好的阅读习惯,促进父母与孩子共同成长,推动在家庭中形成好的氛围、好的风气,用实际行动把习近平总书记关于家庭家教家风的一系列重要论述落到实处,为浙江省新时代家庭工作和改革发展稳定增添新活力。

为了解掌握当前浙江省学龄前儿童阅读状况,探索学龄前儿童阅读与家庭教育、家庭文明建设相结合的有效路径,在浙江省妇联的指导下,本课题组从阅读现状、阅读认知、阅读需求、阅读环境等方面对浙江省学龄前儿童阅读的基本情况开展调查研究。

二、调研方法与过程

本次调研采取问卷调查的方式。调查问卷由3部分构成,共33题。第一部分是家长的基本资料,包括受教育程度、经济收入等;第二部分是孩子的基本情况,包括孩子的性别、年龄、入托入园情况等;第三部分是孩子的阅读情况,涉及孩子的纸质阅读、数字阅读情况,对阅读的认知及偏好,以及家庭、幼儿园对学龄前儿童阅读的影响等多方面因素。

问卷调查采用抽样调查的方法。抽样范围为浙江省10个县(市、区)的学龄前儿童家长,即杭州市上城区、拱墅区、余杭区、建德市,金华市金东区、婺城区、武义县,台州市温岭市、玉环市、天台县。抽样调查分为幼儿园和社区两个场景。在每个县(市、区)抽取2个城区幼儿园和1个农村幼儿园,每个幼儿园抽取大班、中班、小班、小小班各一个班的家长填写问卷;在每个县(市、区)抽取2个城市社区和1个农村社区,每个社区抽取不少于20名3岁以下儿童的家长填写问卷。调研工作于2021年1月正式启动,3月开展问卷发放和回收,回收有效问卷5142份。

三、研究结果

(一)学龄前儿童阅读起始时间与阅读偏好

1. 儿童开始阅读的时间越来越早

27.0%的孩子在1岁以前就已经开始阅读,36.7%的孩子在1~2岁时开始阅读,20.7%的孩子在2~3岁时开始阅读,只有1.5%的孩子未在学前进行阅读。

2. 儿童喜欢阅读的比例较高

学龄前儿童非常喜欢阅读的占26.9%,比较喜欢阅读的占47.6%,两者合计占74.5%,不太喜欢阅读和非常不喜欢阅读的分别占8.2%和0.3%,两者合计仅占8.5%。

3. 学龄前儿童最喜欢的阅读方式是亲子共读

"家长读给孩子听"是学龄前儿童最喜欢的阅读方式,占72.9%;"家长陪孩子一起读"的占63.3%;"自己阅读"的占35.2%。

4. 学龄前儿童最喜欢的阅读媒介是纸质图书

大部分学龄前儿童喜欢纸质图书,占81.4%;听书(有声阅读)、手机和平板电脑阅读的分别占48.4%、38.0%和32.3%。通过交叉分析发现,数字阅读媒介对学龄前儿童阅读的影响越来越大。2岁及以下儿童喜欢数字化阅读媒介的占比为54.5%,其中,18.0%喜欢听书(有声阅读),36.5%喜欢手机、平板电脑、电子阅读器和电脑等电子屏幕类的阅读媒介。

5. 学龄前儿童最喜欢的图书类型是绘本

喜欢绘本的儿童占76.6%;喜欢童话儿歌类图书的儿童占53.6%;喜欢游戏益智类图书的儿童占43.3%;喜欢低幼启蒙、挂图卡片和漫画/卡通类图书的儿童分别占37.2%、37.2%和33.9%。

6. 亲子共读意识逐渐提高

76.4%的家长认为影响孩子阅读的原因是"家长没时间陪读或关心阅读",48.0%的家长则认为是"缺乏读书氛围"。可见,家长具备了一定的亲子共读意识,认识到家长陪伴阅读和家庭阅读氛围对学龄前儿童阅读的重要性。

（二）学龄前儿童纸质阅读与购买状况

1. 阅读图书的主要来源是家长购买

93.7%的家长将自行购买图书作为孩子阅读的主要来源；在幼儿园或早教机构阅读的占36.8%；他人赠送的占20.1%；在书店或绘本馆阅读和图书馆借阅的占比分别为17.4%和16.1%。

2. 家长为孩子购买图书的主要渠道是网络书店

79.5%的家长选择通过网络书店为孩子购买图书；44.3%的家长选择在新华书店购书；17.3%的家长选择在超市或商场购书。

3. 家长为孩子购买图书的主要原则是孩子喜欢与否

51.5%的家长选择"孩子喜欢的就买"；49.3%的家长选择"老师/朋友推荐的就买"；39.0%的家长"会和孩子商量买什么好"；36.4%的家长选择"认为重要，对孩子有用的就买，不管孩子喜不喜欢"。

4. 拥有儿童类图书藏书的家庭比较普遍

47.9%的家庭中儿童类图书的藏书量在21～100本之间，45.2%的家庭超过50本，仅1.4%的家庭1本也没有。

（三）学龄前儿童数字阅读状况

1. 数字化阅读日益普遍

随着电子信息技术的快速发展，数字阅读媒介对学龄前儿童阅读的影响越来越大。62.8%的学龄前儿童采用数字化阅读方式，数字化阅读媒介排在前三位的是手机、平板电脑和电子阅读器，分别占38.5%、36.0%和11.6%。

2. 有声阅读被广泛接受

有声阅读能够解决学龄前儿童不识字或识字少等问题，且更加生动形象，被越来越多的家长所接受，学龄前儿童的有声阅读接触率达77.7%。有声阅读的介质呈现多样化，移动有声App、有声阅读器、语音读书机和微信语音推送最受家长青睐。

3. 数字化阅读或有声阅读较普遍

59.5%的学龄前儿童平均每天花0～30分钟进行数字化阅读或有声阅读；2.8%的阅读时间在1小时以上；19.4%的没有花任何时间。

(四)家长对孩子阅读的影响

1. 家长越来越认同早期阅读

随着时代的发展和教育理念的更新,越来越多的家长认识到了儿童早期阅读的重要性。97.6%的家长对儿童早期阅读持赞成态度;75.5%的家长非常赞成;仅0.2%的家长持反对态度。

2. 家长以培养阅读兴趣为早期阅读的主要目的

家长引导孩子进行阅读的目的,第一是"培养孩子的阅读兴趣"(占83.5%),第二是"帮助孩子认识各种事物"(占83.0%),第三是"开发智力、培养学习能力"(占68.8%),第四是"帮助孩子识字、学数"(占61.4%),第五是"让孩子娱乐放松"(占40.0%)。

3. 家长平均每天陪伴孩子阅读的时长有保证

学龄前儿童受年龄限制,自主阅读能力较弱,需要依靠家长帮助与指导,因此家长陪伴尤为重要。93.5%的家长会每天陪伴孩子阅读,陪伴阅读时间在10分钟以上的家长占59.4%,在11~30分钟的占46.5%。

4. 家长在亲子共读时注重方法策略

57.8%的家长会在朗读文字的同时指点文字;57.4%的家长会在朗读文字的同时指点画面;57.5%的家长会和孩子讨论书中的内容;49.7%的家长会向孩子提问。

5. 家长会经常带孩子去书店、图书馆或绘本馆

68.4%的家长带孩子去过书店、图书馆或绘本馆,其中22.5%的家长至少1个月会带孩子去1次。

6. 家长推荐的图书以外国图书为主

学龄前儿童家长选出的最值得推荐给0~6岁孩子阅读的3本(套)图书中,绘本《猜猜我有多爱你》《大卫,不可以》和《十万个为什么》排名前三。排名前十的图书中只有4本是中国本土图书,分别是《十万个为什么》《唐诗300首》《西游记》和《三字经》。

（五）幼儿园及相关机构对学龄前儿童阅读的影响

1. 幼儿园或早教机构的阅读设施基本齐全

81.5%的受访者表示孩子所在的教育机构有图书馆、图书角，仅3.2%的受访者明确表示没有。

2. 居住地附近公共阅读设施不足，使用率不高

42.0%的受访者表示居住地附近没有公共图书馆、社区阅览室、农家书屋等阅读设施。在公共阅读资源的使用上，家长的参与度也有待提升，只有5.7%的受访者会经常去，偶尔去的占31.1%，从来没去过的占14.5%。

3. 所在地各类阅读活动的知晓及参与情况不尽如人意

52.4%的受访者表示没有听说过当地有举办读书节或读书活动。听说过的受访者中从来没有参加过的占26.2%，偶尔参加的占12.4%，仅有1.5%经常参加。

四、推进学龄前儿童阅读的对策建议

（一）加大对儿童早期阅读发展的支持力度

浙江省儿童早期阅读状况逐年好转，但与发达国家相比，仍然有较大差距。首先，可以借鉴美国"从出生就阅读（Born to Read）"计划、英国"阅读起步走（Bookstart）"计划的成功经验，出台相应的政策法规，制订实施儿童早期阅读发展规划。其次，可以加大社区（村）公共阅读设施建设，保证学龄前儿童家庭的周边有公共阅读设施，使早期阅读活动更方便、快捷。再次，利用党群服务中心、文化礼堂、社区阅览室、农家书屋等场地，扩大儿童早期阅读服务覆盖面。另外，还可以发挥省内各类公共图书馆的优势，定期向社区（村）的儿童阅读阵地派送图书，丰富儿童早期阅读资源。

（二）扩大妇联亲子阅读活动的社会覆盖面

一是吸引多元社会群体参与，各地妇联可以将家庭亲子阅读活动与家庭教育、家庭建设、未成年人保护、社会组织发展等多项工作相结合，与巾帼

志愿服务、女性社会组织孵化和培育有机结合,通过阵地服务、家校社联合、借助新媒体平台等多种传播形式,将阅读方法和体验服务送到儿童家庭身边。各地妇联可以通过链接社会力量,以志愿服务等形式,努力增加阅读产品供给、改善服务环境,使儿童家庭能够获得便利、可及的图书借阅和阅读指导。此外,要因地制宜用好妇女儿童综合服务驿站、家庭教育指导服务站、文化站、流动书屋等,就近打造儿童友好的阅读环境。二是运用社会化招募、集中化培训、项目化运作的方式,引入儿童阅读专业社会组织,大力培育亲子阅读志愿者,在社区、幼儿园、医院、学校等地大力发展亲子阅读推广基地,以及招募巾帼志愿者、寒暑假回乡大学生等参与管理,努力为儿童家庭提供就近、便利的阅读指导服务,逐步形成"基地/阵地—社区—学校—公共服务场所"的服务网络。

(三)发挥家长参与亲子阅读的主体作用

一方面,家长要营造良好的家庭阅读环境。家长应关注孩子思想情感、行为习惯和兴趣爱好的引导和培养,根据孩子年龄阶段的特点,创设适宜的阅读环境,配备与孩子身高相适宜的书桌和适合取放的书架,加大对家庭儿童类藏书的投入,增加家庭藏书量。经常带孩子去书店、图书馆、绘本馆等购书、看书、借书,体验良好的阅读氛围,积极参加各类亲子阅读活动,提高孩子的阅读积极性。另一方面,家长要学习掌握亲子阅读的方法和技巧,根据孩子身心发展特点和认知能力水平,挑选合适的阅读材料,运用科学的阅读指导策略。保证每天有充分的陪伴阅读时间,多使用正向积极的方式鼓励和引导孩子。家长要以身作则,成为孩子阅读习惯养成的示范者,营造良好的家庭阅读氛围。在进行数字化阅读时,要从保护儿童视力和身心健康发展的角度出发,尽量不让2岁以下儿童接触任何电子屏幕,严格限制2岁以上儿童接触电子屏幕的时间。

家校合作制度化困境及破解路径

周 奇 陈 旭[*]

摘 要："双减"政策背景下，家校合作再次引起关注。鉴于家校合作在教育改革、家校合作关系、家长参与度、学校投入等方面的重要性，其有效持续运作更需相关制度的保障。在现实教育环境中，我国家校合作由传统之路转化为制度化道路尚处于探索阶段，面临诸多现实困境与问题矛盾。结合当前家校合作制度化进程中所存在的诸如国家层面法律缺失、组织架构不合理、实效性不强等问题，力争探寻有效破解路径，以期从法律、组织、文化、实践、权利义务等方面实现家校合作制度化的全新突破，使家校合作制度化步入良性发展轨道，助力孩子更好成长。

关键词：家校合作；制度化；社会共育

2021年7月24日，中共中央办公厅、国务院办公厅印发《关于进一步减轻义务教育阶段学生作业负担和校外培训负担的意见》，其中第21条提出："完善家校社协同机制。进一步明晰家校育人责任，密切家校沟通，创新协同方式，推进协同育人共同体建设。"在此政策背景下，家校合作再次引起关注。对于家庭、学校乃至社会来说，如何形成教育合力，落实立德树人根本任务，培养新时代德智体美劳全面发展的时代新人，既是挑战，也是机遇。

家校合作是指家长、学校在教育子女、辅导学生的过程中在理念、意识、

---

* 周奇，温州大学教育学院副教授，研究方向为家庭教育和教师教育。陈旭，温州市城南小学高级教师，研究方向为家庭教育和班级德育。

行动等方面采取一致立场,共促孩子成长成才。学生的成长成才需多方力量共同作用才能获得更大成功,不同的责任主体承担着不同职责,因此,家长和学校需要开展通力合作。制度是家校合作有序运行的保障,对家校合作的组织架构、主体责任、合作规则等均有规范及推进作用。相对于发达国家而言,我国家校合作制度化进程较为缓慢,受传统文化观念、行政管理机制等影响,存在形式化、学校单方面主导、文化差异性突出等问题。因此,有必要厘清当前家校合作制度化存在的困难,并尝试从全新角度思考家校合作困境的破解路径,打造"双减"背景下家校合作社会共育的良好生态环境,促进学生全面发展。

一、家校合作制度化的实践意义

家校合作涉及家庭及学校两大教育主体,并间接影响其他社会主体,可见家校合作的重要性及发展潜力。家校合作持续发展需遵循一定的规则,才能保障其时间上的持续性、成效上的提升度。制度化可为家校合作提供遵循依据,制度的执行还可获取实践经验及指导价值,为完善家校合作提供坚实基础及改进方法。因此,家校合作制度化对家庭参与、学校管理、社会共育等均有重大意义。

（一）家校合作制度化促进社会共育体系的建立

在传统的家校关系中,家校双方均有各自的行动立场及职责范围,默契地开展各自的育人工作,避免了矛盾纠纷的发生。而家校合作涉及多场域、多主体,利益关系容易交织,行动边界和传统的固化立场均存在超界越线的可能,造成家校合作的困难和复杂化。加强家校合作的制度化建设,不仅可以更好地促使家校双方履行职责,还能使双方开展有秩序有规范的合作项目,保障家校合作成效,从而让多方主体能够在有章可循的范围内进行更密切的合作交往,营造多方主体和谐育人、共促学生成长的环境。拥有相对稳固的制度环境,对于建设社会共育的现代化教育体系有着极大意义,利用整个社会环境的合作氛围,方便构建学校、家庭、社会、国家多位结合、多元多领域的综合育人体系。因此,通过对家校合作范围、内容、程度等多方面进行制度化规范,可吸纳更多教育主体助力学生成长成才。

(二)家校合作制度化有利于形成新的利益共同体

家校合作制度化,可以说是教育领域跨界行动的深入推进及持续改革的产物。家庭及学校在跨界行动中主动接受合作理念,达成行动共识,使跨界行动获得成效,育人工作取得提升。在家校合作的跨界行动中,对相关教育主体行为边界的认识经历由清晰到模糊,再到重构建立新的边界认知的过程。而伴随行动边界认知的利益分配问题也随之发生转变及调整,传统的利益分配模式被打破,多方教育主体利益开始进入冲突重叠的磨合阶段,并随家校合作制度化的发展,确立新的利益关系,开展新的利益分配模式,形成新的利益共同体。家校合作制度化的发展,可帮助相关利益主体重新确定育人目标、实现利益的再分配,逐步建立更符合当前教育改革模式的利益共同体,实现各自利益的最大化,进一步提升教育协同创新能力,助力学生的全方位、多元化成长。

(三)家校合作制度化有助于统筹参与主体间关系

家长、学校在家校合作过程中存在着利益与立场的明显差异化,家长倾向于参加学生在家进行的教育行为过程,并偏向于自身作为行动主导者,而学校更热衷于学生在校的行为或活动,并由学校作为主导者开展教育教学。二者对于学生教育教学过程的参与存在明显差异,而协调二者之间的关系,单靠约定俗成或默认的行为许可是无法长时间持续地促进学生全面发展的。随着育人工作的全面深化,家长与学校的交往呈现出加速状态,只有推进家校合作的制度化建设,才能减少家校双方的差异性摩擦,并通过制度约束力及规范性从宏观层面调和双方的合作关系,同时进一步统筹其他参与主体,实现各参与主体关系的和谐化、均衡化,实现多元共生共存共赢的局面。家校合作制度化的推进,可帮助家长及社会更好地支持学校工作,也可助力学校引导家长、社会积极共育学生,有利于各方在和谐关系中加强合作,促进教育均衡发展。

(四)家校合作制度化规范家校主体的合作模式

家校合作涉及家庭及社会其他阶层主体的参与,过程充满复杂性、多层性,远远不是教育部门单方面可以协调的,更不可依赖学校主体获得长远发展,因此家校合作尤其需要国家及政府从全局的、法律的层面支持推进家校合作的制度化建设,将家长、学校、培训机构、社会组织等多方主体共同纳入制度化管理,通过制度化明确家长及其他社会主体参与学校相关政策、行动、计划、教学活动的权利与责任等规范性要求,使相关参与主体可在法律规定及约束的范围内适时、适量、适度开展教育行为,并通过制度化管理确保家长、学校以及其他教育主体间的合作路径有法可依、有规可循、有效可成。在推进家校合作制度化的同时,可使制度化作用于每一类教育主体,规范和引导家校主体育人行为,强化家长及学校的合作意识及执行力度,让家校合作运行更为长远、有序。

(五)家校合作制度化助推家校共育文化的传承

制度是以规则或运作模式规范个体行为的一种社会结构,而制度化则是群体和组织的社会生活从不固定的特殊方式向被普遍认可的规范化、有序化模式转化的过程。家校合作的制度化推进需得到公众、学生、家长、学校等群体的认可并达成理念上的共识,保证制度化的有序、规范运作,并以制度化的硬性约束方式来规范和制约家校合作主体行为。而家校合作制度化程度的提升,也可反过来加深各参与主体的思想认知共识程度,延长家长及学校的共识认知时长,扭转各自为营的育人模式,确立家校合作共育的文化内涵,从而在制度化进程中逐渐实现合作共育的文化传承,由思想到行动协同一致,形成家校合作的共治文化。家校合作的制度化发展所构建的规范化、有序化氛围正是家校合作共育文化形成并发扬的重要环境基础。

二、家校合作制度化面临的现实困境

从总体来看,我国家校合作尚处于起步阶段。家校合作的制度化推进不但处于理论和实践脱节状态,而且面临相关法令供给缺位、文化认同存疑、制度执行不力、各执行主体利益分配不均等问题,影响了家校合作的广度、深度和力度。

(一)国家政策及有关法律的相对缺位

家校合作制度化的推进,不仅需要学校、家长对合作制度的遵循及认同,还需要依赖国家及政府统筹进行政策上的支持与鼓励,更需通过法律层面保障制度运行的规范化、有序化。由于我国家校合作关系的确立及探索历程较短,而法律的确立及完善需依靠大量的理论基础及实践经验,目前不可避免地出现了政策及法律层面的相对缺位、相对滞后状态,致使家校合作实践落后于观念上的认知、更新。具体表现在:第一,国家教育部门政策方面的引导力度有限,远没有发挥出政策的优势效应,家校合作的范围、程度、深度均受到限制。第二,相关法律法规处于缺位状态,一直没有出台专门针对家校合作的法律法规,造成家校合作的随意性、散漫性。第三,已有政策及制度建设涉及范围相对狭窄,造成家校合作的有限性、束缚性。

(二)实际组织架构中学校的单边主导

家校合作制度化的推进不仅需政策及法律层面的权威支撑,也需相关参与主体构建最有效的组织架构,发挥各自主体作用,共同致力于以学生为中心的育人目标的达成,实现合作效益的最大化。组织架构本应由家庭、学校、社会等多边主体构成,在现实环境中却更偏向于学校方面的单边主导。主要体现在:第一,学校单方面对家校合作中的家庭活动提出要求,对家庭的教育价值重视不够,没有真正把家长作为家校合作结构中的一员,更多停留于形式上的家校合作关系。第二,学校与家长之间存在立场与利益的差异,引发其对家长参与成员身份的本能排斥。在家校合作中,学校更多考虑自身立场,抑制家长主体的行动积极性及应有权利的行使。

(三)制度化进程中文化认同的差异性

家校合作制度化的演变及推进,除了刚性的法律法规给予规制外,还需达成各参与主体的价值认同与合作共识,形成相对统一协调的认知,保证行为与思想的合二为一，促进合作行为的有效性、积极性。家长与学校立场不同，对学生教育目标的认知有差异，对学生成才的价值观理念不一。具体体现为：第一，双方对学生教育成效价值理解不一。在校教育过程中，应试教育的成功和综合素质的培养，孰轻孰重，家长与学校往往不能达成一致意见。第二，双方对家校合作的认知不一。学校希望家长担负一定的教育责任，以减轻其自身的教育负压，而家长则认为学校应承担主要育人责任，合作意识不强，行动配合不够。

（四）制度化进程停留于技术层面的简单模仿

家校合作制度化虽然在一定程度上有政策及法律上的指导与支持，但在实际合作过程中却陷入形式化运作，没有从实质上实现求同存异、多元共育的有效合作与创新发展。具体表现在：第一，制度设计上，力求家校社责任共担、利益均衡的多边合作，实际却存在利益不均衡引发的合作失效。第二，功能发挥上，原设于面向学校、家长、社会的多边力量协调，往往演变为家长被动受制于学校的主导，单方面接受服务而行使权利受限。家校合作制度化停留于技术层面的简单模仿，远没有进入实践认知一体化的落地阶段，不利于家校合作制度化的有效实施。

三、家校合作制度化困境的破解路径

家校合作制度化不仅涉及相关法律法规，还涉及家长、教师、学生在日常接触中生成的习惯及达成的认同共识，其推进需要考虑多方合力作用、平衡各方利益。面对制度化进程中存在的现实困境，应从法规、习俗等规范中寻找理论突破，从家庭、学校、社会等多方主体实践中探寻利益症结点，通过理论与实践相结合的方式，探索家校合作制度化的有效破解路径，更好地提升教育效果。

（一）加强国家在政策及法律层面的跨越式合作制度建设

家校合作制度化有别于零散、自发形成、简单复制的合作，它是基于学校、家庭、社会的立场与行动的共识交集，是家校合作的组织结构、规定、行动、利益被赋予没有异议的意义和价值的过程。制度化家校合作的建设必须带有一定的社会强制性和认知共性，需依赖国家体制，通过政策及法律法规等强制性手段厘清家校合作中各主体之间的关系，明确赋予各行为主体的权利及设定其应尽的义务，运用法律法规的刚性要求强化各参与主体对家校合作的新认知，督导和管理家庭与学校工作的双向交流，使家校合作制度化进程受到法律保护，形成家校社的跨越式合作。

（二）推进家校合作制度化的多维度、多层次组织架构

家校合作制度化还需进一步厘清参与主体结构框架，构建多维度、多层次的组织架构，最大程度吸引不同参与主体加入其中，不断提升各方家校合作的意识，促进家校深度配合，不断强化家校合作的能力。第一，建立覆盖领域最广、维度最多的多边组织架构体系，充分发挥不同行业不同领域对家校合作的推动作用，根据多元利益主体需求，达成互惠互利的合作关系，共同致力于育人工作的健康发展。第二，发挥多元主体作用，改变学校单边主导、家长被动接受服务的现状，探索家校双方协调共担的显性组织模式，让组织架构明晰、合理、有效。第三，加强组织架构中活动流程及参与主体行为的制度化建设，所有参与家校合作的多边主体均需将跨界合作从"分外"行为向应尽职责转变，形成彼此需要、共同发展的组织关系。

（三）内生制度化进程中教育价值共识的文化融合思维

家校合作制度化进程的推进，不仅需要外部干预，也需来自参与主体价值观认知的协同化演进，从内部产生教育价值的文化融合思维共识，形成合作共赢、携手共育的文化内涵，主动约束自身行为举止。文化的内涵性加之法律的强制性，可有效解决主体合作时的利益不均衡问题，更好推进家校合作。第一，学校应时常传递教育最新政策，积极组织教师参与专业培训，将合作理念内化于教师的日常行为中，优化学校的合作融合环境。第二，引导

和鼓励家长主动参与家校合作活动，积极承担家校合作中的职责分工，营造良好环境激发家长的积极性合作思维，变"分外"为"分内"。

（四）增强制度建设的科研理论与实践性成效的持续转化

制度化建设的进程既需理论研究支撑，又离不开实践经验积累，只有二者有机结合，才能助力中国本土化家校合作制度的持续改进及完善。我国家校合作理论与实践结合度不高，系统理论研究薄弱、实证研究缺乏，范围局限于以往经验，与实践关系不紧密。首先，加强理论研究，整合社会学、教育学、心理学等多方专家资源及力量，转化国际家校合作先进理论研究成果，形成具有本土特色的研究理论体系。其次，注重理论与实践成果的持续转化，对家校合作中出现的问题，教育界及社会力量及时介入，通过科学理论研究探索解决方案，形成具有影响力的实践成果，同时科学研究又从实践中获取新灵感，发现新课题，实现科研与实践的持续转化。

（五）重构家校合作社会共育激励及监督评价长效机制

家校合作制度化的积极推进，也需在社会共育的一体化合作体系中重构激励及监督评价长效机制，确保各参与主体的积极性及有效性，形成"全员育人、全过程育人、全方位育人"的格局。第一，积极的互相依赖的家校合作，需平衡家庭与学校的利益关系及行动立场，实行相关激励措施。如设立专门的资助经费，使参与家校合作服务的家长有所收获，保障家长在家校合作中的持续积极性。第二，完善监督评价机制，促使教师专业行为得到有效发挥，加强对家长教育的引导力度，将多方主体行为纳入学校监督考核评估体系中，督促各方积极参与、主动作为。第三，平衡家长委员会结构，通过均衡管理模式实现家校合作中家委会内部结构的平衡以及家校互相牵制的竞争性关系，实现家校合作的平衡化、全面化，促进教育公平。

孝悌文化的当代价值意蕴
及其弘扬理路*

冯锦怡　应若葵**

摘　要：以尊亲敬长、兄友弟恭和忠孝两全为基本内涵的孝悌文化，是儒家伦理道德的核心，是中华民族的传统文化核心。在新的家庭矛盾和老龄化问题不断凸显的现代社会，孝悌文化为营造良好家庭风尚，促进社会和谐提供了思路。以社会主义核心价值观为引领，从传统中汲取孝悌文化精华，在家庭中将孝悌文化付诸实践，在学校中将孝悌文化融入教学，在社会中对孝悌文化进行创造性转化和发展，坚持守正创新，是继承与发展孝悌文化的基本路径。

关键词：孝悌文化；价值意蕴；基本路径

作为中华民族传统文化重要组成部分的孝悌文化，是促进家庭和谐、维系社会稳定的重要保障，它以尊亲敬长、兄友弟恭和忠孝两全的基本内涵潜移默化地指引、规范、约束着人们的行为。当下中国老龄化、少子化问题凸显，传统孝道失范，公民思想道德建设任重道远。从传统中探赜索隐，通过吸收传统孝悌文化精华，重塑孝悌伦理，打造和谐家风，对孝悌文化作出符合时代需求的创造性转化，可为破解上述社会难题提供一些可行之策。

---

*　本文为浙江省妇联、浙江省妇女研究会课题"家庭文明建设助力共同富裕示范区的路径研究"（基金项目，项目编号：202108）的阶段性成果。

**　冯锦怡，浙江师范大学马克思主义学院思想政治教育专业学生，研究方向为德育和妇女问题研究。应若葵，浙江师范大学马克思主义学院副教授，研究方向为德育和妇女问题。

一、孝悌文化的基本内涵

孝悌是儒家思想的重要范畴。孝在《说文》中的解释为:"善事父母者。"悌的解释为:"善兄弟也。"孝悌作为整词出现,首见于《论语》:"其为人也孝弟,而好犯上者,鲜矣。不好犯上而好作乱者,未之有也。"孔子把孝悌作为行仁的根本,学习"仁",首先要孝敬父母、尊爱兄长。因为孝敬父母、尊爱兄长,内心对"仁"有了深刻体会,由此生发出仁心,能尊敬其他长辈,能以善心对待老人,亦能生发出与他人的相处之道。《孝经》有言:"君子之事亲孝,故忠可移于君;事兄悌,故顺可移于长。"移孝作忠,孝悌的内涵由家庭伦理上升为君臣伦理。孝悌文化与政治相结合,以"忠孝一体"的内在逻辑培养忠君爱民的顺民。《孝经》中写道:"夫孝,始于事亲,中于事君,终于立身。"

孝悌文化的内涵归结起来有以下三大方面的内容。

(一)敬爱父母,重得欢心

《礼记》中指出了孝顺的三个等级:"大尊尊亲,其次弗辱,其下能养。"首先,赡养父母是子女应尽的基本义务。父母于子女有生养之恩,在他们年老之际,子女必须承担起供养、照顾责任。尤其是在父母生病之际,子女更要尽心侍奉。《弟子规·入则孝》中有:"亲有疾,药先尝。昼夜侍,不离床。"说的是汉文帝刘恒为照顾重病的母亲,坚持亲自煎药,煎完药后总要自己尝一尝,确认不烫了才给母亲喝。他三年如一日,守候在母亲床前。汉文帝因此以仁孝闻于天下,其孝名至今为人称道。其次,对父母尽孝,关键是要"敬"。子夏问孝,子曰:"色难。有事,弟子服其劳;有酒食,先生馔;曾是以为孝乎?"这说明仅仅在物质上赡养父母还远谈不上孝。正所谓:"犬马皆能有养,不敬,何以别乎?"孝顺父母,最关键的是要对父母保持和颜悦色的态度,发自内心地敬重父母。此"敬"不是外在的他律行为,也不是以"心""性""理"为本体的形而上的抽象理念,而是发自人的内心情感的自然流露,是一种具体的情感体验。在中国社会悠久的发展历程中,"敬"经由社会群体理性的规范,不断积淀,从而超越个别的、具体的人的情感,情理交融,成为一种伦理价值规范,成为与父母和其他长辈相处的普遍原则。有此敬爱之心,则心中充满和顺之气,有和气必有愉色,侍奉父母时便自然委婉柔顺。

(二)兄友弟恭,唯爱以德

悌的内涵是兄弟之间相互帮助、相互友爱。兄弟同气连枝、共同成长,情谊不可谓不深厚。但在人与人相处的过程中,矛盾是不可避免的,古来兄弟阋墙事件也层出不穷。因此,兄弟相处时,一方面兄长要关爱弟弟,做弟弟的表率,另一方面弟弟也要尊敬兄长,体谅兄长,兄弟之间要相互包容。曾国藩在践行"悌德"方面堪称典范。作为家中的长兄,当弟弟写信指责他"月月书信,徒以空言责弟辈……使弟辈无弟可容",他坦诚相待,并回信进行自我检讨。但曾国藩对弟弟也不是一味迁就、纵容。他曾在家书中写道:"至于兄弟之际,吾亦唯爱以德,不欲爱之以姑息。"他还关注弟弟们的学业进展以及品德修养:"家中诸事都不挂念,惟诸弟读书不知有进境否?须将所作文字诗赋寄一二首来京。""诸弟有心得,可以告我共赏之;有疑义,可以问我共析之。"在曾国藩的宽容相待与无私关爱下,他的弟弟们也发自内心地敬重他,兄弟关系和睦融洽。

(三)移孝作忠,忠孝两全

《礼记·大学》中有言:"古之欲明明德于天下者,先治其国;欲治其国者,先齐其家;欲齐其家者,先修其身……"国家是由无数个家庭构成的,忠于国家、忠于君主与孝顺父母、敬重长辈相互融通。《吕氏春秋·孝性览》中说:"人臣孝,则事君忠。""家"是小"国","国"是大"家";"父"为"家君","君"为"国父":君父同伦,家国同构。子女在家庭中对家长恭敬、顺从;作为臣民,则要以同样的态度去侍奉君主。在中国古代,君是国家的象征,忠君也就是忠于国家。移孝作忠,忠孝两全,如此就能天下和睦,君主便能巩固其统治地位,达到本固邦宁的目的。而对于臣子来说,能够居庙堂之高,为国尽忠,不仅仅意味着自身有施展抱负的机会,而且对他们的亲人、家族来说也是一份荣耀。《孝经》有云:"立身行道,扬名于后世,以显父母,孝之终也。"从更低层次来看,为官所得的俸禄可以改善家庭生活状况,让父母过得更好。

二、孝悌文化的当代价值

孝悌是中国传统道德的重要组成部分,以孝悌伦理为核心,形成了独特的孝悌文化。从当下看,传统孝悌文化中的一些内容已不合时宜,但作为中国千百年来协调家庭、社会关系的伦理准则,其中敬亲奉老的传统美德,父慈子孝、兄友弟恭的相处之道,修身齐家的自我要求,爱国爱民的价值观念等内容却远没有过时,并为我们解决新时代的家庭、社会难题提供了思路,彰显了其独特的价值。

(一)敬亲奉老的传统美德为赡养老人提供了精神指引,有助于破解人口老龄化带来的养老难题

《中国统计年鉴—2020》显示,2020年我国65周岁及以上的老年人口数量占总人口的比例达13.5%,老年抚养比达19.7%。随着老龄化程度的加深,养老问题亟待解决。首先,子女在外地工作、成家,不能很好地履行对父母的照顾和赡养义务。根据《中国养老产业发展白皮书》,2020年我国65周岁以上的空巢老人数量达到1.2亿。其次,由于传统家庭向核心家庭转变,家庭重心呈现出向子女一代倾斜的趋势,子女集祖辈、父辈之宠爱于一身,这在一定程度上导致子女出现以自我为中心的倾向,不懂感恩、孝顺。再次,受市场经济飞速发展和多元价值观冲击的影响,年轻人功利主义倾向明显,社会上"啃老""刮老"甚至"弃老""虐老"的现象时有发生,传统的孝道面临着失范的困境。

解决上述问题,要弘扬传统孝文化,重塑敬亲奉老的传统美德势在必行。百里负米的仲由、贵显不忘孝事亲的黄庭坚、养亲以得欢心为本的曾国藩,他们的孝养思想与行为至今仍有很强的借鉴意义。在现代社会,子女孝敬父母,不仅要尽自己所能给父母提供物质上的赡养,还要关注父母的精神需求,让父母舒心。即使不能时刻陪伴在父母身边,也要经常问候父母,表达关切之意。中国正面临日益严峻的养老问题,结合家庭养老的传统、老年人口数量庞大的现状以及社会保障体系不够完善的国情,多地推出社区居

家养老模式,即以家庭养老为核心,依托社区服务,政府、市场、社会多方参与的养老模式。弘扬孝悌文化,在社会上营造敬亲奉老的氛围,无疑能够为社区居家养老提供精神支持,助力破解养老难题。

(二)父慈子孝、兄友弟恭的相处之道为新时代和谐家庭的建设提供了具体路径,有助于营造良好家庭氛围

近年来,随着老龄化程度的加深、人口红利的消减以及适龄妇女生育意愿的降低,我国继全面实施二孩政策之后,又开放了三孩生育政策。根据国家统计局的数据,2015年全面二孩政策推出后,2016年我国出生人口达到1786万,2017年达1723万,明显高于"十二五"时期年均出生1644万人的水平。2017年之后,我国人口出生数量呈现出下降趋势,2018年出生人口为1523万,2019年为1465万,而2020年出生人口仅为1200万。2021年,三孩政策正式落地。但从现实来看,育龄妇女的生育意愿并没有因为放开三孩而显著提高。为破解低生育难题,一方面要完善配套政策,强化社会保障,建立生育友好型社会,另一方面要构建新型生育文化,营造和谐的家庭氛围。

在孩子的成长过程中,父母任何一方的缺位都不利于孩子的发展。构建新型生育文化,就要平衡男女双方在生育中的投入和付出,加强孩子成长过程中的父职。我国古代就十分强调父亲在养育孩子过程中应承担的责任。《韩诗外传》有云:"夫为人父者,必怀慈仁之爱,以畜养其子,抚循饮食,以全其身。及其有识也,必严居正言以先导之,及其束发也,授明师以成其技。"可见,父亲不仅要抚养孩子,而且还要心怀仁慈来教养孩子,不仅要给孩子提供物质上的支持,更要注重对子女知识、品格、技能的培养。习近平总书记在会见第一届全国文明家庭代表时指出:"家庭是人生的第一个课堂,父母是孩子的第一任老师。""广大家庭都要重言传、重身教,教知识、育品德,身体力行、耳濡目染,帮助孩子扣好人生的第一粒扣子,迈好人生的第一个台阶。"要让孩子健康成长,培养孩子的良好品行,为人父母者首先要共同承担抚养孩子的责任,以慈相待,严慈相济,用正确的方式教养孩子。

在一个家庭中,除了正确处理亲子关系,兄弟姐妹之间的和谐也相当重要。中国古代社会崇尚多子多福的传统观念,一个家庭往往有多个兄弟姐

妹。悌为兴家之要,若要家庭和谐,兄弟姐妹之间就需相互尊重、相互友爱。在践行悌德方面,曾国藩堪为榜样。在给弟弟的信中,他说:"吾兄弟断不可不洗心涤虑,以求力挽家运。第一,贵兄弟和睦。第二,贵体孝道。第三,要实行勤俭二字。"作为长兄,在与诸弟的相处过程中,曾国藩宽容、谦让、友爱,同时,他又像良师益友,时常督促弟弟们精进学业、修身养德。在三孩政策全面放开、鼓励生育的当下,悌德的传承与弘扬尤为重要。悌德为兄弟姐妹之间的和睦相处提供了精神指引,为兄弟姐妹成长过程中的共同进步创造了条件,也为良好家庭氛围的营造奠定了重要基础。

(三)修身齐家的自我要求和爱国爱民的价值观念与社会主义核心价值观相契合,有助于培养社会主义合格公民

文化作为人类智慧的结晶,不仅具有内在价值,还有其独特的工具价值。文化可以是一种柔性治理之术,通过文化的规训、认同、化育等功能,形成潜移默化的规训与认同的力量,从而实现社会良性运行的总体性治理目标。孝悌文化作为中国传统社会的主流文化,自古以来就以"修身齐家""爱国爱民"的内在要求引导、规范着人们的行为,培育着人们的家国情怀。在这种文化氛围的影响下,古时士子们将"为天地立心,为生民立命,为往圣继绝学,为万世开太平"作为人生理想,将实现自我价值与报效国家相统一。"安得广厦千万间,大庇天下寒士俱欢颜""王师北定中原日,家祭无忘告乃翁""知有君父而不知有身,知天下安危而不知身之祸难,屡濒九死,而爱君忧国之志不可夺"等,展示了一个个忧国忧民、忠君爱民的士人形象。以孝悌文化为基础形成的"家国天下"的心理认同与价值共识,为国家培养了一批批仁人志士,为社会的稳定、进步与发展奠定了重要基础。"家"是小"国","国"是大"家",家国一体,个人、家庭与国家的命运总是紧密相连、息息相关的。

习近平总书记强调:"没有国家繁荣发展,就没有家庭幸福美满。""我们要在全社会大力弘扬家国情怀,培育和践行社会主义核心价值观,弘扬爱国主义、集体主义、社会主义精神,提倡爱家爱国相统一。"在当下社会,孝悌文化亦与社会主义核心价值观紧密相连。敬亲奉老、尊老爱幼的美德,父慈子孝、兄友弟恭的相处之道,修身齐家的追求,为人们从小处、从细处落实社会

主义核心价值观提供了路径,为社会主义核心价值观的践行提供了重要抓手。同时,以孝悌文化为社会主义核心价值观的载体,能够激发人们内心深处的认同,在"无意"中接受"有意"的价值形态引导,在耳濡目染和具体实践中将社会主义核心价值观内化于心、外化于行。

三、弘扬孝悌文化的基本路径

孝悌文化作为中华优秀传统文化的重要组成部分,积淀着中华民族最深沉的精神追求。其教化作用犹如春风化雨,润物细无声,但其影响力却深远持久,难以抹去。习近平总书记强调:"要坚持守正创新,推动中华优秀传统文化同社会主义社会相适应,展示中华民族的独特精神标识,更好构筑中国精神、中国价值、中国力量。"在新时代弘扬孝悌文化,不仅要重视在传统中汲取精华,还要在当下的实践中增强理念认同,并根据时代需要,对孝悌文化进行创造性转化、创新性发展,守正创新,让孝悌文化焕发新的生命力。

(一)弘扬孝悌文化,要在传统中汲取精华

中华优秀传统文化是中国人的精神家园,对优秀传统文化的继承,关乎国民的精神面貌,关乎民族的前途命运。孝悌文化作为中华传统文化的重要组成部分,其发展历史源远流长,其内涵博大精深,它以修身养性的内在要求塑造健全品格,以父慈子孝、兄友弟恭的相处之道保障家庭和睦,以忠君爱民的价值导向维护社会稳定。可以说,孝悌文化深深影响着中国人的行为习惯、思维方式,并成为几千年来中国人安身立命的重要基础。

但不可否认的是,孝悌文化既有精华,也有糟粕,其中的一些内容和现代社会的价值已不相符合。如传统孝悌文化中厚葬久丧、子为父隐、愚孝愚忠、重男轻女等陈腐观念早已与现代社会脱节,无疑是要摒弃的。又如受等级社会的影响,传统孝道过于强调子女对长辈的服从,父母与子女的关系处于不平等的位置,从而导致子女人格的独立性被忽视,这种不对等的关系无疑也要修正。我们要抛弃孝悌文化中的糟粕,汲取其精华,以传统典籍与家训、家规为蓝本,有所扬弃地继承,使中华民族传统的文化基因与当代文化

相适应、与现代社会相协调。

(二)弘扬孝悌文化,要在家庭中付诸实践

当今社会,新的家庭矛盾不断凸显:空巢老人、留守儿童群体规模庞大,"啃老""虐老"现象时有发生,孩子被宠坏了的声音层出不穷……诸如此类的问题给家庭和谐带来了巨大挑战。

传统的孝悌之道讲求"父父子子,兄兄弟弟",说的是在家庭中,成员要根据自己的角色,各守其道,各尽其责。只有每个家庭成员都尽自己的本分,家庭才能和谐,孝悌之义才能落到实处。在家庭中践行孝悌,为人子女者,要敬重父母,回报父母的养育之恩,兄弟姐妹之间,也要相互扶持,相互体谅,相互关心。家庭是孩子的第一个课堂,父母是孩子的第一任老师。作为父母,要共担抚养、教育、关爱孩子的责任,尤其要注重孩子健全人格的塑造、良好品德的培养。平时要教导孩子和长辈交往要讲礼仪、和同伴交往要懂礼貌。与此同时,父母的言行举止、行为态度也会潜移默化地影响孩子。身教重于言传,为人父母者要以身作则,平时多关心长辈,以尊敬的态度对待长辈,让孩子在不知不觉中习得孝悌的内涵并付诸实践。

(三)弘扬孝悌文化,要在学校中予以重视

党的十八大提出要把立德树人作为教育的根本任务,培养德智体美劳全面发展的社会主义建设者和接班人。学校作为传播知识与立德树人的主要场所,要承担起传播、弘扬孝悌文化的责任,对学生进行系统化、规范化的孝悌教育,与家庭共同形成育人的合力。学校可以开设相关课程,将孝悌教育融入德育体系。在传授知识、引导学生的过程中,教师可以灵活多样地开展教学,通过开展经典选读活动,组织主题班会、专题讲座、知识竞赛等,将孝悌教育落到实处,从而避免因枯燥乏味、空洞的说教使教育效果大打折扣。此外,学校还可以组织以"孝悌"为主题的活动,让学生在知行合一中深化对孝悌的认知与认同,例如定期去敬老院探望老人、去孤儿院看望孩子。在母亲节、父亲节、重阳节等特殊的节日,学校可以设计一些有意义的主题鲜明的活动,如给父母发一段感谢的话、给父母制作感恩卡、为父母做一件事等,让学生在点滴的生活中将孝悌付诸行动。

（四）弘扬孝悌文化，要在社会中营造风气

社会是最大的教育场所。正所谓"习俗移志，安久移志"，良好的社会风气会引人向善，没有良好的社会风气，孝悌文化就会因为失去生存的土壤而枯萎。弘扬孝悌文化，需要在全社会营造尊老爱幼、孝亲敬长、友爱同伴的氛围，引导人们自觉践行孝悌。可以借助媒体力量，利用微博、微信公众号、报刊等受众较广的平台，收集有关孝悌的故事，以大众喜闻乐见的方式进行宣传、报道。还可以开展孝悌楷模评选活动，通过让大众参与评选过程、宣传孝悌楷模的事迹以及对孝悌楷模进行表彰，传递正能量。此外，孝悌作为道德规范，要想保证其落实，还需法律法规作为后盾。《宪法》《民法典》《老年人权益保障法》等对人们的行为起到约束、规范作用，有助于弘扬孝悌文化。以道德为准绳、以法律为后盾，在社会中营造良好风气，才能够使千千万万个家庭成为国家发展、民族进步、社会和谐的重要基点。

（五）弘扬孝悌文化，要在中国式现代化进程中实现创造性转化、创新性发展

在党的领导下，中国已经全面建成小康社会，实现了第一个百年奋斗目标。在全面建设社会主义现代化国家的新征程中，扎实推进共同富裕是应有之义。实现共同富裕，需要健全多层次的社会保障体系，更好解决养老、社保、托幼、教育等社会民生问题。实现共同富裕，要求促进人的全面发展，实现物质生活层面和精神文化层面的共同富裕。

在推进共同富裕、踏上新征程的当下，孝悌文化只有根据时代特点实现创造性转化、创新性发展，才能契合时代需求，才能永葆生命力、焕发新的生机。要利用学校教育资源，发挥学校育人主阵地的优势，弘扬传统孝悌文化中尊老爱幼、敬亲奉老、父慈子孝、兄友弟恭的内涵；要开发家庭教育资源，构建家校协同育人机制；要挖掘社会资源，营造良好的社会风气，打造三位一体的育人格局，形成家校社育人合力，不断加强公民道德建设，为解决现代社会中不断凸显的新家庭矛盾和社会民生问题提供精神指引，为人们的精神生活提供肥沃土壤。

除了汲取孝悌文化的内在价值，孝悌文化的工具价值也不容忽视。作

为传统文化的重要组成部分,孝悌文化以潜移默化的方式构建着中国人的社会关系、精神秩序,通过规训、认同、化育,维系社会的良性运行。尤其是在"礼治"发挥着重要作用的乡村社会,人们主动地服膺于社会公认合式的行为规范,"礼"作为非正式制度,以代代积累的传统文化为土壤并引导、规范、约束人们的行为。在国家推进治理体系和治理能力现代化的进程中,可以从传统孝悌文化中汲取经验,通过文化的柔性治理来维护社会稳定,助力社会治理、助推乡村振兴,使孝悌文化在新时代焕发新的生机。

参考文献

[1]杨伯峻,杨逢彬.论语译注[M].长沙:岳麓出版社,2000.

[2]汪受宽.孝经译注[M].上海:上海古籍出版社,2004.

[3]曾国藩.曾国藩家书[M].北京:北京燕山出版社,2010.

[4]钟叔河.曾国藩家书[M].长沙:湖南大学出版社,1989.

[5]汪倩倩.文化治理:"以孝治村"的形成机理与运行逻辑[J].南京农业大学学报,2020(5):102-108.

妇联工作创新与实践

浙江省妇联"四必访"制度的实践与思考

浙江省妇联组织部

摘　要:本文从推动浙江省妇联干部和执委做好"四必访"的时代背景和现实意义出发,对全省各地开展"四必访"情况进行全面调研,总结各地在开展"四必访"工作中的实践经验,深入思考落实"四必访"工作中存在的困难和问题,研究进一步做实做细"四必访",加强妇联干部和执委联系服务妇女群众的举措,更好地发挥基层妇联在引领、服务、联系妇女和家庭、参与基层治理、助力浙江高质量发展建设共同富裕示范区等方面的积极作用。

关键词:四必访;数字化;对策建议

习近平总书记强调,妇联要把联系和服务妇女作为工作生命线,成为妇女信得过、靠得住、离不开的娘家人。浙江省妇联把开展"四必访"(生产经营遇到困难的创业女性必访、困难家庭必访、空巢老人及留守妇女儿童家庭必访、涉及婚姻家庭矛盾纠纷的家庭必访)工作作为推动基层妇联干部和执委密切联系服务妇女群众的有力抓手,主动融入基层社会治理,打通联系服务妇女群众的"最后一公里",夯实党执政的妇女群众基础。2021年"四必访"工作入围浙江省"三为"(我为群众办实事、我为企业解难题、我为基层减负担)专题实践活动最佳实践候选案例,获评省直机关"最佳组织举措"十佳案例,相关做法被列入全国妇联"十四五"时期深化妇联系统改革方案地方经验加以推广。

一、推动妇联干部和执委做好"四必访"的现实意义

（一）"四必访"制度是落实"坚持以人民为中心"发展思想的重要实践

妇联作为党领导下的人民团体，其宗旨与使命就是全心全意为妇女群众服务。妇女群众的需求和意愿在哪里，需要妇联通过近距离联系走访去掌握和了解。

（二）"四必访"制度是推进工作落小落细落实的重要载体

家庭是妇联工作的主阵地，如何贯彻习近平总书记"注重家庭、注重家教、注重家风"的要求，促进家庭发展、化解家庭矛盾、传承家教家风，提升家庭工作的精准性和有效性，需要通过走进家庭去掌握和了解。

（三）"四必访"制度是基层妇联组织参与社会治理的重要途径

坚持和发展新时代"枫桥经验"，主动融入"一中心四平台一网格"县域社会治理体系，形成"小事不出村、大事不出镇""家庭矛盾解决在家庭"的社会治理格局，都需要以"四必访"为工作基础。

（四）"四必访"制度是充分发挥基层妇联干部和执委作用的重要抓手

群团改革以来，基层妇联干部和执委队伍不断壮大，如何发挥其作用成为推进各级妇联组织建设改革，实施"破难行动"的重要内容之一。"四必访"制度正是积极探索基层妇联干部和执委发挥作用的有效路径和办法。

二、推动妇联干部和执委做好"四必访"的实践探索

（一）顶层设计，五级联动推进

一是出台工作意见。浙江省妇联统一部署、统一要求，带动市、县、乡、村各级妇联联动开展"四必访"，确保工作一贯到底。制定出台《关于深化"三服务"开展入户联企走亲行动的通知》《关于深化妇联组织建设改革实施"八大破难行动"的通知》，把"四必访"作为基层妇联干部和执委联系服务妇女和家庭的工作规范，对相关工作进行专题部署，迅速在全省范围内掀起"四必访"热潮。

二是健全工作机制。浙江省妇联带头开展机关干部"四必访"蹲点调研和工作督导，每月不少于一次；2021年安排专项经费325万元，组织全省妇联系统"四必访"大学习大轮训；鼓励各地因地制宜，创新深化联系妇女群众制度，制定完善执委履职清单，推行执委工作室挂牌、执委项目领办等，持续推进"四必访"走深走实，如宁波市妇联创新"五步工作法"（即亮明执委身份、作出服务承诺、交换联系方式、建立家庭档案、推介服务阵地），台州市妇联实施"万名执委联万户""千名主席履新领实事"行动，确保"家家联执委、户户有人管"。2021年，全省参与"四必访"活动的基层妇联干部、执委达91.5万人（次），走访家庭329.3万户（次）。

（二）因地制宜，落实落细举措

一是建立"一网一图一档案"，做到摸清底数。推动各地妇联建立"一网一图一档案"，排出问题清单，形成分类档案。"一网"即建立巾帼微网格，由村社妇联执委、妇女代表、巾帼志愿者等分层联系N个家庭，形成全覆盖的联系网；"一图"即根据走访家庭的情况绘制"家庭情况三色图"，及时发现苗头性、倾向性问题；"一档案"即建立重点家庭和特殊家庭档案，制定需求"详情单"。各地发挥地域特色，因地制宜落实落细工作举措。如：绍兴市妇联建立"全科网格＋妇联执委""全科网格＋巾帼志愿服务"参与模式，让"四必访"更增本领、添底气；衢州市妇联通过建立一张"巾帼网格"、厘清一本家庭

情况账、绘制一幅"三色预警图"、形成一套服务机制,做到四类群体"四必访",面上情况"四必知";舟山市妇联结合海岛实际探索建立"海陆双网格""音讯"制度,在海上生产环节和岸上生活环节共同铺开巾帼双网;等等。

二是优化联动帮扶模式,做到服务精准。着眼走访排摸的需求清单,开出服务清单,切实帮助基层妇女群众和家庭解决急难愁盼问题,如针对空巢老人及留守儿童需求,采取"妇联组织＋社会组织＋志愿者"的模式,依托浙江省妇女儿童基金会等社会组织实施"为妈妈的爱赋能""焕新乐园""圆梦助学"等计划,提供精准服务。各地妇联在工作中打造了许多特色公益品牌,如温州市妇联深入开展"芳邻守望"公益计划,湖州市妇联连续多年打造"五月阳光"关爱困境母亲品牌,等等。2021年以来,浙江省妇联联动全省各级妇联组织,围绕守住红色根脉,走访全国老三八红旗手以及老妇女干部500多名,开展暑期儿童关爱服务活动8800多场次,慰问儿童21800多人,结对帮扶留守、孤困儿童5000余人,发动志愿者参与服务5万余人次,受益儿童及家长达20余万人次。浙江省妇女儿童基金会"焕新乐园"项目2021年度投入资金近130万元,为低保家庭儿童提供学习生活环境改善和长期跟进陪伴服务,"圆梦助学"项目联合80家社会组织帮扶2000多名低保及低保边缘家庭学生。

(三)数字赋能,提升工作质效

贯彻落实浙江省委关于建设协同高效的"数智群团"的工作要求,坚持需求、问题和效果导向,以"四必访"为主要内容建设妇联"浙里家·连心桥"应用场景,以"大数据＋铁脚板"走访模式密切与妇女群众的联系服务,努力探索以数字化改革为总牵引做好"访"的后半篇文章。全面梳理走访中发现的问题,能由妇联组织解决的立即解决,妇联组织解决不了的问题,在分类研判后,向上级党政机关或相关部门报告推动解决,探索形成"搜集—整理—研判—吹哨—反馈"的工作闭环机制。该应用场景已上线试运行,在全省全面推广使用后,可实现联系服务妇女智能化、精准化管理。各地也纷纷顺应数字化改革大潮,在数字赋能上作出积极探索。如:嘉兴市妇联在"浙里办"上线"嘉家福"家庭建设综合应用服务端,在浙政钉、数改门户上线治理端;建德市妇联依托"智在严州"数字平台开通"伊码办"微信小程序;等等。

三、推动妇联干部和执委做好"四必访"的主要成效

（一）打通妇联组织联系服务妇女群众的"最后一公里"

密切联系妇女群众是妇联组织建设的永恒主题，"四必访"的过程是为群众排忧解难的过程，充分发挥了基层妇联干部和执委与妇女群众联系最密切、接触最频繁、沟通最直接的天然优势，实实在在把一件件平常小事化解、传递党和政府的关心关爱，得到了妇女群众的信赖，夯实了党执政的妇女群众基础。

（二）拓展妇联组织参与社会治理的路径

各地妇联主动将"四必访"工作嵌入"一中心四平台一网格"基层治理体系，从机制上实现妇联工作与党委政府中心工作同频共振，在参与基层社会治理中发挥了积极的作用。据统计，2021年全省妇联组织共排查婚姻家庭纠纷57614起，化解率达96.2%。各地妇联先后打造妇联"家和智联""一格一姐""最美执委四必访、灵山妯娌在行动""龙游妇女微网格""平安丽姐"等基层治理工作品牌。

（三）助力妇联组织主动参与共同富裕示范区建设

结合"四必访"制度，在走访中引导广大妇女立足创业创新，共同参与共同富裕示范区建设。实地走访创业就业女性、民宿女主人，了解生产经营情况，实施"十百千万"巾帼云创行动，举办巾帼村播大赛，为创业妇女搭建直播带货创业创新服务平台。此外，还成立浙江省巾帼新农人联盟、巾帼云创客联盟，引导妇女参与特色农业、乡村旅游、农村电商等新业态新模式发展，推动妇女在家门口实现创业就业，以及联合相关部门举办省第五届"妈妈的味道"活动、乡村美食大会，开展家政培训班，帮助更多农村妇女转变择业观念，拓宽就业渠道。

（四）深化妇联组织建设改革

借助"四必访"这个载体教方法、压任务，让妇联执委明白"做什么、怎么做"，让基层妇联干部和执委在走访中发现问题、反映问题、推动问题解决，增强了执委服务联系妇女群众的意识，锻炼了执委做好群众工作的能力，使执委真正成为能让妇女群众感受到温暖的娘家人，推动妇联会改联改革以来基层妇联干部和执委作用发挥这一难点的有效解决。

四、推动妇联干部和执委做好"四必访"存在的困难和问题

（一）工作推进存在不平衡的情况

在浙江省妇联的全力推动下，"四必访"工作开局较好并取得一些成效，然而县与县之间、乡镇街道之间、村社之间还是存在不平衡的情况。此外，部分基层妇联干部特别是执委身兼数职，时间精力有限，且该项工作的开展没有硬性指标考核，这就更考验妇联干部和执委对妇女工作的热情度、付出度，也造成了在执行落实该项制度的深度、广度、力度上的不平衡。如何通过"四必访"更好地发挥基层妇联引领、服务、联系妇女群众和家庭的作用，还需要努力探索。

（二）工作闭环机制还未健全

"四必访"的生命力不仅在于"访"，更在于"应"。走访发现每一个妇女群众和家庭存在的问题各异，情况纷繁复杂，牵涉层面多。如创业女性遇到的生产经营困难涉及生产技术、企业经营、政策落实、供销渠道等，空巢老人及留守妇女儿童家庭面临的问题涉及民政、医疗、教育等多个部门领域，而基层执委受岗位职能、社会资源限制，对部分妇女群众的帮助有限，无法从根本上予以回应。即便通过社会组织购买服务、多部门协调解决等多种形式解决了某些需求，但更多的是"见招拆招"，没有真正实现深层次原因剖析，没有形成机制上的改革突破，也没有逐步减少必访对象的数量。因此，

如何及时妥善解决和处理走访中发现的困难和问题,如何进一步健全服务机制、实现从"四必访"到"四必应"的工作闭环,需要进一步思考。

(三)量化评估存在困难

在"四必访"工作的推动下,妇联干部走入基层、走进群众,在回应基层民生诉求、化解基层矛盾纠纷的过程中,自身的能力素质也得到了很大的提升。但是从绩效反馈来看,"四必访"工作和妇联干部的考核评价挂钩不明显。"浙里家·连心桥"应用场景中"四必访"执委履职管理平台还处于试运营时期,对于执委走访质量和成效的考评标准还没有进行系统化调整归集,如何让基层妇联干部和执委感受到"四必访"比学赶超的正能量,进一步激发他们在参与基层社会治理、助力共同富裕示范区建设中的工作潜力,仍需要进一步探索谋划。

(四)干部能力素质面临新的挑战

要实现"四必访"的工作闭环,基层妇联干部既需要具备解决特定问题的专业素养和专业知识,也需要具有较好的口头表达能力、沟通协调能力等群众工作能力,更需要具备运用数字化认知、数字化思维、数字化手段高效协同解决问题的能力。镇街村社换届后,新上任的干部尤其是年轻干部如何快速提升自己与群众打交道、解决实际问题的能力,真正能在做妇女群众工作时"走得进门、说得上话、帮得上忙",还需要进一步摸索和实践。

五、进一步做深做细做实妇联干部和执委 "四必访"的对策建议

(一)加强系统化谋划,压实"四必访"工作责任

持续开展好妇联干部"四必访"工作,全省要一盘棋。要进一步规范"四必访"工作,建立完善常态化走访妇女群众机制。要进一步加大指导督查力度,狠抓工作落实,浙江省妇联要持续带头开展"四必访"蹲点调研和工作督导,市县妇联要层层压实工作责任,深化"我为妇女办实事"实践活动,领导

班子分片包干，定期带队深入一线开展精准指导，切实压实乡镇（街道）、村（社区）妇联干部和执委"四必访"责任。

（二）运用数字化手段，实现从"四必访"到"四必应"工作闭环

通过数字赋能实现工作闭环，充分运用"浙里家·连心桥"等应用场景，加强与"浙里办""基层治理四平台"等无缝对接，建立跨部门协同、跨层级联动机制，协调解决妇女群众的烦心事、揪心事。要加强"浙里家·连心桥"功能应用，做到走访情况"码上"掌握、问题"码上"联调、关爱"码上"联动，实现走访信息同步录入、问题进展持续跟踪。要定期汇总梳理分析妇女群众的思想困惑、现实关切、意见建议，汇集基层妇女群众智慧力量，积极向党委政府及有关部门提交合理化对策建议。

（三）树立项目化理念，建立执委"四必访"履职评价机制

要建立完善执委"四必访"履职清单，制定"三张清单"，即"走访清单、需求清单、办理清单"，做到需求明、任务清、责任实，确保事事有回音、件件有着落。要鼓励各级妇联干部和执委以项目化形式推进工作，及时梳理走访中搜集的意见问题，将走访发现的重点问题，结合妇联所能，归类并分解成一个个具体项目，推行"轮值制度""项目领办制度"等，从根本上解决妇女群众和家庭的困难与问题。要以落实"三张清单"和项目领办的成效对执委进行评价，运用数字化应用场景为执委履职立体画像。要加强正向激励，通过比学晾晒、揭榜挂帅、选树表彰优秀、宣传好做法好经验等方式，积极搭建展示平台，促进基层妇联干部和执委履职尽责、有为有位。

（四）开展常态化培训，为基层妇联干部和执委提升现代化建设能力赋能

提升基层妇联干部塑造变革的能力是推动妇联工作质效整体跃升的关键。要推动各级妇联围绕提升妇联干部现代化建设和共同富裕示范区建设等新能力的要求，深入实施"基层妇联领头雁培训计划"，进一步培养和提升妇联干部"联动各方、借力使力"精准服务的能力，提升运用数字化认知、数字化思维、数字化手段的能力，为妇联干部精准赋能，加快打造一支善于塑

造变革、勇于争先创优的高素质基层妇联干部队伍。

（五）深化品牌化建设，凸显"四必访"工作标识

"四必访"工作本质是群众工作，做群众工作最有发言权的就是基层。要坚持顶层设计与基层首创相结合，充分尊重基层的智慧，给基层更大的空间拓展"四必访"工作的形式和内涵。鼓励各级妇联干部、执委因地制宜，创优提亮，打造一批富有当地特色、基层能落实、执委干劲足、妇女愿参与的项目品牌，使"四必访"工作真正成为体现为民情怀、闪烁基层智慧、具有长久生命力的妇联特色工作品牌。

浙江省妇联组织参与市域社会治理现代化创新研究

浙江省妇联权益部

摘　要:为总结和提炼浙江省各级各地妇联组织参与市域社会治理试点工作的实践和经验,2021年6~8月,浙江省妇联权益部通过调研走访、听取汇报、召开各个层面的座谈会、实地考察等形式,对全省11个地市妇联组织参与市域社会治理现代化试点工作进行了调查研究,并在此基础上对下一步深化试点工作提出了对策建议。

关键词:妇联组织;市域社会治理;现代化;试点

2020年初,习近平总书记在浙江调研时指出,浙江要"努力成为新时代全面展示中国特色社会主义制度优越性的重要窗口"。市域社会治理现代化是"重要窗口"展示形象、增光添彩的重要方面。浙江省作为全国市域社会治理现代化的试点地区,11个设区市实现市域社会治理现代化全国试点全覆盖。浙江省以此为契机,全力推进数字赋能市域社会治理现代化,突出整体智治,妇联作为市域社会治理现代化的重要参与者和维护妇女儿童权益的重要组织,有保持和增强政治性、先进性、群众性的独特要求,在引领、服务、联系妇女群众方面有天然优势。

一、参与市域社会治理现代化试点工作的举措与成效

浙江省11个设区市市域社会治理现代化全国试点全覆盖,为浙江省各级各地妇联组织参与市域社会治理搭建了更广阔的服务平台,群团组织改革纵深推进赋予了妇联组织参与基层社会治理新的使命和任务,妇女儿童和家庭多样化的服务需求给妇联组织参与市域社会治理提出了新课题。浙江省妇联按照"市级抓统筹、县级负主责、基层强执行"的工作思路,创新和发展新时代"枫桥经验",积极调动和激发妇女群众参与市域社会治理现代化。

(一)聚焦顶层设计,以"科学高效"强化市域社会治理的先导地位

为发挥党建引领多方共治的制度优势,必然要求其高水平嵌入现有治理结构和功能领域,进而促成治理体系全流程整合的组织力。充分发挥妇联组织家庭建设中的牵头作用,积极发挥女性的独特作用,是推动市域社会治理的重大理念创新。必须把握"党建引领"这一基本要求,通过搭建治理平台推动多方参与和资源整合,实现对公共事务高效治理。浙江省委下发了《认真学习贯彻〈关于进一步加强家庭家教家风建设的实施意见〉的通知》,立足浙江实际,深入贯彻习近平总书记关于注重家庭家教家风建设重要论述,因地制宜出台务实举措,推动新时代家庭工作高质量发展,融入基层社会治理,把新时代家庭观体现到经济发展和社会管理政策中,围绕未来社区、未来乡村建设,将家庭家教家风建设融入共同富裕现代化基本单元,迭代升级为民办实事长效机制,深化平安家庭建设,实施重点家庭"三色"动态管理机制,实施家庭发展共促行动、家庭民生实事项目。浙江省妇联联合省委组织部、省委宣传部、省委政法委等部门下发了《关于深化家庭家教家风建设推进基层社会治理的通知》。中共浙江省委建设平安浙江领导小组出台《关于在全省深入开展系列平安建设的指导意见》(浙平安〔2021〕2号),部署系统(行业)建设的重点,其中浙江省妇联牵头的"平安家庭"建设被纳入平安浙江系统(行业)"十大平安建设"。

浙江省平安办、浙江省妇联联合出台了《关于在全省深入开展"平安家庭"建设的实施意见》。妇联组织联动有关部门,以防范化解婚姻家庭矛盾纠纷为着力点,协同推进家庭文明创建、家庭教育推进、家庭平安保障、家庭发展共促、家庭服务提升行动,"家庭建设综合平台"的作用发挥更加明显,妇女群众和家庭参与"平安家庭"建设的主动性、积极性充分激发,家庭成员的法治素养不断提升,部门协同更加高效有力,以家庭平安文明夯实社会平安和谐的基础。

(二)聚焦民意导向,以"精细运作"打造市域社会治理的最优模式

作为党和政府联系妇女群众的桥梁纽带,妇联组织在参与市域社会治理,特别是推进家庭家教家风建设等方面既担负着义不容辞的责任,也具有先天优势。妇联组织贴近家庭、贴近生活,对妇女的需求、家庭的诉求更为了解。

1. 探索解决性侵未成年人和家庭暴力发现难问题

浙江省妇联先后与省法院、省检察院联合建立了妇女儿童权益保护合作机制,如:与省法院联合下发《关于转发〈最高人民法院、全国妇联关于进一步加强合作建立健全妇女儿童权益保护工作机制的通知〉的通知》(浙高法〔2019〕209号);建立妇女儿童权益保护工作联席会议制度、信访互通机制,进一步加强家事调解领域的合作和培训;在省法院内部成立妇女儿童权益保护工作办公室,建立健全合作培训机制。浙江省检察院、省妇联和省妇儿工委办出台了《关于推进妇女儿童权益保护合作机制建设的十项举措》,着眼未成年被害人保护救助、涉案未成年人观护帮教、留守和困境儿童关爱保护、家庭教育指导服务等十大重点领域,充分发挥各自职能优势,推出十项具体举措。浙江省检察院、省妇联等8家单位联合制定《浙江省侵害未成年人案件强制报告制度实施办法(试行)》,破解侵害未成年人特别是性侵害案件发现、查处、救助难等问题。杭州、嘉兴等地建立侵害未成年人案件强制报告制度,明确医疗机构、教育部门等与未成年人密切接触的行业和从业人员,发现未成年人遭受或者疑似遭受侵害的,要第一时间报案。如杭州市按照《关于建立侵害未成年人案件强制干预制度的意见(试行)》(杭政法〔2018〕125号)要求,发现侵害妇女儿童权益,特别是性侵、虐待、强迫卖淫等

侵犯未成年女孩、留守女童、残疾妇女和女童人身权利的案件进行强制报告,向属地公安机关报案并通过支付宝"检察监督线索举报—杭州"向检察机关报告,同时向同级党组织负责人和上级妇联报告。宁波市制定出台《宁波市性侵害未成年被害人"一站式"办案保护工作机制实施办法》,在全市全面开展性侵害未成年被害人"一站式"办案保护工作机制建设。台州市建立一体化联动联防、全程化综合救助、网格化源头预警三大机制,全面提升女童保护工作实效。宁波市海曙区出台《关于建立预防性侵未成年人推动儿童权益保护合作机制的意见》,将6个大项、21个子项目工作任务逐项分解,责任层层压实。

2. 健全婚姻家庭纠纷等民间纠纷的排查调处机制

浙江省妇联与省法院、省综治办等部门联合出台《关于深入推进我省婚姻家庭纠纷预防化解工作的指导意见》,构建闭环式婚姻家庭危机干预服务体系。推出五级妇联"入户走亲""五个一"(即做一次政策宣讲,织一张"亲情网",列一张"走亲"清单,建一份家庭档案,办一件实事好事)行动,做到联系妇女"四必访"(即生产经营遇到困难的创业女性必访、困难家庭必访、空巢老人及留守妇女儿童家庭必访、涉及婚姻家庭矛盾纠纷的家庭必访),努力把家庭矛盾化解在基层、解决在萌芽。将婚姻家庭纠纷化解工作纳入县级社会矛盾纠纷调处化解中心建设,将家事排查调解纳入"基层治理四平台",探索"三色"预警机制。摸清儿童和家庭的基本情况,注重网格走访,重点关注性侵案频发的区域。开展婚姻家庭矛盾纠纷排查,各级妇联及时掌握辖区内妇女儿童受侵害的信息,会同有关部门对辖区内重点人群和家庭以及权益受侵害妇女儿童情况进行研判会商,协调解决问题,跟进有效服务,切实将风险隐患消除在萌芽状态。温州市聚焦家事纠纷微化解,立足嘉人驿站家事调解"三三"工作体系,充分发挥数字赋能的前端治理作用,依托"平安哨兵"精密智控程序开发的"云普法"功能,将性侵、家暴案件、家庭矛盾纠纷调解排查纳入微网格长职责。嘉兴市妇联实施重点家庭红色、黄色、蓝色区分的"三色"动态管理机制,采用"线上+线下"模式,线下运用"妇联+网格+N"的工作模式,明确矛盾纠纷化解工作要求,实行即时上报、及时预警、主动调处、分类化解。衢州市妇联积极探索"市级统筹主导、区县组织落实、镇街联动化解、村社排查回访"四级婚姻家庭矛盾纠纷排查化解体系,让家庭矛盾在"家门口"化解。2021年1—9月,全省各级妇联组织共排查婚姻家庭纠纷42072起,已化解40427起,化解率达96.1%。

3. 建立党政主导的家庭暴力全流程处置机制

坚持党建引领,对家庭暴力等问题形成多部门配合,分级、快速分拨处置的工作模式。绍兴市探索以党政主导的多部门(单位)联合处置家暴警情工作领导小组为核心,建立反家暴联动快速反应、家暴行为惩防、家暴家庭分类定级、家庭辅导员跟踪指导、案例分析研判等机制,创新推出"基层婚姻家庭辅导员专项能力培训三年行动计划",在全市培养了一大批既专业又务实的婚姻家庭辅导骨干力量。杭州市结合家暴行为的实施手段、实施次数和社会危害性等因素,建立"首次告诫、第二次传唤、第三次依法拘留"的三级行为惩防机制。金华市妇联首创"涉家庭暴力人员婚姻登记可查询制度"和"社会谅解"矫正机制。

4. 推动解决以村规民约、村民自治决议等形式剥夺农村妇女土地权益、集体经济组织成员资格的问题

维护农村妇女合法权益,协调推动解决土地个案纠纷,促进修改村规民约或村集体决定中侵害妇女权益的内容,排查集体经济组织成员身份确定中妇女"两头空"的问题,重点检查离婚、丧偶妇女等群体成员身份确认情况,规范证书内容,做到妇女"证上有名、名下有权"。湖州市出台《关于深化农村土地承包经营权确权登记颁证工作的意见》《湖州市深化农村集体产权制度改革试点实施方案》等文件,为解决农村妇女土地权益问题提供政策依据。德清县作为试点通过集体资产清产核资、村股份经济合作社成员身份认定、股份合作制改革等方式了解已确权地方妇女集体经济组织成员身份确认的具体情况,通过下发文件确保农村妇女土地承包经营权、农户宅基地用益物权和集体资产股份收益分配权"三权"落到实处,通过梳理政策不清、引导不够、妇女权益受侵害引发信访或纠纷的案例,发现并推动解决农村妇女集体经济组织成员身份确认"两头空"的问题。

5. 解决涉妇女儿童权益和妇联组织舆情处置难问题

规范全省12338妇女维权热线建设和管理,畅通妇女儿童信访诉求渠道,提升服务质量。落实浙江省妇联系统妇女儿童舆情监测引导、应对处置工作要求,开展舆情的动态监测,针对侵害妇女儿童权益的重大舆情事件,加强与相关部门的联动,主动作为、快速反应、科学应对。加强矛盾风险研判和预警,协调多方资源力量,及时化解涉妇女儿童和家庭的倾向性、苗头性问题,有效防范应对妇女儿童和家庭领域重大风险。衢州市妇联制定《衢州市妇联系统妇女儿童舆情处置工作办法(试行)》《衢州市应对妇女儿童重大侵权案舆情工作预案》,规范监测预警、报告研判、应对处置等舆情应对工作流程。

(三)聚焦基层治理,以"融合共治"优化市域社会治理的管控质态

浙江省妇联围绕基层治理现代化目标,注重重心下沉、关口前移,通过参与顶层设计,完善服务体系,创新数字赋能,提升维权工作实效,推动形成"小事不出村、大事不出镇""家庭矛盾解决在家庭"的基层社会治理工作格局。

1. 坚持源头治理,完善覆盖全面、触角灵敏的常态化风险排查制度

建立完善排查调处、信息共享、部门联动、关爱服务等机制。浙江省妇联以家庭建设综合平台为抓手,积极落实"四必访"制度,主动贴近妇女群众、主动跟进家庭动态、主动报送反馈信息,制定家庭问题清单和服务清单,精准施策,防止矛盾激化升级。力求用最少成本和代价解决问题,把小矛盾小问题解决在基层,把大问题大风险解决在市域。

2. 坚持全程治理,形成从源头到末梢的完整治理链条

切实加强重点人群和家庭关爱服务、妇女儿童侵权案件发现报告、多部门联防联动、妇女儿童舆情应对、妇女儿童侵权案件推进工作督查等机制的建设和落实。联合公检法司等部门深化维护妇女儿童权益制度机制,形成妇女儿童权益保护事前预防、事中联动处置、事后综合帮扶的全程化联动工作格局。依托"一中心四平台一网格"("一中心"即社会矛盾纠纷调处化解中心,"四平台"即乡镇(街道)基层治理综治工作平台、市场监管平台、综合执法平台、便民服务平台,"一网格"即基层全科网格)县域社会治理体系,联动各部门,通过智能分析及时预警、及时研判、及时处置,形成"数据采集＋需求分析＋决策实施＋评价反馈"的婚姻家庭纠纷预防化解闭环系统。建立异常家庭识别管控和婚姻家庭矛盾纠纷排查化解相结合的长效工作机制,切实提高排查识别、预防预知、及时化解婚姻家庭矛盾纠纷的能力和

水平。

3. 坚持"三治融合"，全面激发基层社会治理内生活力

坚持自治为基，持续激发群众自我管理、自我服务、自我教育、自我监督的内生动力，强化主体意识、自治功能。逐级建立各类婚姻家庭纠纷人民调解组织，联合司法行政机关建立婚姻家庭纠纷人民调解委员会，联合婚姻登记机关建立婚姻家庭辅导室、婚姻家庭纠纷调解室等，培育婚姻家庭纠纷化解工作品牌工作室。加强家庭参与基层治理活力，引导家庭成员参与基层自治，发展壮大群防群治力量，通过家庭成员自我管理、自我服务、自我教育、自我监督，提高家庭自治水平。贯彻落实《浙江省家庭教育促进条例》，强化父母的家庭教育主体责任，对因监护人监管教育不当或失教失管，导致未成年人涉嫌犯罪或遭受犯罪侵害或有其他严重不良行为的，对未成年人父母或其他监护人开展强制亲职教育。杭州市开展强制亲职教育工作试点，出台《杭州市人民检察院、杭州市妇女联合会关于联合开展强制亲职教育试点工作的意见（试行）》，妇联组织积极配合检察院开展强制亲职教育，联动相关职能部门建立系统集成、协同高效的工作机制，通过定期会商、信息共享、资源整合等方式构筑全流程、全周期、无缝化的帮扶闭环。台州市路桥区建立"1＋X"全程联动强制亲职教育机制，推动司法保护和社会支持体系融合发展，从而更有效地帮助涉罪未成年人回归社会，预防二次犯罪。

二、参与市域社会治理现代化试点工作的经验模式

市域社会治理的源头在家庭，家庭治理必须充分依托女性的力量。市域层级既是省域决策的执行者，也是县域行动的主导者，其承上启下的双重身份和枢纽作用便于灵活掌控县域管不好、省域管不着的矛盾问题，浙江省各市妇联通过发挥市域统筹性、协调性和综合性，充分发挥妇女在社会生活和家庭生活中的独特作用，凝聚女性的柔性力量和家庭细胞能量，激发基层妇联组织参与社会治理的主动性、积极性和创造性，在基层社会治理体制机制的创新、治理路径的探索、治理工作的落地等方面持续发力，形成了诸多经验、模式和路径。

(一)融入矛调中心建设,以阵地整合拓宽妇联组织参与市域治理服务的途径

阵地建设是妇联组织参与市域社会治理现代化的重要基础。2020年3月,习近平总书记考察浙江时,肯定了安吉县社会矛盾纠纷调处化解中心的做法,全省妇联系统以此为契机,积极探索妇联参与基层治理路径,将婚姻家庭纠纷化解工作纳入县级社会矛盾纠纷调处化解中心建设,努力实现矛盾纠纷调处化解"最多跑一地",全省妇联组织的婚调组织基本实现与县级矛调中心同步建设。浙江省妇联认定96个工作室为首批"浙江省婚姻家庭纠纷化解品牌工作室",推进婚姻家庭纠纷预防化解工作品牌进村入户。

各市妇联因地制宜,在婚姻家庭调解组织的机构设置、场地落实、人员进驻、机制集成上分类施策,将婚姻家庭纠纷调解组织作为县级矛调中心入驻单位,实现空间格局统一、人员机构合并、职能职权融合,联合共享平台资源,变碎片治理为集成治理;根据婚姻家庭矛盾纠纷的特点,建立分类别分层次,内设外驻品牌工作室,志愿者轮值的调解模式,进一步前移服务关口,内设妇联明显标识、工作导图、工作内容,规范妇联参与社会矛盾纠纷调处化解中心工作流程,打造"联合调处"工作模式,变单一治理为多元治理。温州市通过组建家事调处、巾帼律师、心理咨询"三大专家团",实现婚调委进驻社会矛盾纠纷调处化解中心、民政婚姻登记大厅、法院家事审判合议庭,整合多方资源提高家事化解效率。

(二)聚焦数字化改革,以科技支撑提升市域社会治理的原生动力

浙江省在全国率先部署开展了一项关系全局、影响深远、制胜未来的重大集成改革——数字化改革。在省委明确了构建"152"体系架构("1"即一体化智能化公共数据平台,"5"即党政机关整体智治综合应用、数字政府综合应用、数字经济综合应用、数字社会综合应用和数字法治综合应用,"2"即构建理论体系和制度规范体系)、梳理核心业务、谋划应用场景、撬动重大改革等重要任务后,浙江省妇联积极探索数字化改革的妇联组织应用场景,拓展数字化应用,提高社会治理数字化应用能力,使传统的被动服务模式转变为主动性的响应式服务,使基层社会治理精细化、精准化。省妇联推出基层

妇联和干部"四必访"制度,创新推出"浙里家·连心桥"应用场景,以"四必访"为载体和着力点,帮助妇女姐妹解难题。打造以矛盾纠纷化解为核心的"家和智联"综合治理平台,打破部门信息壁垒,实现单元集成,实行动态分级管理,全程综合分析家庭健康状态和细微变化,全面精准对接各类家庭需求,调处化解风险隐患,高效应对突发事件,并列入全省数字化改革首批重大应用项目省发改委牵头的"民转刑"案件防控综合集成改革。

各地妇联创新数字赋能,创新利用大数据推动婚姻家庭纠纷调处化解工作。杭州市富阳区"家和智联"平台数字赋能平安家庭建设,通过绘制家庭治理"一张图",建立家庭数字档案、完善家庭信息,在基层采集婚姻家庭矛盾纠纷的基础上,将公安、检察院、法院、卫健、民政、信访、教育等7部门涉及婚姻家庭矛盾纠纷信息导入"家和智联"数据库,细分家庭定码,依据守法指数(涉及刑事、治安案件)、平安指数(涉及报警、信访、家暴就诊)、和谐指数(涉及离婚等)三大指数,对每户家庭进行量化定码,分成红码、黄码、绿码(包括扣分绿码)"三色四类"家庭进行管理。嘉兴依托"嘉家福"家庭建设综合应用推出"三色法"、台州建成"民转刑"综合集成平台等,从源头上化解家庭矛盾纠纷,将社会治理由网格进一步延伸到家庭,解决社会治理"最后一寸"问题,提升了矛盾纠纷预防化解和社会治理整体水平。

(三)依托女性社会组织,以队伍建设凝聚妇联参与市域社会治理现代化的社会力量

在新时代背景下,推动妇联工作社会化是妇联组织破解人才、资源不足等短板的有力抓手。因此,妇联组织在充分利用政府资源的同时,充分发挥政治引领力、组织凝聚力、工作影响力和群众服务力,不断壮大参与社会治理工作的力量,广泛吸纳女性社会组织进行联系和指导,通过多种途径链接社会资源,积极推动女性社会组织发展公益事业、维护妇女权益、参与社会治理、促进社会和谐,为妇联组织参与市域社会治理引入专业化、社会化力量。

舟山市创新打造基层社会治理的重点品牌"东海渔嫂",在完善共建共治共享社会治理格局的实践中,立足中国之治、市域之治和群众自治三大维度,做深"联"字文章,创新工作机制,形成多方保障的工作格局,依托宣传、

民政、公安、司法、农业农村、海洋与渔业等九大部门资源,加强专业化"东海渔嫂"联盟建设,协同更广大妇女群众与家庭参与共建共治共享社会治理大格局。德清县以本土品牌"德清嫂"为引领,凝聚全县志愿力量,创新基层社会治理机制,推动"三服务"工作落实落深落细,如:开展平安宣传"大喇叭"行动,对"平安三率"(安全感满意率、平安建设知晓率、平安建设参与率)、扫黑除恶等进行重点宣传;开展平安巡查"德清嫂+"行动,创新"网格员+德清嫂志愿者"模式,专职网格员与"德清嫂"组成一对一的"老少配"开展服务;开展平安调解"和事佬"行动,探索建立县多元化矛盾调解中心、镇(街道)调解分中心、各村(社区)调解室三级阵地,并充分发挥各地"德清嫂"地点熟、人情熟、情况熟等优势,实现问题早发现、早解决,走访发现并及时调解家庭矛盾、邻里纠纷。平阳县通过整合资源,搭建"2+N"的队伍模式(1个专职团队、1支志愿队伍、N名家事三大员),成立平阳县启心社会服务中心、平阳县婚姻家事维权志愿队,并与法院联合建立家事案件三大员制度,发动妇女群众积极参与家事纠纷案件调解。

三、推进市域社会治理现代化工作的建议

妇联组织参与市域社会治理现代化是一个全新的前沿课题,也是一个庞大复杂的系统工程,贵在源头防控,稳在基层基础,新在共建共治共享,强在现代科技支撑。基层妇联组织在服务模式创新、联动社会资源、挖掘工作深度方面仍然存在完善和探索的空间。

(一)在"联"字上求突破,完善参与市域治理社会的机制

机制建设是妇联组织参与市域社会治理现代化的核心内容。市域社会治理的初衷在于整合市县镇村等力量,及时全面地回应和满足群众对美好生活的向往,任何组织和个人都不能也不应袖手旁观、相互推诿。推动各级各部门各司其职、各尽其责、有序协调,是应对风险问题叠加扩散的必然要求,也是市域社会治理现代化的关键所在。

妇联组织参与社会治理是有限的、有序的参与,而不是全能的、全方位

的参与。因此,妇联组织应有针对性地参与和妇女儿童切身利益相关的社会性、公益性、事务性的服务工作,把代表和维护妇女利益作为妇联组织参与社会治理的出发点和落脚点。要以机制建设为路径,将妇联作为一个链接资源的平台,通过各类工作机制的建立,推动各部门凝聚合力,助力基层治理。要充分发挥妇女在社会生活和家庭生活中的独特作用,积极链接各类社会资源,提高基层妇女组织化程度,打造枢纽型平台,激活基层治理的"神经末梢",筑牢基层治理"网"底。

(二)在"参"字上求开拓,拓展参与市域治理的服务领域

妇联组织需要充分发挥参与社会公共事务管理的自主性与灵活性,探索工作的新途径,适应时代发展的要求。一是加大源头参与力度。通过政策法规性别平等评估工作等方式,对和妇女儿童有关的法律法规、公共政策与发展规划的制定及实施提出可操作性强的意见建议,充分表达妇女群众的利益诉求。二是形成社会化工作模式。转变传统的工作理念,整合利用社会资源,推进服务手段社会化,鼓励和支持各类社会组织多渠道参与社会治理。通过项目运作,吸引各方力量来共同解决权益、家庭文化、社会治安、文明素质等方面的难点和问题。以服务妇女儿童民生和发展的实事项目为载体,探索推进购买政府公共服务工作,通过第三方、女性社会组织等承接具体服务、活动事项,带动资源的整合,引导妇联工作由传统的活动方式向实事项目转变。推进婚姻纠纷调解组织实体化运作,依托婚调委进驻矛调中心、民政婚姻登记大厅、法院家事审判合议庭,探索以"数字跑""部门跑"替代"群众跑",为妇女儿童和家庭提供更优质的服务。探索涉家庭暴力信息数据库、性侵未成年人犯罪预防信息数据库等建设,推进建立婚姻登记自愿查询涉家庭暴力信息机制、从事未成年人服务工作人员入职审查机制,从源头上预防对妇女儿童的侵害。三是构建常态化参与模式。要充分发挥基层妇联执委、妇联干部、网格员、巾帼志愿者队伍的作用,聚焦平安创建、纠纷调处、应急救援、扶贫关爱、文明倡导等基层治理服务,成为基层社会治理服务的生力军。要积极整合女性社会组织等各类资源,延伸妇联服务手臂,提升市域治理社会化水平。

(三)在"实"字上求创新,彰显妇联组织参与市域社会治理优势

妇联组织参与社会治理,最重要的是做好服务,提高实效。一是追求服务的全覆盖,特别是服务要下基层,关注到乡镇妇女的切实需求,努力推动服务的均等化。二是创新工作方法,从过去节庆式、运动式、突击式的活动,向项目化、社会化、专业化转变。三是不断提高妇联工作群众化、社会化、专业化的水平,建立孵化基地,积极推动成立能够承接一定社会治理职能的社会组织,引领其从社会治理的"配角跑龙套"转做"主角唱台戏"。要发挥枢纽作用,协助政府把惠民政策、利民措施落到实处,从改善妇女民生、反映妇女民意、理顺妇女情绪、化解妇女矛盾等方面解决妇女群众最关心、最直接、最现实的利益问题,体现妇联参与社会治理创新的实效性。

以数字化改革推动妇女儿童
共同富裕的实践路径

阮　英[*]

摘　要：习近平总书记指出，共同富裕是社会主义的本质要求，是中国式现代化的重要特征。在全省大踏步迈进高质量发展建设共同富裕示范区的征程中，找准推动包括妇女儿童在内的人民群众共同富裕的着力点和突破口，是摆在全省各级妇联组织面前的一项重大而紧迫的任务。本文以数字化改革为总牵引，分析推动妇女儿童共同富裕的背景和意义，论证了数字化改革和妇女儿童共同富裕的内在机理，阐述了共富机制建设、应用场景打造、女性人才引领三大实践路径，提出以数字化改革打开妇女儿童共富发展空间、激活女性创业创新动力、增进妇女儿童民生福祉、推动妇女儿童精神富有、保障妇女儿童合法权益五方面的对策与建议。

关键词：数字化改革；妇女儿童；共同富裕

一、以数字化改革推动妇女儿童共同富裕的
背景及意义

共同富裕是中国特色社会主义的本质要求。以习近平同志为核心的党中央把促进全体人民共同富裕摆在极其重要的位置，团结带领全党全国各

---

*　阮英，杭州市妇联党组书记、主席，研究方向为女性发展。

族人民打赢了脱贫攻坚战,完成了破解共同富裕历史性难题的重要一步,擘画了到2035年实现"全体人民共同富裕取得更为明显的实质性进展"的美好图景。2021年6月,《中共中央 国务院关于支持浙江高质量发展建设共同富裕示范区的意见》发布,赋予浙江建设共同富裕示范区的历史重任,为浙江高质量发展促进共同富裕提供了强大动力和根本遵循。2021年7月,《浙江高质量发展建设共同富裕示范区实施方案(2021—2025年)》出台,浙江各地各部门扎实推进共同富裕先行探索,努力为实现共同富裕提供浙江示范。深入贯彻落实建设共同富裕示范区这一重大战略部署,找准推动包括妇女儿童在内的人民群众共同富裕的着力点和突破口,是摆在全省各级妇联组织面前的一项重大而紧迫的任务。在浙江高质量发展建设共同富裕示范区的过程中,以数字化改革推动包括妇女儿童在内的人民群众实现共同富裕,具有重大的历史意义和现实意义。

(一)共同富裕将实现包括妇女儿童在内的全体人民对美好生活的向往

当前,我们党带领人民迎来了从站起来、富起来到强起来的历史性跨越的新阶段,民生发展诉求全面升级,人民对美好生活的向往持续高涨。习近平总书记强调,人民对美好生活的向往,就是我们的奋斗目标。共同富裕的内涵,就是在全面建设社会主义现代化国家的道路上,全体人民通过辛勤劳动和相互帮助,普遍达到生活富裕富足、精神自信自强、环境宜居宜业、社会和谐和睦、公共服务普及普惠,实现人的全面发展和社会全面进步,共享改革发展成果和幸福美好生活。建设共同富裕示范区,将不断探索解决新时代社会主要矛盾的新途径,有效破解群众最关心最直接最现实的利益问题,不断满足人民对美好生活的新期待。

(二)妇女儿童是实现共同富裕的重点对象

共同富裕,是人的全面发展和社会的全面进步,是一个地区、一个国家现代化水平的全面体现。妇女能顶"半边天",儿童是国家的未来、民族的希望,占人口2/3的妇女儿童能否实现共同富裕,是关系共同富裕奋斗目标能否实现的大事。我国妇女儿童发展事业已经取得了长足的进步,同时也面临着诸多挑战,在推动共同富裕的进程中,要时刻围绕妇女儿童关心关切的问题,高度重视妇女儿童的特殊需求,努力补齐短板,在更高水平上实现"幼有所育、学有所教、劳有所得、病有所医、老有所养、住有所居、弱有所扶",使共同富裕成为妇女儿童可感可知可及的幸福体验。

(三)杭州具备以数字化改革推动妇女儿童共同富裕的良好基础

推进共同富裕示范区建设,关键在于改革突破争先、在于体制机制创新。当前,浙江省正以数字化为支点,撬动社会全面发展,这也是共同富裕的要义所在。杭州正在全力打造"全国数字经济第一城""全国数字治理第一城",争创国家数字经济示范城市。"数字"之于杭州,是发展引擎,是生活方式,是治理能力,是制度创新;"数字"之于杭州妇女工作,是思维模式,是工作手段,是机制建设,是组织创新。在推动妇女儿童共同富裕过程中,杭州将率先以全新思维、全新路径,以数字化改革为抓手,聚焦妇女、儿童的高频事项,按照"大场景、小切口"的要求,推动数字技术在妇女儿童民生领域的深度融合应用,努力成为共同富裕示范区城市样板。

二、以数字化改革推动妇女儿童
共同富裕的实践探索

杭州市妇联围绕共同富裕这一历史性宏大场景,以数字化改革为总牵引,打破城乡、地区、群体壁垒,强化数字赋能、业务协同、流程再造,让数字化改革成为推动妇女儿童共同富裕的重要动力来源、制度优化引擎。

(一)上线妇联数字驾驶舱,精准服务妇女儿童共同富裕机制建设

2021年5月,杭州市妇联数字驾驶舱在杭州城市大脑正式上线,并接入杭州市"数智群团"系统,实现与杭州市公安局、市人社局、市民政局等部门关于涉家暴警情、低保贫困户分布等指标的实时对接,通过数字化手段,使服务妇女儿童共同富裕的底线更清、情况更明,预警研判更具前瞻性,为党委政府推进妇女儿童共同富裕机制建设提供更加精准的决策参考。

（二）加快妇联系统应用场景建设，改革成果更多惠及妇女儿童民生改善

全市妇联系统上下联动，厘清实现妇女儿童共同富裕中的堵点、痛点、难点问题，多跨协同，相继推出"家和智联""伊加工""安心驿站""伊码办"等应用场景。市妇联与富阳区联合推出"家和智联"场景聚焦家庭矛盾纠纷预防化解，推动实现婚姻家庭矛盾纠纷"未病先防、既病快治、愈后防复"。省委常委、政法委书记王昌荣，全国妇联副主席、书记处书记蔡淑敏进行专题调研，全国妇联主席沈跃跃，党组书记、副主席、书记处第一书记黄晓薇相继作出重要批示。市妇联与淳安县联合推出"伊加工"应用场景，针对来料加工市场需求大、信息不互通等问题，整合农业农村、人社、民政等部门资源，与杭州市的"亲清在线""民生直达"场景打通，开发一键增收、便捷兑付等功能，将政府补贴直达企业和群众，帮助妇女提升增收致富的能力。萧山区妇联的"安心驿站"、西湖区妇联的"家和帮"等应用场景立足构建反家暴工作数据库，有效实现对困难妇女群体的权益维护。建德市妇联"伊码办"应用场景，对妇联干部、执委在走村入户开展"四必访""五个一"时了解到的群众呼声需求进行实时记录，并形成问题"手机—办理—答复—督办—评价"的闭环管理模式，有效增强妇联联系、服务妇女儿童的功能。

（三）充分发挥女性人才在共同富裕中的引领作用，倡导先富帮后富

女性人才不仅是推动高质量发展的生力军，更是实现共同富裕的开拓者。目前我国互联网领域创业者中女性已经超过一半，杭州女性在社交电商、直播电商领域的占比更高。这些女性人才积极承担社会责任，先富帮后富，在推动妇女儿童富裕过程中的正向引领作用正不断凸显，她们对妇联的认同度也不断上升，一批有影响力的女性已担任了企业的妇联主席。杭州妇联淘宝直播间、巾帼村播等日益繁荣，为女性投身乡村振兴打下了基础。把直播开进田间地头、美丽庭院已成为杭州农村妇女生产生活新常态。

三、以数字化改革推动妇女儿童共同富裕的思考和建议

实现共同富裕不仅是经济问题，更是关系党的执政基础的重大政治问题。推动共同富裕没有旁观者、局外人，妇联作为党开展群众工作的重要助手，理应成为共同富裕示范区的直接参与者、积极贡献者、共同受益者。妇联组织必须对标中央战略要求、对标现代化先行、对标妇女儿童期盼，注重发挥数字化改革的突破力量和先导作用，在构建妇女儿童共同富裕的体制机制和政策体系上探索创新。

（一）以数字化改革打开妇女儿童共同富裕发展空间

要继续坚持以数字化改革为牵引，注重系统分析、顶层设计和模块化构建，找准重大需求、谋划多跨场景、推进制度重塑，从根本上破除体制机制障碍，整合优质资源要素，推动一批覆盖妇女儿童发展各领域的数字化改革成果问世。抓住未来社区建设契机，推进"家庭友好型"社区的规划与布局，努力形成更多具有妇联辨识度的制度创新成果，推动妇联改革继续走在前列。

（二）以数字化改革激活女性创业创新内生动力

培育女性人才，提升创业能力，通过数字化改革，推进传统企业转型升级，更好地激发女性创业创新活力，帮助她们提升自主创新能力、塑造产业竞争新优势。培育社会组织，提升服务能力，不断优化营商环境，保护好创业女性的信心与热情，从而夯实妇女儿童共同富裕的基础。深入推进"科技创新巾帼行动"，与科协联合成立女科技工作者协会，鼓励女科技工作者勇做新时代科技创新的排头兵，为建设科技强国再立新功。

（三）以数字化改革增进妇女儿童民生福祉

以《杭州市妇女发展"十四五"规划》和《杭州市儿童发展"十四五"规划》的实施为抓手，围绕育儿、教育、劳动、健康、养老、住房、救助等涉及妇儿民

生的各领域,加快建设共同富裕现代化基本单元,绘就妇女儿童看得见、摸得着、体会得到的幸福图景。健全机制,充分利用杭州"亲清在线""民生直达"等场景,借助"民呼我为"数字平台,努力为妇女儿童办实事办好事。围绕家庭家教家风建设,依托"伊家通"家庭综合服务平台,不断提升服务功能。同时,探索通过数字赋能乡村振兴巾帼行动,引导妇女跨越数字鸿沟、提升科学素养,进一步加强对农村低收入妇女、对口帮扶地区妇女的常态化帮扶。

(四)以数字化改革推动妇女儿童精神富有

共同富裕既要物质富裕,也要精神富有。要运用数字化手段,深入传承弘扬"红船女儿""千鹤妇女精神""海霞精神"等女性红色资源,打造女性红色文化高地、精神文明高地。同时,以家庭为主阵地,进一步加强社会主义核心价值观引领,实现国民素质和社会文明程度明显提高、团结互助友爱蔚然成风、经济社会发展全面绿色转型,建设人民精神生活丰富、社会文明进步、人与自然和谐共生的幸福美好家园。

(五)以数字化改革保障妇女儿童合法权益

以数字化改革提升妇联参与社会治理的效能,全面推行"家和智联""安心驿站"等场景,完善婚姻家庭矛盾纠纷调处化解工作机制,依法维护妇女儿童合法权益,以平安家庭建设推动法治浙江、平安浙江建设,构建妇女儿童舒心、安心、放心的社会环境,不断增强妇女儿童的获得感、幸福感、安全感,助力绘就全体人民共同富裕的美好图景。

科技创新巾帼行动的宁波探索

俞泉云*

摘　要： 科技创新巾帼行动是妇联组织贯彻落实习近平总书记关于科技强国重要指示精神、引领女性助力共同富裕的重要抓手。宁波市妇联在浙江省妇联、宁波市委市政府的关心支持下，结合自身实际和地方资源禀赋，建设巾帼科技创新赋能平台，引领和带动更多的女性以"科技梦"助推"共富梦"，积极探索科技创新巾帼行动的宁波路径。

关键词： 科技创新；巾帼行动；宁波探索

一、科技创新巾帼行动的资源优势

宁波的巾帼科技创新工作有着扎实的现实基础和显著的资源优势。宁波市妇联、市科协于2006年联合成立市女科技工作者协会，该协会在凝聚巾帼科技力量方面发挥着不可或缺的作用。近年来，宁波市女科技工作者队伍规模逐步扩大，结构不断优化，能力显著提升，在基础理论、应用技术、工程实践等方面贡献突出。对于推进科技创新巾帼行动，各相关单位高度重视，地方党委政府支持力度大，女科技工作者协会、女企业家协会等女性社团组织和社会力量参与协作积极性高，为科技创新巾帼行动提供了扎实基础。

---

* 俞泉云，宁波市妇联党组书记、主席，研究方向为妇女发展。

（一）巾帼科技创新的人才优势

宁波是科技创新的热土，宁波籍院士总数达121人，其中包括第一位获得诺贝尔科学奖项的中国本土科学家屠呦呦，中国工程院院士陈亚珠、陈赛娟，中国科学院院士黄量、侯凡凡，还有在宁波工作的中国科学院学部委员、有机化学家赵玉芬院士等一批女科学家。近年来，又涌现出甬江实验室主任崔平、国家科学技术进步奖一等奖获得者吴慧明等一批优秀女科技工作者，她们在科技领域脱颖而出，在一些重要领域作出了突出贡献，不断彰显巾帼科技创新的魅力。

（二）巾帼科技创新的现实需求

宁波是制造业大市，科技创新对宁波制造业迭代升级有着重要作用。宁波市第十四次党代会明确提出打造"全球智造创新之都"，坚持把创新放在现代化全局最核心位置，全域建设高水平创新型城市，科技创新成为赶超跨越新引擎。宁波市以甬江科创大走廊为核心区块，甬江实验室、相关高校、科研院所、产业园区等科创资源和科创人才集聚。建设巾帼科技创新赋能平台，有利于进一步为科创女性营造良好的科研环境和外部环境，更好引领、服务、联系全市女科技工作者、女企业家，使其为推动科技自立自强、加快建设现代化滨海大都市贡献巾帼力量。

（三）巾帼科技创新的平台建设

成立宁波市巾帼科技创新赋能平台，全方位赋能科创女性。按照全国妇联等7部门、浙江省妇联等6部门联合开展科技创新巾帼行动的部署，以及宁波市实施创新驱动发展战略、加快建设国家自主创新示范区的要求，更好地引领、服务、联系全市广大女科技工作者、女企业家在推动科技自立自强和共同富裕示范先行中发挥重要作用，为宁波推进"六大变革"、打造"六个之都"、加快建设现代化滨海大都市贡献巾帼力量。2022年5月，由宁波市妇联、宁波市科协、镇海区人民政府联合打造的宁波市巾帼科技创新赋能平台正式建成。依托甬江科创大走廊的科创资源，平台运用线上线下公共空间和共享资源，面向女科技工作者、女企业家和广大创业女性提供一站式服务,全方位赋能科创女性。

二、打造巾帼科技创新赋能平台的实践做法

宁波市巾帼科技创新赋能平台以"科创·她未来"为品牌引领,以"科技＋""Women＋"为工作理念,以品牌化打造、阵地化运营、数字化管理、系列化拓展为工作抓手,全力构筑科创女性发展高地和温暖之家。

(一)品牌化打造

打造一个品牌,设计推出"科创·她未来"品牌标识和核心服务,围绕"科技＋(科技·家)""Women＋(我们·家)"工作理念,丰富提升平台文化,为全体科创女性打造一个温馨家园,一个一站式全方位赋能平台。

(二)阵地化运营

构建一个线下空间,利用甬江科创大走廊资源和政策优势,由镇海区政府提供支持,平台落户宁波启迪科技园。运用园区场地,建设一个226平方米的专属独立空间,统筹3000平方米的线下公共服务空间,为科创女性提供研讨交流、成长发展、关心关爱等服务。

(三)数字化管理

推出一个线上平台,提供全天候"妈妈式"服务。通过资源链接,推出更多女科技工作者线上服务内容,不断提升巾帼科技创新赋能平台能级水平,面向企业提供需求对接、技术咨询、成果转化等服务。

(四)系列化拓展

开展N个系列活动,联合相关单位,推出科技攻关、成果转化、揭榜挂帅等各类科技创新主题活动。依托平台建设的6家市级部门成员单位,以及首批入驻、合作的10家单位,积极推进科创资源整合、科创服务提供、科创人才集聚,努力打造巾帼科创人员的温暖之家。

三、推进巾帼科技创新赋能平台可持续发展的路径

坚持部门联合打造、属地管理承接、第三方机构运维,宁波市巾帼科技创新赋能平台持续强化机制保障、经费落实和日常运维,实现平台的可持续发展。

(一)强化机制保障

由宁波市妇联、市科协、市教育局、市科技局、市卫生健康委、市总工会等单位联合出台的《宁波市科技创新巾帼行动实施意见》,从党建引领、平台建设、政策支持、人才培育、氛围营造等5个方面进行顶层设计,确保宁波市巾帼科技创新赋能平台建设有力有序推进。建立联席会议制度,整合各成员单位和参加单位优势,加强对平台发展的制度保障和政策支持。建立工作联系协调机制,明确分管领导,确定联系处室,定期组织开展协调沟通,明确阶段工作重点,分工负责,协同配合,有序推进,抓好落实。

(二)强化经费保障

平台建设经费由宁波市妇联、市科协、镇海区政府共同承担,主题活动由参加单位工作经费支出。宁波市巾帼科技创新赋能平台积极争取党委政府和社会力量的支持,探索建立多元资金投入机制。推动巾帼科技创新赋能平台建设纳入科技创新公共服务项目,纳入地方财政预算。推动将宁波市巾帼科技创新赋能平台建设的服务内容通过政府购买服务方式纳入指导性目录,日常运维通过政府购买服务方式解决。

(三)强化运维保障

加大相关科创资源统筹力度,围绕平台服务科技成果转化、服务科创能力提升、服务科技权益保护、服务科技人才成长和服务美好生活等五大核心功能,精准对接科创女性需求,定制主题服务和活动,做到每日有服务、每月有活动、每季有主题、每年有成果。精心组织巾帼科技创新各类主题活动

（服务），将宁波市巾帼科技创新赋能平台建设成切实为科创女性服务的发展高地、温暖之家。

宁波市妇联按照资源共享、优势互补、协同发展的总体思路，充分整合宁波市女科技工作者协会、女企业家协会、律师协会女律师工作委员会、宁波人才之家、"科创中国"宁波综合服务体和周边高校、科研院所、产业园区等科创力量，着力打造服务科技成果转化、科创能力提升、科技权益保护、科技人才成长、美好生活创造等五大功能模块。未来将积极推进科技成果供需对接、技术攻关、揭榜挂帅，通过开展政策咨询、主旨论坛、科技沙龙，提供法律援助、知识产权保护、家庭建设、素养提升、健康美学等服务，全方位赋能科创女性。

妇联组织助力共同富裕示范区
建设的路径探索

吴云妹[*]

摘　要: 妇女是共同富裕的直接参与者、积极贡献者、共同受益者,妇联组织在团结带领广大妇女和家庭主动投身共同富裕火热实践中发挥着不可或缺的独特作用。本文从妇联组织视角,通过深刻领会在共同富裕"浙江示范"中的使命担当,深入把握共同富裕"浙江示范"的精神内涵,切实找准助力实现共同富裕壮美蓝图的新思路、新方法和新路径,不断提升妇女群众的幸福感、获得感、安全感。

关键词: 妇联组织;共同富裕;示范区

共同富裕是社会主义的本质要求,是人民群众的共同期盼。党的十九届五中全会对扎实推动共同富裕作出重大战略部署,以习近平同志为核心的党中央赋予浙江省高质量发展建设共同富裕示范区的光荣使命。浙江省委十四届九次全会对示范区建设进行专题研究、系统阐述、全面部署,勾画了共同富裕美好社会的蓝图。站在新的发展阶段和历史方位,妇联组织作为党和政府联系妇女群众桥梁纽带,如何团结带领广大妇女奋力谱写共同富裕示范区建设的巾帼乐章成为重大时代课题。

---

* 吴云妹,湖州市妇联党组书记、主席,研究方向为妇女发展。

一、坚持高点站位,在强化认识中扛起使命担当

高质量发展建设共同富裕示范区,是浙江省忠实践行"八八战略"、奋力打造"重要窗口"的核心任务,是做好新时代妇联工作的根本遵循和行动指南。妇联组织要坚持把助力共同富裕示范区建设作为当前和今后一段时间的重大政治责任,闻令而动、谋定后动,在深入学习、深刻领会中切实扛起"浙江示范"的政治担当、时代担当和责任担当。

(一)助力共同富裕示范区建设是妇联组织的重大政治任务

政治性是妇联组织的本质属性,党委有号召、妇联有行动一直是妇联组织铁的原则和优良传统。妇联组织理应自觉站在"两个维护"的政治高度,深刻理解推进共同富裕的重大历史意义,坚持党政所需、妇联所能、妇女所盼、未来所向,主动参与共同富裕示范区建设,奋力当好高质量发展建设共同富裕示范区的参与者、维护者和展示者。

(二)助力共同富裕示范区建设是妇联组织的重要职责所在

一直以来,妇联组织在组织联系、教育引领、协调服务和维护妇女合法权益方面有着天然的优势。站在"两个一百年"历史交汇点上,站在新的历史发展阶段,要更加深刻认识到妇联组织在实现共同富裕大格局中的坐标定位,深刻认识到妇联组织在实现共同富裕中不可或缺的推动作用,深刻认识到妇联组织在助力共同富裕示范区建设中的应尽职责,以等不起的紧迫感、慢不得的危机感、坐不住的责任感,努力发挥妇联优势、增强妇联标识、展现妇联作为。

(三)助力共同富裕示范区建设是妇联组织的崭新发展机遇

建成共同富裕示范区,就是要在浙江大地率先展现共同富裕美好社会的基本图景,以浙江的先行探索为全国推动共同富裕探路,这对妇联组织来说既是机遇更是挑战。要顺应国情省情和社会发展规律,顺应"女性的思想

更加活跃、女性的需求更加具体、女性的形象更加鲜活、女性自我价值的体现更加多元"的妇情民意,树立"一切以妇女为中心"的工作理念,立足浙江、面向全国、放眼世界,努力在乘势中激流勇进、在顺势中培育先机、在逆势中保持定力,在助力共富上为全国、全省妇联组织先行探路。

二、坚持辩证思维,在深学深研中把握精神内涵

共同富裕是普遍富裕基础上的差别富裕,是以高质量发展为基石的共同富裕,是"五位一体"的全面跃升,是共建共治共享的共同富裕。妇联组织只有准确把握其核心要义和本质要求,才能真正扛起先行示范的新使命、展现先行示范的新作为。

(一)要深刻把握全民共富内涵,努力实现妇女发展与经济社会发展相统一

共同富裕不是一部分人和一部分地区的富裕,而是要满足全体人民对美好生活的需要。妇女是物质文明和精神文明的创造者,是促进家庭文明和谐、推动社会发展进步的重要力量,实现全体妇女富裕是实现全民富裕题中应有之义。妇联组织必须坚定不移将男女平等基本国策落到实处,让妇女享有平等参与发展的机会与权利,要着力营造关爱女性成长与进步的良好环境,建立健全妇女权益维护体制机制,让妇女更好地共享改革发展成果。

(二)要深刻把握全面共富内涵,努力实现物质富裕与精神富有相统一

共同富裕的最终目的不是简单的物质占有,而是物质和精神两个层面都丰富、人与自然和谐共生等在内的人的充分享有、更好满足、全面发展。妇联组织既要关注妇女群众的物质需求,统筹打好妇女创业帮扶、产业帮扶、就业帮扶、救助帮扶等"组合拳",促进妇女持续普遍增收,更要关注妇女群众对精神文化生活的追求,着力在提升文化素养、丰富文化活动、倡导健

康生活、引领文明风尚等方面下功夫,真正实现让妇女经济富裕富足、精神自信自强。要深刻把握妇女共建共富内涵,努力实现人人参与与人人尽力相统一。共同富裕是在人人参与、人人尽力的基础上的人人享有,不是养懒汉,更不是等靠要。妇联组织要充分挖掘妇女内生发展动力,激发妇女主体意识,鼓励妇女勤劳守法致富,引导妇女更加广泛参与经济领域发展,更加主动参与民主决策管理,更加彰显家庭社会价值,让妇女在全民动员、全员参与中享有更多获得感和幸福感。

(三)要深刻把握逐步共富内涵,努力实现平衡发展与充分发展相统一

共同富裕是事关全局和长远的重大历史任务,是逐步解决发展不平衡与发展不充分问题的过程,需要持之以恒、久久为功。妇联组织要充分认识到地区间、地域间、城乡间妇女发展的差异、妇女需求的差异以及发展环境的差异,既因地制宜因地施策,促进妇女高质量充分发展,又以点带面串点成线,不断缩小差距,以先富带动后富,最后实现共富。

三、坚持系统谋划,在精准发力上探索有效路径

浙江省委对高质量发展建设共同富裕示范区明确了"十四五"时期"四率先三美"主要目标和"七个方面先行示范"主要任务,并提出了"每年有新突破、5年有大进展、15年基本建成"的"三步走"计划,是当前和今后一个时期妇联工作必须锚定的方向和目标。妇联组织要主动置身于共同富裕示范区建设的大体系中,围绕"生活和美、文化和润、社会和序、生态和谐、百姓和睦"的共同富裕美好图景,聚焦主责主业、深入谋划探索,找准结合点和发力点,真正做到小切口、大内涵,深切口、广受益。

(一)要在增强妇女发展动能、促进妇女增收致富上精准发力

做大发展总量,提高发展质量,是实现共富的物质基础。要深度融合新发展格局,突出女性"双创"主体,聚焦创新驱动发展战略,有效把握妇女在

不同创业阶段的需求,大力提升自主创新创造能力,大力拓展"巾帼云创"服务,健全分层分类政策资金支持体系,打造更加立体多元的技能培训体系,持续激发妇女创新创造活力。要高度关注低收入妇女群体,深入实施低收入妇女增收行动,巩固拓展脱贫攻坚成果与乡村振兴有效结合,帮助妇女发展现代农业、巾帼民宿等特色产业,支持妇女在家政、手工业、电商、文旅等特色领域就业,综合施策让妇女持续增收增富。

(二)要在拓展妇儿关爱渠道、促进妇女共建共享上精准发力

共富路上,一个也不能掉队。要聚焦妇女和家庭的关切,扎实开展对困境妇儿、家庭的关爱帮扶。要摸清困境妇女儿童家庭底数,通过绘就家庭情况"五色图"、妇女群众"分类谱"、妇女需求"详情单",动态掌握困境妇儿情况,提高关爱帮扶的精准度。要健全"项目化、社会化、常态化"的关爱帮扶机制,培育发展更多的社会组织开展针对妇女儿童家庭的公益创投服务,集聚更多的社会力量为妇女儿童排忧解难,不断扩大关爱帮扶的受益面,提高关爱帮扶的实效性。

(三)要在深化美丽家园建设、促进生态环境宜居上精准发力

优良的生态,是最普惠的民生福祉。要深化美丽庭院建设,着力在推动美丽庭院与美丽乡村建设有效衔接深度融合、拓展美丽庭院建设丰富内涵与广阔外延、打造美丽庭院国家标准和创建规范上下功夫,为美丽乡村建设助力添彩。要深化寻找"最美家庭"活动,有计划、分类别、不间断地寻找移风易俗、绿色环保、文明健康、勤俭节约等最美家庭,用榜样的力量带动家家行动,促进和弘扬文明新风。要深化最美家风建设,持续开展家风建设主题宣传活动,守好红色根脉,传承红色基因,旗帜鲜明地倡扬爱国敬业、诚信友善、孝老爱亲等家风美德,推动社会主义核心价值观在家庭落地生根。

(四)要在优化家庭综合服务、促进公共服务提质上精准发力

聚焦人的全生命周期公共服务供给,切实担负起家庭服务工作重要职责。要深化家庭教育指导服务,扎实推进覆盖城乡的家庭教育服务体系建设,建强用好村社区家庭学校阵地,构建家庭更关注、学校更配合、政府更重

视、社会更支持的四位一体的良好家教模式。要发挥巾帼志愿者在居家养老、社区扶老中的积极作用,促进巾帼家政服务提质扩容,加快推进3岁以下婴幼儿照护服务发展,更好地满足养老育幼等需要。

(五)要在筑牢家庭平安基石、促进社会和谐和睦上精准发力

家庭的平安是社会和谐稳定的基石。要紧盯妇女维权的短板、弱项,把握妇女维权的新情况、新特点,着力于健全妇女维权工作体系,加强妇女维权工作联动,在争取妇女维权工作支持和提升服务维权时效上下功夫,以维权促维稳。要积极推动妇联组织嵌入基层治理体系、工作融入基层治理格局、力量加入基层治理队伍,切实将婚姻家庭矛盾纠纷预防在前端、发现在一线、化解在基层,以家庭小平安促进社会大和谐。

四、坚持科学推进,在聚力加力中提升工作水平

高质量发展建设共同富裕示范区的壮美蓝图已经绘就,奋进号角已吹响。妇联组织要自觉把思想和行动统一到省委的决策部署上来,以"民为本"的深厚情怀、"勇变革"的现代思维和"重实干"的过硬作风,着力提升能力水平,不断创新方式方法,切实增强互联互通,奋力交出共同富裕示范区建设妇联的高分答卷。

(一)要广泛凝聚"人"的共识

要广泛凝聚妇联干部的思想共识,增强工作的主动性,激发思维的创新性,加强各级妇联组织工作的联动性,坚持做到自我革新与自我提升、顶层设计与基层创造相统一。要广泛凝聚妇女思想合力,正确处理发动妇女和发展妇女的关系,增强富有浙江特色的妇女思想政治引领内涵,用妇女喜闻乐见的方式,分领域、分时空、分类别把党的创新理论、先进思想准确传递给每一名妇女群众,增强妇女对实现共同富裕的政治认同、情感认同和价值认同。

（二）要充分发挥"联"的优势

"联"是妇联组织群众性的内在要求，是妇联的最大优势。要更精准地把握妇女群众的意愿和需求，把妇女群众联合起来，将妇女群众由服务对象变成工作力量。要主动链接不同部门的资源和优势，把更多的部门联合起来，加强部门多跨协调、高效联动，推动妇联活动联办、资源联享、阵地联建、项目联推，共同为妇女发展提供保障。要走出机关、走到基层、走入家庭、走进网络，把各行各业妇女联系起来，构建更为强大的妇联联系网、工作网和感情网。

（三）要巧妙借助"技"的手段

数字化改革正在催生新的发展动能。要牢牢把握浙江省当前数字化改革的历史机遇，充分运用互联网及大数据思维赋能妇联工作，为破解共同富裕难点堵点开辟新路径。要通过数字化技术、数字化思维、数字化认知对妇联的工作机制、组织架构、方式流程、手段工具进行全方位、系统性重塑，提高智能化运作水平和能力。要深度谋划以妇女家庭服务为牵引的妇联业务多跨场景应用，让数字化改革红利更好地惠及妇女群众。

在高质量发展建设共同富裕示范区的新征程中，我们将始终保持奋进者姿态、激发创造性张力，不断探索汇聚巾帼智慧、具有妇联特色的共同富裕实践之路，为浙江省高质量发展建设共同富裕示范区贡献巾帼力量。

"数智妇联"建设的嘉兴探索与实践

陈敏红*

摘　要：浙江数字化改革统筹运用数字化技术、数字化思维、数字化认知，把数字化、一体化、现代化贯穿到经济社会发展的全过程各方面。在数字化改革背景下，基于浙江省妇联开发的"浙里家·连心桥"相关子应用的推广实践，嘉兴市妇联在机制体制突破、服务创新探索、组织效率提升等方面积极探索数智妇联建设，推进基层妇联共建共享数字化改革成果，更好地发挥了妇联组织在引领、服务、联系妇女和家庭、基层社会治理、助力嘉兴打造共同富裕典范城市等方面的积极作用。

关键词：数字化改革；数智妇联；改革突破

浙江的数字化改革以习近平新时代中国特色社会主义思想为指导，统筹运用数字化技术、数字化思维、数字化认知，把数字化、一体化、现代化贯穿到党的领导和经济、政治、文化、生态文明建设全过程各方面，以跨层级、跨地域、跨部门的高效协同为突破，以数字赋能为手段，以数据流整合决策流、执行流、业务流，推动各领域工作体系重构、业务流程再造、体制机制重塑，从整体上推动社会发展质量变革、效率变革、动力变革。嘉兴市妇联对标习近平总书记对妇联组织"把联系和服务广大妇女作为工作生命线"的要求和增"三性"（政治性、先进性、群众性）的群团改革要求，探索数字化改革背景下数智妇联建设路径，以数字化改革应用成果推进执委走访、平安家庭

---

* 陈敏红，嘉兴市妇联党组书记、主席，研究方向为妇女发展。

建设、妇女儿童权益维护等做法经验,获得了全国妇联、省群团组织的肯定。

一、推出"三官体验",实现数智妇联场景全面推广

(一)招募体验官

针对"浙里家·连心桥"等已上线的子场景,设定村(社区)、高校、女企协、女科协、企业等对应目标用户,现场开展问卷、问计、问需"三问"活动。制订一周一主题,分批次开展体验计划,以点带面形成规模效应,一线收集反馈意见,为优化方案提供建设性意见。组织规上企业、村民、家庭、主播担任体验官,现场体验"家庭教育""家门口创就业""巾帼共富工坊"等模块功能。

(二)聘用推荐官

面向应用资源提供方,依托"一站一岗一家一中心"(妇女儿童综合服务驿站、巾帼文明岗、儿童之家、妇女儿童活动中心等阵地)开展"应用推广PK赛"。联合"青蓝万家"社区家庭教育、"书香飘万家"亲子阅读项目等特色品牌和南湖区"田间自然学校"等8个家庭教育实践基地,形成以官方应用"背书"推品牌,以特色品牌加持推应用的"双向加持"互推模式。鼓励星级妇儿驿站、省级儿童之家等主体在"家庭教育"板块发布亲子活动和课程资源等,吸引用户使用。活动开展以来在"家庭教育"板块新上线共享课程资源59个,示范型妇儿驿站发布亲子活动报名47项,服务阵地127家。

(三)挖掘代言官

邀请新媒体平台、新闻记者、宣传运营等行业媒体人体验应用功能,在嘉兴女性公众号、视频号等媒体发布操作视频,设置"应用体验留言板"。动态优化推广体验方案,提升用户体验度,扩大应用初体验活动影响力。目前,通过"应用体验留言板"搜集到针对"和睦e家"和"家门口创就业"等应用的使用完善意见60余条。

二、聚焦"三效提升",实现数智妇联建设机制突破

聚焦"党建引领、连心妇女、服务家庭",从妇联核心任务出发,直面妇联组织与妇女联系不紧密、桥梁纽带作用发挥不充分等堵点,妇女受到家暴伤害、家庭失和情况屡发、处置效率不高等痛点,家庭增收共富渠道不多、妇联工作量化评价难等难点,契合妇女组织建设、夯实社会治理基础的基层需求,以及妇女维权、发展和家庭增收致富的普遍需求,确定"党政所需、妇女所急、妇联所能、多跨协同、推进改革"的数字化改革总体方向,以数字化改革应用为切入点,实现妇联组织、协同联动、服务效率等方面的制度突破。

(一)针对工作量化评价不精准问题,提升组织效率

把以往制度执行过程中的"软"指标变"硬",工作评价中的"人情分"变"客观分",推动执委制度等变革。以妇联执委履职走访为例,虽然一直以来都有明确的制度要求,但具体操作中仍然存在走访缺量化、量化欠精准、精准难评价、评价不科学等问题。"四必访四必应"应用上线后,通过对数据进行分析,实现对执委履职全过程一屏掌控,即时掌握走访量,及时发现变化量,实时评价办结量,真正解决了以往执委工作"不好评、不能评、不想评"的难题,有效提升了基层妇联执委的工作执行力。

(二)针对部门协同不紧密问题,提升协同效率

"和睦e家"应用通过技术融合、业务融合、数据融合,建立跨层级、跨业务、跨部门协同模式,建立多源感知、研判分析、分类处置、跟踪问效、评价反馈的工作闭环,变妇联单干为部门联动,提升协同处置效率,为基层妇联与部门联动提供支撑。基于该应用,嘉兴市妇联建立"平安家庭三色智治"工作机制,形成家暴案件跟踪问效和预警预测机制,缩短了多部门联动处置家暴事件的工作时长,提升了家暴伤害、家庭纠纷的处置效率,获评省"平安家庭建设优秀单位"。

(三)针对桥梁纽带作用发挥不充分问题,提升服务效率

通过数字化手段实现资源集成,变多头登录、条块分割、各自为政为一端管控、综合集成、信息互通,真正优化群众体验感,提升操作便捷度,构建智慧妇联系统化、整体性的架构,满足群众多元化需求,通过数字化手段实现资源集成,优化群众体验感。平湖市启元社区妇儿驿站的负责人表示,驿站活动多在各自微信公众号发布,由于人数限制,常常出现活动"一位难求"的情况,妇女群众和家长需要关注多个公众号,频繁浏览页面信息,抢占活动名额,费时费力。而"家庭教育"场景中的亲子活动报名、服务阵地、共享课堂等功能模块集合各驿站活动发布情况,实现了一键搜索,提升了妇女群众的体验感和满意度。

三、建立"三管模式",实现数智妇联建设全量提质

基于数字化改革应用实战实效,嘉兴市妇联研发"红船女儿·共富连心"指数评价体系,含评价功能、监测功能、预警功能、决策功能,下设5个一级指标、若干二级指标和三级指标,通过指数运行实现治理—预警趋势管制、工作—全过程管理、服务—关键节点管控的"三管模式"。

(一)精心设置各级指标

"红船女儿·共富连心"指数评价体系下设连心走访、连心和睦、连心增收、连心驿站、连心教育5个指数,其中连心走访指数下设走访机制、走访成效2个二级指标,连心和睦指数下设化解机制、化解成效2个二级指标,连心增收指数下设增收机制、增收成效2个二级指标,连心驿站指数下设服务机制、服务成效2个二级指标,连心教育指数下设教育机制、教育成效2个二级指标。

(二)优化各项系统功能

1. 评价功能

以"红船女儿·共富连心"指数编制为契机,建立规范的调查分析制度,完善相关统计指标的核算基础,加强对数据指标的收集、汇总和梳理分析。对嘉兴市五县两区妇联服务工作进行数量化客观评价,加强对全市妇联工作的指导。

2. 监测功能

"红船女儿·共富连心"指数的编制为"浙里家·连心桥"中"四必访四必应"子应用监测系统提供支撑,健全统计监测网络,完善监测机制,规范监测行为。整合信息资源,制订切实可行、科学规范的监测评价方案,建立健全监测统计数据库,加强统计监测,提高监测统计队伍整体水平和服务能力。利用驾驶舱平台实时反馈嘉兴市五县两区妇联服务工作的状况及相关指标动态变化,对妇联核心业务数据进行整合并实时输出、展示。实现妇联工作数字化、智能化,为实时掌握数据资料提供精准服务职能,形成良好的服务机制,确保全面动态地指导妇女工作。

3. 预警功能

形成涵盖5项一级指标、10项二级指标、37项三级指标的多项定量和定性指标预警体系,运用数据库功能,对重难点指标进展情况进行定期通报,并结合年度指标完成情况进行全面监测预警。针对预警信号图反映的短板指标的责任单位,进一步压实责任,推动重难点问题解决。切实解决妇女之所需、所急、所盼,推动顶层设计。

4. 决策功能

指标立足对妇联干部共富连心的立体化考量,有效提升妇联干部查漏补缺和健全各类防控机制的统筹本领,为决策提供有力支撑,有助于提升妇联与妇女的联系紧密度和党群、干群关系融洽度,强化引领服务能力。通过科学的监测分析,为党委政府优化妇女工作提供对策建议,助力精准施策。

（三）健全"三管模式"

1. 治理—预警趋势管制

以"连心和睦"指数为例,实现家暴精密智控,通过系统自动生成婚姻家庭矛盾纠纷排查化解分类报表,按区域统计汇总家庭暴力案件的万人发生率、及时核实率、降色率、化解率、工作规范率、一次性化解率等6个维度的数据,通过算法模型,生成"连心和睦"家暴智控指数,形成家暴案件跟踪问效和预警预测机制。

2. 工作—全过程管理

指数涵盖评价、监测、预警、决策四大功能,整体框架基于"浙里家·连心桥"子应用,构建连心走访、连心和睦、连心增收、连心驿站、连心教育五大指数,全量覆盖妇联工作履职流程闭环重塑、平安社会基层治理、扩中提低群众增收、共同富裕基本单元、精神文明共同富裕等改革任务。

3. 服务—关键节点管控

引入层次分析法、无量纲化方法,建立层次模型、比较矩阵、判断矩阵,确定评价指标权重,科学开展工作绩效评价。如对"连心走访"指数6个三级指标项建立层次模型,通过算法分析诉求上报率和问题交办率等指标项之间的内在联系,进一步反映走访工作实效、存在问题等,提升执委走访工作效率。

四、践行"三化促改",推动数智妇联改革纵深发展

"浙里家·连心桥"相关应用着眼用服务促治理,以治理优服务,使妇联跨越信息化,完成了数字化改革从0到1的突破,重塑了妇联内部管理与外部协同的流程,在优化组织架构、拓展服务方式、规范工作标准等方面取得了一定成效。

（一）组织体系从层级式转向扁平化

"四必访四必应"应用作为应用基础底座,以妇联专兼职干部和执委为

主要工作力量,建立五级妇联组织体系框架和树状结构。"和睦e家"和"家庭教育"等子应用作为功能型应用,贯通接入各级重大应用数据库,实现数据互联互通,最大程度地发挥数据价值,实现数据、进度、功能等模块的一屏统揽、一屏掌控,形成自上而下的扁平化管理和自下而上的联动反馈机制。

（二）服务方式从单一式转向多元化

建立双线融合、双向互动机制,工作规范从非标准化转向标准化,形成可量化的工作评价体系,以数字化改革应用实战实效倒逼工作实绩的提升。基于"四必访四必应"应用推行"进家门、拉家常、送政策、办实事"执委履职一线工作法,基于"和睦e家"应用探索家庭暴力组团干预法和在线互动精准服务法,分类指导,服务妇女和家庭,形成"实践—理论—实践"的螺旋式工作推进机制。

（三）矛盾化解从被动式转向前置化

通过数字化改革,实现工作开展从被动到主动、从事后到事前、从处置到预防的转变。如家暴案件深化源头防治、加大多源打击力度,从后道被动干预延伸到前道主动介入,赋能家庭平安建设。探索将家暴施暴行为列入信用体系,用相对柔性的手段约束施暴者,进一步减少"民转刑"案件数,维护妇女权益。

儿童友好·善行未来

——嘉善县建设儿童友好型社会探索

罗　莺[*]

摘　要: 近年来,嘉善县遵循儿童友好的原则,勇于探索,积极创新,从儿童友好型教育综合体入手,由点到面,不断推广儿童友好的理念和实践。以儿童的视角和立场结合城市的未来和收益,把儿童友好融入城市发展的规划和建设,规划引领,项目支撑,三创合一,不断推进儿童友好工作的本土化探索,走出了一条"儿童友好·善行未来"的嘉善路径。

关键词: 儿童友好;城市;未来;探索

儿童是家庭的希望,是国家和民族的未来,对儿童友好是一座城市最大的善意和美好。2022年5月,嘉善县妇女儿童工作委员会发布《嘉善县开展儿童友好社区(村)建设工作的实施意见》,这是嘉善建设"儿童友好型社会"的一小步,也是"儿童友好"的星星之火洒向嘉善全域的一大步。嘉善的儿童友好工作在不断摸索的过程中,以点带面,步步为营,走出了"儿童友好·善行未来"的嘉善路径。

---

* 罗莺,嘉善县妇联党组书记、主席,研究方向为儿童友好、家庭教育和妇女发展。

一、由点到面,先行先试

儿童友好传递了人民至上的理念,展现了城市的人情温度与发展厚度。近年来,在嘉善县委、县政府的支持和引领下,在中国儿童中心的指导下,儿童友好的理念逐渐在全社会形成共识,儿童友好工作也逐步展开。

(一)设立全国首个儿童友好型教育综合体

2018年,中国儿童中心在全国范围内寻找"儿童友好型教育综合体"的合作单位,来到嘉善考察歌斐颂巧克力小镇,并抛出橄榄枝。同年11月,由分管副县长带队的嘉善考察团赴中国儿童中心主动对接。2019年7月,中国儿童中心、嘉善县人民政府、歌斐颂巧克力小镇三方签约,共建中国儿童中心儿童友好型教育综合体华东示范基地。2020年5月,歌斐颂巧克力小镇完成儿童友好项目的规划、设计和第一期改造。全国首个儿童友好型教育综合体落成,正式启航。

(二)授予全国首个"儿童友好使者"IP形象

2020年5月,嘉善县大云镇文旅IP云宝3周岁生日庆典上,云宝被中国儿童中心授予"儿童友好使者"称号,这也是中国儿童中心颁发的第一个"儿童友好使者"IP形象。云宝自诞生以来,出席了国内外上百场次的儿童活动,并将授权合作的产品销售收益通过浙江省残疾人福利基金会捐助给贫困儿童,它化身儿童的代言人、守护者,儿童友好的宣传员、播种者,让儿童友好的理念深入人心。

(三)创建全国首个儿童友好型城镇

在儿童友好理念的引导下,嘉善县大云镇主动对接中国儿童中心,寻求合作和指导,全方位推进儿童友好型城镇建设。2020年8月,由中国儿童中心主办的中国儿童友好型城镇创建交流会在嘉善举行,联合国儿童基金会、中国儿童中心、国家发改委等多位代表在会上做主旨发言。会上,嘉善县大云镇被中国儿童中心授予儿童友好型城镇创建先行先试单位。大云镇成为全国范围内首个儿童友好型城镇。

二、稳步推进，落实落细

3项全国首创高起点高质量地推动了儿童友好从理念到实践，为嘉善儿童友好工作的顶层设计、融合创新、纵深推进营造了良好的社会氛围，积累了丰富的工作经验，也为嘉善儿童友好型社会建设打下了坚实的基础。

（一）规划引领，营造政策环境

一是首次将"儿童友好型社会建设"纳入《嘉善县国民经济和社会发展第十四个五年规划和二○三五年远景目标纲要》。二是首次坚持以"儿童友好"原则指导儿童发展"十四五"规划的编制，并将建设儿童友好社区纳入民生实事项目。三是首次编制《嘉善县家庭教育发展"十四五"规划》，并以县妇儿工委的名义发文。三项重大规划形成合力，以"儿童友好"的理念，引领儿童事业高质量发展，并成为推进"两个先行"战略的重要抓手。

（二）三创合一，优化发展环境

一是建设儿童友好社区（村）。2022年5月，《嘉善县开展儿童友好社区（村）创建工作的实施意见》与《嘉善县儿童友好社区（村）创建细则》正式发布，强调要以儿童优先为原则，围绕儿童享受更高水平社会保障和公共福利，把儿童友好理念融入未来社区、共富乡村等建设中，共同打造儿童友好社区。二是整合提升妇儿驿站建设。系统整合妇女微家、儿童之家、家长学校等阵地，提升儿童学习、培训、交流、展示、议事参与的活动空间，作为乡镇（街道）、村（社区）儿童友好工作的主阵地。三是获批全省社区（村）家庭教育指导服务体系标准化建设试点。制定了《嘉善县社区（村）家庭教育指导服务体系标准化建设试点工作方案》，成立了嘉善县社区（村）家庭教育指导服务中心，以完善社区（村）家庭教育工作体系，强化家长、家庭的教育主体责任，促进儿童全面健康成长。

（三）培育十大项目，打造友好空间

嘉善县围绕"儿童友好学校、医院、场馆、公园、综合体、商业体、小镇、社区(村)、研学游线、交通线路"十大儿童友好项目建设，形成多元协作参与机制，营造儿童学习、生活的友好空间。

1. 1米高度打造适儿空间

以"1米高度看城市"的儿童视角、儿童立场将儿童友好理念融入城市的规划和建设。通过对空间、环境、设施的适儿化改造，为儿童提供可以独立参与、便捷使用的公共服务空间。1米高的书架、30厘米高的板凳、60厘米高的洗手台、17500套升降式课桌椅、1170间配备护眼灯具的教室，无不体现对儿童的关爱和尊重。

2. 3个"贴士"营造安全空间

儿童安全是儿童友好的基本保障，关注儿童诉求，考虑细节设计，3个"贴士"未雨绸缪，营造满足儿童使用需求的安全公共活动空间。一是柔软。用柔性材料打造儿童活动空间，减少儿童因碰撞造成的伤害，既满足了儿童游乐、探索、冒险的需要，也充分考虑了儿童的安全。二是醒目。一方面在儿童安全事故多发的场所，如河岸、电梯、栏杆等地，用醒目标识提醒家长和儿童注意安全；另一方面，在儿童流量较大的地方，比如学校周边的路口，用醒目标识提醒过往车辆注意避让，为儿童开拓安全空间。三是距离。用空间距离隔离危险，建设人行道栅栏、隔离绿化带、人车分流等设施，保障儿童的出行安全。用"人造"距离筑起安全屏障，发动志愿者参与斑马线守护、河道巡防等公益服务，让儿童远离危险。

3. 七彩童心塑造快乐空间

尊重儿童的成长发展规律，结合儿童教育培训、生活体验、课外实践的需要，建设适合不同年龄段儿童的室内外儿童活动场地，为儿童提供文体活动和阅读娱乐场所，让城市环境"有趣"起来。图书馆的"趴趴区"，为儿童提供了自由释放的空间。儿童疫苗接种等候区的游乐设施，缓解了儿童对医院的抵触心理。美丽乡村的寓教于乐设施，让儿童在游乐中接受自然教育。社区公园的游乐设施，让儿童在游乐中得以强身健体益智。

三、立足未来,赋能升级

立足未来,站在儿童的立场提升城市建设,使城市可以在未来立足。

(一)以"儿童友好"促进儿童事业发展

在儿童发展全过程中践行儿童友好理念,增加儿童的获得感、幸福感、归属感,增加儿童对城市的黏性,使之成长成才之后,能够反哺家乡,回归家乡。

(二)以"儿童友好"推进"青年友好"

以"儿童友好"推进"青年友好",改善低生育率,缓解老龄化压力。儿童友好指数,是年轻人才选择一座城、驻守一座城的重要评判指标,也是年轻父母愿意生育二孩、三孩的重要考量因素。"儿童友好"就是为青年人才准备的"真材实料",是更良好的营商环境。留住青年就是留住未来,投资儿童就是投资未来。

(三)以"儿童友好"提升城市品质

儿童友好空间可以让人心生友好,能从儿童的角度看城市,便也能从其他弱势群体的角度体验城市。在城市的规划和建设中,以"儿童友好"为支点,撬动"全民友好"建设,涵盖老年人友好、残疾人友好、孕妈妈友好、哺乳期友好等多个方面,让城市具有全生命周期"护航"能力,让市民生活更具质感。

(四)以"儿童友好"改善基层治理

提高社区空间和社区服务的儿童友好度,提升年轻父母社区活动的参与度,并以此为契机挖掘家长志愿者资源,提供更多的亲子家庭服务,增加社区黏合度。以此建立良性循环,打造年轻父母喜爱的城市"熟人社会",夯实社会治理的"友好基础"。

（五）以"儿童友好"发展儿童经济

"儿童友好"理念输入农业领域，倒逼农产品在绿色、有机、健康上下功夫，提升农产品的附加值。"儿童友好"理念植入工业领域，势必提高儿童商品的品质，推动儿童产业迭代升级，这也是儿童产业健康可持续发展的基本保障。"儿童友好"理念进入第三产业，可以聚集更多的儿童旅游、研学，从而反哺第一、第二产业。"儿童友好"不仅让城市富有魅力，也能为城市增加财富。

基于"儿童友好"理念带来的城市收益，越来越多的城市对"儿童友好"充满信心、满怀期待。儿童友好工作从理念到实践、从规划到实施、从方案到落地，既需要上层建筑的架构，也需要多跨协同的合作，更需要持之以恒的努力，多维度、多层次、多举措共同推进。一是优化体制机制。建议按照儿童友好城市创建的工作需求，优化儿童友好工作的管理体制和运行机制。成立领导小组、建立工作专班、强化资金保障、建立友好联盟、聘请专家团队……实现儿童友好建设的高质量、新突破。二是构建标准体系。研究制订实施方案，探索形成较为系统的建设指引，建立儿童友好各部门和行业培育机制，科学统筹综合推进。三是培育工作力量。政府部门要根据职能职责各司其职；儿童相关从业人员要提升运用儿童友好理念指导工作的能力，要积极培育为儿童服务的社会组织、专业社会工作者和志愿者队伍，集结各方力量，共同为儿童打造一个良好的生存发展环境。

共同富裕的海宁实践

——以"潮姐姐共富C计划"为例

张 烨[*]

摘 要：海宁市妇联紧紧围绕省妇联"共同富裕巾帼在行动"主题主线，创新实施"潮姐姐共富C计划"，从"富"有自信、"富"有成长、"富"有创新、"富"有责任、"富"有奉献5个维度，引领潮城姐妹以C位的主人翁姿态，实现自我成长和全面发展，把对美好生活的向往转化成共富发展的强大动力。

关键词："潮姐姐共富C计划"；共富；C位

2022年以来，海宁市妇联认真贯彻落实习近平总书记关于妇女儿童工作的重要指示精神，紧紧围绕浙江省妇联"共同富裕巾帼在行动"主题主线，对标嘉兴市打造"共同富裕典范市"的目标要求，创新实施"潮姐姐共富C计划"，树立新时代女性发展坐标，把对美好生活的向往转化成共富发展的强大动力。该项工作被《中国妇女报》专题报道。

一、发挥共富"雁群效应"，增强女性"C位"自信

市妇联充分挖掘不同层面的女性创业者，培育各类创业女性社会组织，发挥头雁领航、群雁齐飞的积极效应，推动共富同行。一是女企业家协会

---

* 张烨，海宁市人大代表与选任工委主任，研究方向为妇女发展。

"领航共富"。市女企业家协会已汇聚以规上企业会员单位为主体的女企业家130余名。市妇联全面走访会员企业,精准纾解企业困境,指导协会成立领潮巾帼党支部,常态化领办美丽庭院、创业帮扶、金融助村等实事项目,发挥新时代女企业家的示范引领作用。二是女性创智协会"牵手共富"。市妇联指导成立嘉兴市首家服务小微企业和初创业女性的社会组织——女性创智协会,经过多年的培育发展,已吸纳会员152名。协会围绕"学习、素质、发展、公益"主题,强化培训指导,搭建交流平台,促进女性创业创新由"小众"走向"大众"。三是一镇一品"拥抱共富"。为更好地服务农业女能手、女红巧手、民宿女主人、返乡女大学生以及闲置的女性劳动力和低收入群体,全市12个乡镇(街道)妇联结合当地产业实际,八仙过海,各显神通,创新推出以成长培训、增收就业为主要内容的"潮姐姐共富C计划"子项目12个,涵盖来料加工、文旅赋能、跨境电商等多行业多领域,帮助近千名姐妹实现家门口灵活创就业。如:商业经济发达的海洲街道,依托银泰商圈,探索打造"巾帼云创"新模式;农业发达的丁桥镇,巾帼新农人居多,通过组建"钱塘姐妹"农创客联盟,带动女性创业者抱团发展;长安镇妇联培训、培育来料加工经纪人22名,帮助176名低收入农户和困难妇女增收致富,人均增收最高达3000元/月。

二、搭建共富"成长平台",促进女性"C位"成才

针对不同女性的成长需求,市妇联多维度搭建平台,促进潮城姐妹赋能成长、蓄势前行。一是"姐妹学堂"话共富。市镇村三级妇联全面开设"姐妹学堂",制定可供基层自由点单的"姐妹共富菜单",通过"点单"和"派单",宣传共富理念,传播共富技能。目前,"姐妹学堂"师资队伍已扩充至256名,菜单课程达379堂,截至2022年8月底,已开课511堂(次),参与群众2.1万人次。二是"双百结对"促共富。组织创业女性走进浙江大学国际校区、浙江财经大学东方学院等高校深造学习,提升综合素质。实施百名创业女性与百名女大学生结对工程,选聘优秀创业女性担任创业导师,为女大学生提供实践基地和锻炼平台20余个。三是"潮姐就业"带共富。与市人社部门合作开发"潮姐就业"灵活就业平台,满足用人单位和女性劳动者对灵活用工和

灵活就业的双向需求,以智能大数据精准对接用人单位和就业者的供需匹配,已为居家女性提供来料加工、远程办公、数字文旅、电商主播等灵活就业岗位近800个,接下来将有效对接"家门口创就业"数字化平台。

三、运用共富"杠杆思维",助力女性"C位"出彩

通过群团联动、部门合作等形式,链接资源,借势借力,推动共富走深走实。一是"海商基金"促发展。联合市工商联成立2000万元"海商·潮姐姐共富C计划"冠名基金,以小资金撬动大发展。12个镇街妇联与属地商会分别签约,就具体项目、资金安排、合作方式进行协议明确,有效破解基层妇联资金、信息、岗位等方面的问题,全方位助力潮城姐妹同奔共富之路。二是"青蓝益家"强合作。以"共富家庭建设"为切入口,会同工商联、女企协、新生代联谊会成立"青蓝益家"共富联合体,形成"资源共用、信息共通、项目共办、难题共解、成果共享"的"五共"工作机制,实现互联互通、共富同行。三是"丽人有约"领风尚。成立时尚产业丽人联盟,集聚皮革、家纺、经编等产业协会和女企业家协会、女性创智协会等女性社会组织,举办"丽人有约"展示活动,让时尚女性成为潮城海宁的时尚代言人。会同市商务局,开展网络"丽主播"培育选拔赛以及电商资源对接活动,选树"潮城丽主播"17名,开展"她声音"微电商创业分享、"带农产品飞上天"等主题活动10余场。

四、发展共富"美丽经济",推动女性"C位"创新

汇聚本地优势资源,推动共富典范引领,组织动员全市妇女群众建功新时代。一是选树"巾帼共富带头人"。把握短视频直播带货风口,挖掘和选树巾帼共富带头人20余名,积极为海宁的时尚产业、特色景点、家乡味道等宣传代言。浙江省巾帼建功标兵、嘉兴妇联执委沈建利,成立泥土香专业合作社,开辟"网上直通车",带动周边1900多户村民种植槜李,将所在的双丰村打造成为浙北槜李第一村,平均每户增收4000多元,全村增收600多万

元。二是打造"巾帼共富示范带"。将美丽庭院示范点、示范村和富有妇联元素的姐妹微家、创业基地、巾帼民宿等串点成线，策划打造乡村振兴巾帼共富旅游线路，使农村妇女在发展生态农业、休闲观光农业、农家乐等新型农业产业中施展才能，增收致富。成功打造"果园飘香""桑梓钱塘""花漾年华""花溪侠影"等巾帼共富示范线，累计接待游客165万人次，经济总收入超千万元。三是开设"潮姐姐共富集市"。市镇两级妇联同步开设"潮姐姐共富集市"，将"妈妈的味道""妈妈的手作"等作为集市的主推项目，融入海宁特色元素、汇聚本土文创产品，抱团打造女性创业成果展销的共富集市，以"潮"集市激活"潮"经济，现已开展26场次，经济收入达百万元。

五、践行共富"共享理念"，彰显女性"C位"担当

引领潮城姐妹勇担社会责任，用善行善举践行使命。一是"青蓝书房"暖童心。聚焦海宁市域范围6～16周岁孤困儿童，重磅推出"青蓝书房"公益项目，众筹资金300万元，推出千户贫困家庭书房焕新、赠送千套家教课程、招募千名"社会妈妈"四季陪伴等举措，推动先富带后富，引领家庭共成长。截至2022年8月底，已完成586套书房焕新，652名社会妈妈参与暖心陪伴。二是"东西协作"显真情。深入开展"情暖黑水"对口帮扶，线上线下强联系，扶智扶志相结合，常态化开展互动交流、项目支持、爱心捐赠等，累计向四川黑水、青海都兰两地妇联捐赠资金和爱心物资230余万元。三是"山海姐妹"一家亲。与武义县妇联签订"山海姐妹助共富"战略合作协议，建立常态化紧密型工作联系协调机制，向武义困境儿童捐赠"青蓝书房"50套，携手同奔共富路。

六、结　语

海宁市妇联将深入推进"潮姐姐共富C计划"，激励基层妇联争先创优、项目抱团，引领更多的潮城姐妹成长成才、创业创新、出圈出彩，为勇当"两个先行""两个率先"示范表率贡献巾帼智慧和力量。

基层妇联创建党建工作品牌的实践与探索

——以"娇女红帆"为例

李 媛[*]

摘 要：党建品牌创建是新形势下加强和改进妇联党建工作的有益实践，是激发基层党组织生机与活力的创新举措。近年来，椒江区妇联坚持"融入中心抓党建、抓好党建促发展"，聚焦党建与业务双融合，着力构建制度化、常态化"娇女红帆"党建品牌工作体系，切实把党的建设政治优势转化为推动妇女工作高质量发展优势，为妇联加强基层党建工作提供经验和思路。

关键词：党建；品牌；娇女红帆

全国妇联主席沈跃跃在全国妇联十二届三次执委会上强调，妇联组织要坚持以习近平新时代中国特色社会主义思想为指导，着力强化思想政治引领，着力服务党和国家工作大局，着力深化妇联改革，着力加强党的领导和党的建设，推动新时代妇联工作高质量发展。坚持党的领导、加强党的建设，是妇联组织增强政治性、先进性、群众性，做好引领、服务、联系妇女工作的根本保证。台州市椒江区妇联坚持"党建带妇建、妇建促党建"的工作理念，围绕全区"质效党建、赋能发展"机关党建提升行动部署，打造"娇女红帆"党建工作品牌，狠抓妇女思想政治引领，推动党建业务融合互促，切实将

---

* 李媛，台州市椒江区医疗保障局党组书记、局长，研究方向为妇女发展。

党建工作成效转化为推动辖区妇女工作高质量发展的强劲动力。

一、"娇女红帆"党建工作品牌的基层实践

椒江区妇联结合辖区实际,将妇女工作融入党建工作格局,搭建"红帆领航""红帆聚力""红帆强基"三项工作体系,打造有温度、有特色、有力量的党建工作品牌。

(一)奏响红帆领航"进行曲","三化"模式添动能

以高度的政治自觉推动习近平新时代中国特色社会主义思想在基层妇女群体中走深走实,引领广大妇女坚定不移听党话、跟党走。

1. 理想信念教育常态化

将理想信念教育纳入辖区妇女干部培训的重要内容,用习近平新时代中国特色社会主义思想武装妇女干部头脑,把习近平总书记系列重要讲话、党章党规、"四史"等内容作为党员学习必修课。创新学习机制,"线上+线下""集中学+体验学"双结合,开办"夜学班""周学班""睡前班"等,采用专题、讲座、三句半等多种形式,谈感受、话成果,保障学习质效。

2. 主题宣教活动分众化

成立"和合姊妹"宣讲团,按照"群众点单—中心派单—和合姊妹接单"运作模式,以"百年风华""聚'椒'党史""党的女儿"为核心教案,开展进社区、进学校、进家庭、进场所、进企业、进田间地头的"六进"主题宣讲活动。结合女性宣教工作特点,通过唱红歌、绣红旗、红色剪纸等特色宣教形式,分层分类推动党的理论创新成果在基层妇女群体中入脑入心。

3. 平台阵地建设标准化

高质量打造台州市首家"巾帼垦荒学院"女性红色教育基地,构建"1+2+3+4+5"工作模式。以继承弘扬大陈岛垦荒精神为主线,以建设陆上巾帼垦荒学院和岛上巾帼垦荒学院为两大阵地,打造女性红色教育、女性素养提升和美好生活实践三大基地,组建覆盖全区社会各界女性的红色基因队、巾帼头雁队、大陈渔嫂队、创新女杰队四支"垦荒娘子军",实施好守正创新

"巾帼·红色引领"、乡村振兴"巾帼·创富建功"、暖心服务"巾帼·维权关爱"、幸福安康"巾帼·家庭涵育"和担当有为"巾帼·改革深化"五大工程。依托基层妇女之家、儿童之家建设"党史学习教育厅",谋划有学习内容、有学习载体、有学习制度、有学习心得的"四有"建设标准,开展青少年党史课堂、"光影中的党史"亲子观影沙龙、亲子红色绘本阅读、红色直播、红色游考等活动,建立打卡赢积分、"星级家庭"评选等制度。

(二)奏响红帆聚力"协奏曲","三力"并进提质效

坚持围绕中心、服务大局的工作主线,紧盯辖区妇女儿童和广大家庭的实际需求,引领广大妇女勇做奋进者、开拓者、奉献者。

1. 创先争优激活力

实施三八红旗手(集体)培育工程,挖掘推广在各行各业奉献有为、贡献突出、影响广泛的先进妇女和组织。打造三八红旗手(集体)工作室,以"陈招领三八红旗手工作室"为领衔,建立"廉心工作室"等6个三八红旗手(集体)工作室,使其成为服务群众的重要窗口。加大巾帼文明岗推荐培育力度,培育优质的精品岗、特色岗,助力妇女在建设"重要窗口"主战场建功立业。

2. 惠民利民增效力

实施"巾帼共富有我·一人一实事"妇联执委领办项目,领办民生实事162项。创设"伊家和"家事调解工作机制,搭建"2+8+N"的家事调解工作网络,设立区级"伊家和"家事调解工作站2个,8个镇街分设"伊家和"家事调解工作室,村社及"四新"组织设立N个"伊家和"家事调解点,切实推动妇联家事调解工作重心下移。创新婚姻家庭纠纷化解工作品牌,"剧论""漫说""智调"三维度擦亮品牌。推进"五心级"家庭建设工作,围绕"润心厅堂""静心书房""爱心厨房""匠心庭院""暖心港湾"载体构建系统化工作格局。承办第二届浙江省家政教学技能大赛,引进上海高端家政服务,成立巾帼家政联盟,推动家政行业高质量一体化发展。完成22家市级示范型"儿童之家"建设,打造"云上"冬令营等品牌活动,形成"一家一品"的品牌效应。

3. 深化协作聚合力

整合高校、区女企业家协会、村社妇女组织三方资源,搭建巾帼共富联

盟,实现创业创新交流展示、结对帮扶、技能培训、就业吸纳等功能的一站式汇集。在文创产业园、小微企业园、电商产业园培育巾帼共富示范点,依托园区妇建共同体,促进园区内信息共通、资源共享、活动共办,形成对区域行业的增长引领力和正向推动力。

（三）奏响红帆强基"共鸣曲","三阵"联动增活力

强化党建引领,深化妇联改革,以组织覆盖、队伍培育、机制创新为主要内容,扩大妇联工作覆盖面。

1. 构筑妇联组织建设矩阵

积极培育"四新"领域妇联组织,在非公企业、文创园区、社会组织等领域中灵活多样建设妇联组织,织密基层妇联组织体系,激活基层组织神经末梢。实施女性社会组织"倍增计划",孵化社会所需、有发展潜力、专业化的女性社会组织。椒江区女性社会组织参与实施"伊家和"家事调解工作、"阳光心晴"心理咨询、"家庭辅导员成长计划"、"和合姊妹"垦荒嫂巾帼志愿服务等23个项目,实现了女性社会组织由"服务对象"向"工作力量"的转变,有效拓展了妇联的组织覆盖、工作覆盖和服务覆盖。建立区、街道(镇)、村(社区)三级执委工作室(站),推行"掌上微网格＋线下网格"工作模式,严格落实"四必访"工作。

2. 培育女性人才队伍雁阵

实施"巾帼雁阵培育计划",遴选村"两委"女干部、村妇联班子和执委、"双学双比"女能手、巾帼致富带头人、村级女后备干部、女企业家等各类优秀女性,梳理"巾帼头雁档案库",推荐各领域优秀女性参政议政。开展"红帆聚力 巾帼共富"巾帼头雁示范培训,强"头雁"、领"群雁"、带"雏雁",提升妇联干部履职能力。

3. 打造妇建工作品牌方阵

以街道(镇)为单位,推行"党建＋妇建＋服务项目"融合工作模式,开展基层妇联工作品牌创建,打造"一街一品"工作格局。如:白云街道妇联常态化开展"红帆领航 阳光成长"大陈岛垦荒精神实践营,破解假期儿童托管难题;下陈街道妇联实施"党史贝贝"项目,强化红色主题教育,关爱帮扶低保低边儿童;洪家街道妇联推进"百首红歌颂党恩""百年红色寻印记"等"十个

百"领航活动,凝聚巾帼力量。累计创建衍生品牌30余个,有效发挥以点带面的示范辐射效应。

二、"娇女红帆"工作品牌的成效

"娇女红帆"党建工作品牌具有鲜明的妇联特色,经过长期实践探索,取得了显著成效,实现了党建与妇建工作同频共振、互促共赢。

(一)在学深悟透中强化初心使命

引导党员干部深入、系统学习贯彻习近平新时代中国特色社会主义思想,进一步强化了全心全意为人民服务的宗旨意识,补足了精神之"钙"。打造立体化女性宣教工作模式,有效提升了妇女思想政治引领工作的针对性和实效性。线下开展"六进"主题宣教活动百余场次,覆盖辖区群众2万余人次;线上推出"和合姊妹"讲党史、"红色直播间"等栏目,总阅读量超10万人次。

(二)在深度融合中提升履职水平

紧贴辖区重点妇女工作谋划党建品牌,做到党建和业务工作同部署、同督导、同落实,确保始终沿着正确方向统筹推进各项工作,有效破解"两张皮"问题,取得了党建和业务双提高、共促进的良好效果。创新打造多项妇女工作品牌项目,如"五星级"家庭建设、"伊家和"家事调解、"台州制造进万家"行动、"学百年党史 传红色家风"党史学习教育进家庭,被《中国妇女报》等国家级媒体报道30余次;景元家庭建设综合服务中心的打造得到台州市委书记的高度肯定;"伊家和"家事调解工作室入驻椒江区社会矛盾纠纷调处化解中心,入选首批浙江省婚姻家庭纠纷化解品牌工作室。

(三)在全域统筹中培树共建理念

强化"党建工作拓展到哪里,妇建工作就拓展到哪里"的工作理念,在深化区域化妇建和巾帼共富联盟建设的探索过程中,推动妇联组织覆盖在"四新"领域得到拓展延伸,妇联工作覆盖实现新突破,构建起更加立体、多元、紧密的妇联组织体系,有效扩大了妇联的"朋友圈",夯实了社会治理的基础。如依托老粮坊文创园打造椒江区"巾帼园",成立园区妇联组织,实施红色引领、文化引领、双创引领三大工程,为园区妇女提供就业创业指导、女性维权、公益帮扶等服务,帮助女创客解决人才招聘、创意设计、成本控制等难题,形成老粮坊内部商圈资源共享互促。

三、强化"娇女红帆"工作品牌的思路与举措

"娇女红帆"党建品牌的创建有力推进了辖区妇女工作的创新发展,椒江区妇联将继续深化探索,以守正为轴承、以创新为齿轮、以融合为基带,提升品牌的规范化、精品化水平。

(一)找准切入点,做靓党建品牌大文章

坚持以妇女群众需求为导向,以妇女群众满意度为衡量标准,丰富"党建＋妇建＋服务"工作模式,将党建品牌的核心内容与回应辖区妇女群众所需所盼深度融合,找准切入点,做好结合文章,坚持"以小见大",创新方式方法,在队伍、机制、阵地等方面加强探索,统筹发力,不断深化党建品牌内涵。

(二)加大推广度,擦亮党建品牌金名片

拓宽宣传渠道,依托各类平台打造多元化宣传模式,增强党建品牌的影响力和知名度。同步推进基层妇联组织"一街一品"项目创建工作,形成品牌特色竞相迸发、百花齐放的良好态势,凸显集群化的品牌辐射效应。

(三)凝聚巾帼力,点燃党建品牌强引擎

充分发挥党建品牌在推动辖区妇女助力共同富裕探索中的积极作用,大力实施"巾帼共富有我"行动,打造椒江区"巾帼园"、下陈街道鲜花港巾帼联盟等区域化巾帼共富示范点,引导广大妇女厚植共同奋斗、实干出彩的思想基础和价值取向,努力培育巾帼共富的"抱团"样板。

党建的品牌化建设是一项需要长期开展、守正创新的工作,需要全方位的支持和理解,需要基层妇联和党员群众的集思广益为其输送与实际情况相符的新想法、新建议。厘清妇联中心工作和党建品牌建设之间的关系,理解品牌建设中社会效益和经济效益的关系,有助于发挥品牌建设对于党的建设的积极作用,提高人们对于品牌创建工作重要性的认知,使党建品牌化建设得到全党和广大人民群众的关注和认同,成为做好新形势下妇联党建工作的有效抓手和重要途径。

文成县"三留守"服务实践探索

——以"芳邻守望"公益计划为例

文成县妇联

摘　要:文成县是浙江省第二大重点侨乡,留守妇女、儿童和老人较多。鉴于此,文成县妇联自2019年启动"芳邻守望"公益计划,通过建立3项制度、强公益计划保障,推出三大举措、强公益计划队伍,加强"三项联动"、聚公益计划合力,紧盯3个环节、强公益计划服务等举措,积极探索"三留守"人员关爱服务模式和"侨留守"服务机制,让他们真正感受到党的关怀和娘家人的温暖。

关键词:"三留守";"芳邻守望"公益计划;服务

文成县是浙江省革命老根据地县和第二大重点侨乡,总人口41万,有2/3的人口在县外、国外从业,其中华侨18万。文成县"三留守"人员较多,截至2022年,有留守儿童5387名、留守妇女3576名、留守老人8969名。

习近平总书记在党的十九大报告中提出"要完善社会救助、社会福利、慈善事业、优抚安置等制度,健全农村留守儿童和妇女、老年人关爱服务体系"。为深入贯彻习近平总书记重要指示精神,充分发挥留守妇女参与乡村振兴、村庄治理的独特作用,引导留守妇女争做留守老人和留守儿童的关爱者,做乡村振兴和基层治理中的建设者、享有者、受益者,文成县妇联于2019年7月启动"芳邻守望"公益计划,在省、市妇联的精心指导下,积极探索"三留守"人员关爱服务模式和"侨留守"服务机制。

至2021年,文成县妇联打造了9个"芳邻守望"精品村、51个示范村,其他村均因地制宜、量力而行开展关爱"三留守"人员服务行动。2021年,依托"大明通宝""双邻里空间"等数字化平台,通过联合相关部门、引进社会资源、整合活动阵地等加强联动协作,以"芳邻志愿者"爱心超市、邻里口袋公园等创新方式在南田镇武阳村、百丈漈镇石庄村、峃口镇新联村探索"线上+线下"服务"三留守"人员新模式,推进"芳邻守望"数字化改革。这项工作收获了领导点赞、社会好评和群众口碑。

一、建立三项制度,强公益计划保障

为了构建"三留守"人员长效工作机制,加强对农村留守儿童和妇女、老人及困难儿童的关爱服务,文成县妇联从机构、人员、经费、奖励等各个方面完善体制机制,做好项目保障工作。一是建立组织保障机制。在县级层面上,成立以县妇联主席为组长的"芳邻守望"公益计划指导小组;在镇级层面上,成立以镇党委书记为组长的"芳邻守望"公益计划领导小组;在村级层面上,成立以村党组织书记为组长的"芳邻守望"公益计划监管小组。切实将"芳邻守望"公益计划作为党建带妇建的有力抓手。公益计划由镇党委领导、县妇联指导、村"两委"监管,由村妇联负责具体实施。二是建立经费保障机制。通过上级妇联、县妇女儿童关爱基金补助一部分,镇财政配套一部分,村集体经济安排一部分,爱心企业和乡贤募捐一部分的方式筹集"芳邻守望"公益项目经费,要求精品村公益项目经费不少于6万元/年,示范村不少于4万元/年。三是建立激励机制。"芳邻守望"公益项目实行服务积分制,同时设立爱心超市。服务积分由专人负责管理,积分可以用于到爱心超市兑换洗漱用品、绿植、厨房用品、床上用品、农用工具等实物,也可选择健康体检、美容健身、外出游学等服务,并视积分情况、帮扶对象满意度推荐参加"文成好人""道德模范""最美芳邻"等荣誉评选。

二、推出三大举措，强公益计划队伍

为了实现因人施策的"精准关爱"，着力提升关爱服务的精准度、有效性和覆盖面，坚持从严把关、优中选优、精心培育队伍、适时推送人才等提升队伍业务素质，助力"芳邻守望"公益项目落实落细。一是选优服务队员。在村妇联推荐和妇女自荐的基础上，通过审核、表决和公示，将有服务意愿和服务能力的村留守妇女吸纳为"芳邻守望"公益项目"鹤城大姐"服务队队员，引导留守妇女关爱留守老人和儿童，鼓励支持留守妇女为推动文成绿色高质量发展贡献力量。现已有1857名妇女加入"鹤城大姐"服务队。"芳邻守望"公益项目"鹤城大姐"队伍中归国创业的"侨妹子"指导留守的姐妹们学习咖啡制作、西餐烘焙、红酒品鉴等技能，并将有相关能力的留守妇女吸收到自己创办的文创工作室、特色民宿、酒庄、咖啡吧，帮助侨留守妇女实现在家门口就业。二是精心培育队伍。根据"三留守"人员的服务需求，举办养老护理等家政服务培训35期，开展亲子沟通讲座、相关权益和优惠政策解读等105场，开设留守妇女学党史专场，努力打造一支"党性好、业务精、能力强、作风正"的"芳邻守望"公益项目铁军。培树"最美芳邻"32名，以榜样力量感召其他留守妇女学先进、传播美、讲奉献。同时，引导队员积极参与扫黑除恶、五水共治、乡村振兴、垃圾分类、美丽庭院创建等中心工作，不断提高大局意识，提升妇女的政策水平和能力，为助力乡村振兴、实现共同富裕贡献巾帼力量。三是适时推送人才。将项目实施过程中脱颖而出的政治觉悟高、综合能力强的19名妇女推优入党、纳入干部后备人才库。峃口镇新联村留守妇女胡某通过"党日共学"光荣入党，又因在"芳邻守望"计划实施中表现突出，被推荐为新一届村党支部副书记人选。同时，在项目实施中培育一批精通家政服务的留守妇女，通过成熟一名、输送一名的模式，将27名服务队员推向市场，帮助留守妇女实现就业，促进留守妇女创业，充分发挥项目"输入"和"输出"的独特作用。

三、加强三项联动,聚公益计划合力

近年来,文成县各地各部门加强协同联动,积极发动社会工作机构、志愿者组织参与项目,因地制宜、因时制宜,采取线上线下相结合的方式,灵活开展"三留守"人员关爱服务活动。一是联合相关部门。整合民政、文明指导中心、团县委、金融、文旅、人社、教育等部门的多方普惠政策及资源,开展民政救济、农村低保、小额贴息贷款、居家养老、婚姻家庭指导、女性素质提升、送文艺下乡等服务。文成县妇联为促进"家校社医"合作,开展了"四步走"工作方法。在心理健康方面,加强宣传教育,高频次开展家庭教育知识讲座、家长心理健康成长沙龙、青少年心理健康教育进校园活动,营造有利于儿童心理健康的良好家庭环境,挖掘整合红色文化、孝道文化、侨乡文化、刘基文化,持续开展"百场课堂进万家""百个家庭公益行""百首红歌我来唱"等系列活动100余场,发动3000余户家庭参与活动。此外,还针对特殊家庭儿童,结合"四必访"工作,对贫困、留守、流动、单亲、残疾、遭遇校园欺凌、丧亲等处境不利儿童,配合学校、村(社)及时给予心理疏导和心理支持,整合部门、镇村、学校、社会资源,形成多方关爱儿童心理健康的合力,以及提升心理健康服务能力,成立县妇联家庭综合服务中心心理咨询师团队,与温州第七人民医院签订儿童青少年心理健康服务合作项目。二是引进社会资源。通过召开现场会和文艺演出,展示项目成果,提升项目知名度和美誉度,吸引同心圆婚姻家庭服务中心、家庭教育工作者协会、四季青志愿服务队等社会组织进驻项目,开展个案辅导、团体辅导等服务,为做好"芳邻守望"项目争取更多"外力";吸引在外企业家和热心人士为"芳邻守望"项目捐资51.2万元,有效实现爱心的传递和延伸,温暖更多"三留守"人员。三是整合活动阵地。充分盘活闲置资源,利用村(社)党群服务中心、文化礼堂、居家养老服务中心、儿童之家、妇女之家、春泥计划点、乡村大舞台等场所,做大"服务圈"、拓展"参与面"。已有34个儿童之家完成规范化建设并投入使用,基本实现乡镇和重点村(社区)全覆盖,其中2所儿童之家获评省级示范性儿童之家,16所儿童之家获评市级示范性儿童之家。

四、紧盯三个环节，强公益计划服务

为真正把服务送到"三留守"人员家门口，"芳邻守望"公益计划对"三留守"人员实行信息动态管理，针对不同对象提供更加精准的管理和服务，对失能老人、残疾儿童等留守群体给予特殊关爱，通过清底建档、结对帮扶、监督指导等有效措施切实增强"三留守"人员的获得感、幸福感、安全感。一是摸底建档定清单。实现一户一档。"芳邻守望"公益计划通过网格化深入走访，对村"三留守"人员家庭基本情况、生活爱好、健康状况、就学情况、现实困难以及所期所盼等全方位进行摸底调查并以户为单位建档立卡，现已在60个村建档3416户。制定一人一清单：根据每位服务对象的需求，制定1人1份"1＋X"服务清单，1是指常规服务项目，X指自选服务项目，实现精准化。比如，留守人员柯某患有尿毒症，其老伴去世、子女常年在外，家庭困难，为他制定的常态化服务项目是：一日一走访、一天一打扫、一周一连线、一周一清理、半月一修剪。按需服务项目是：送餐、病养陪护、申请困难补助、代购常规药品、其他需求。二是认领结对精服务。实现一对一帮扶。"鹤城大姐"服务队队员根据与服务对象地域就近、服务能力与服务需求相匹配的原则认领一名服务对象，根据服务清单要求开展日常关爱、照料等服务。三是加强监管促提质。将含有服务队员姓名、联系方式、服务清单等内容的服务亮相牌挂在服务对象家门口醒目位置，通过一户一亮晒，接受群众监督，确保服务有效落地。监管小组指定专人对服务开展情况进行一月一汇总、一月一反馈。服务汇总情况在"芳邻守望"监管小组扩大会议上进行反馈，由组长点评、指导，监管小组会议核定服务积分。服务积分实行一季一兑换。

五、结　语

近年来，通过"芳邻守望"精品村、示范村的打造，把脉"三留守"人员需求，延伸关爱"三留守"人员服务手臂，凝聚更多社会力量互促互补，为做好

"芳邻守望"公益计划争取了更多更专业力量的投入,让老人老有所乐、让孩子童年快乐、让妇女生活幸福。文成县将进一步深化"芳邻守望"公益计划,推进"芳邻守望"数字化改革,让"芳邻守望"工作有特点、有亮点、出成效,让"三留守"人员真正感受到党的关怀和娘家人的温暖,让留守妇女在促进家庭幸福、邻里和睦、乡风文明、社会和谐中彰显更大作为。

庭院经济的海盐实践

——以"巾帼共富·庭院共享"项目为例

谢凤英　钱天艳*

摘　要:实现共同富裕是社会主义的本质要求,是人民群众的共同期盼,而要实现共同富裕,乡村振兴是必由之路。海盐县妇联牢牢把握乡村振兴主旋律,以"优美庭院"创建为契机,探索庭院经济新模式——"巾帼共富·庭院共享",以庭院经济三联互融共享计划推动海盐的美丽庭院向美丽经济转化,实现"盐味"庭院经济助力"共同富裕"的海盐实践。

关键词:巾帼共富;庭院共享;庭院经济

近年来,海盐县妇联认真贯彻落实习近平总书记关于妇女儿童工作的重要指示精神,紧紧围绕省妇联"共同富裕巾帼在行动"主题主线,创新实施"巾帼共富·庭院共享"庭院经济三联互融共享计划,主要针对农村妇女,特别是三孩政策下的女性就业创业难、增收渠道少等现状,着眼于"优美庭院"创建的后半篇文章,将共同富裕的愿景目标传递到千家万户,激发广大家庭积极向上的生活理念。2020年以来,海盐县"庭院＋民宿"实现经济收益1600万元,"庭院＋阵地"实现经济收益18万元,"庭院＋文创"实现经济收益566万元,"庭院＋美食"等其他类型实现经济收益800万元。该项工作被《中国妇女报》专题报道。

---

* 谢凤英,海盐县妇联党组书记、主席,研究方向为妇女发展。钱天艳,海盐县妇联办公室主任,研究方向为妇女发展。

一、高位筹谋机制，引领"庭院共享"科学化发展

结合共同富裕，推出《"庭院共享"助力"共同富裕"海盐县打造庭院经济三联互融共享计划》共富方案，建立"庭院共享"三项助富工作机制。一是实施"联动合力筹谋"机制。建立"部门＋镇村＋创业导师"联动合力筹谋机制。整合部门政策资源优势、镇村试点平台优势、导师市场运营优势，组建由庭院经济发展相关部门如妇联、农业农村、商务、经信、市场监管、民政等，未来乡村培育点所在镇村以及女性创业发展导师队伍组成的联动筹谋组，建立会商推进、问题解决、宣传推广等工作机制，推进庭院经济有序发展。二是实施"联动叠加试点"机制。发展庭院经济试点先行，联动叠加未来乡村试点和美丽乡村精品线，2022年试点推进海盐通元镇雪水港和澉浦镇六里村的庭院经济发展，探索出"巾帼共富·庭院共享·海盐模式"的庭院经济雪水港路径和六里村朱家门经验。三是实施"联动共建互融"机制。着力构建"平台＋资源＋庭院"联动共建互融行动机制。以庭院为载体，整合闲置庭院供需、庭院绿植供需、来料加工供需、庭院农技服务供需、优美庭院经济秀等信息，打造云上庭院经济数字化服务平台，丰富庭院经济内容，通过梳理解决优美庭院示范户日常维护难点，将庭院打造成共享经济交易新集市。

二、精准施策带动，引领"庭院共享"成果性转化

围绕扩中提低，丰富"庭院＋"新业态，促进产业协同，抢抓数字化改革机遇等进一步精准施策，促进庭院经济的成果性转化。一是聚焦庭院经济扩中提低，推进"巾帼共富工坊"。以庭院为基础，汇集"来料加工"资源，引导来料加工在庭院内的产业化发展。目前来料加工点已实现9个乡镇街道全覆盖，相对集中的庭院加工点17个，参与女性达590人，2022年累计发放来料加工费达1078.25万元。在此基础上，挖掘典型，推进"巾帼共富工坊"工作，其中6个来料加工点已经转化为"巾帼共富工坊"。如通元镇雪水港村

庭院女主人胡婷以自家庭院为主阵地,实现服装加工收发单的创业发展,带动了该村30余户家庭提升经济收益。该村以此为典型,打造"遇见共富工坊"。二是聚焦"庭院＋"经济形态,实现庭院经济产业化转型。推出"庭院＋文创""庭院＋民宿""庭院＋美食""庭院＋阵地""庭院＋非遗"等多种具体形态丰富庭院经济新业态,增强庭院活力。如海盐女诗人兼"女创"马连芬(笔名白地)居住在澉浦镇朱家门,妇联通过专项经费拨付,将其所在的朱家门打造成嘉兴市优美庭院示范点,其所在"白地三影"庭院同步提质升档,其文创产品以"庭院＋"提高知名度,大力带动周边妇女就业发展。做实"妈妈的味道"产业化转型文章,用庭院空间赋能庭院女主人创业创新,推进庭院经济往纵深发展。如于城的庭院经济女主人金玲晓,从庭院作坊到创办"篁记"品牌,在妇联创业导师的大力扶持下,成立嘉兴乐冠食品有限公司,开设品牌门店,实现产业转型。三是聚焦庭院经济产业协同,紧跟数字化改革潮流。推出醉"秦"山水巾帼乐学游等10余条"乡村振兴巾帼旅游路线",将"优美庭院"融入路线,利用闲置庭院空间优势,未来乡村与美丽乡村精品线资源集聚优势,找准庭院与产业的结合点,打造庭院秀场,在庭院宣传展示企业产品或发布新品,互惠互利,推进产业协同嫁接经济新增长点。如朱家门集中展示各庭院主人的文创产品,实现展销结合。同时,用数字化手段提升庭院经济收益链。携手县相关单位,共同建立庭院经济云上集市,打通庭院、市场、资源三端多跨渠道,把以庭院为载体的所有供需信息发布、产品展示、互动交易一站式集成,通过数据汇集,阶段性分析供需变化。

三、巾帼赋能撬动,提升家庭参与"庭院共享"热情度

通过宣传引领、庭院赋能,凝聚巾帼力量,发动广大家庭,共同推进"庭院共享"路上的巾帼建功行动。一是做亮优美庭院四季"盐"色工作品牌。打造"四季盐色"优美庭院宣传品牌,在各平台上以视频形式展示四季庭院经济成果。《中国妇女报》以《浙江海盐:闹市中的"宝藏"庭院,富了"脑袋"和"口袋"》为题,报道了海盐庭院经济工作。二是推出"庭院六进",赋能"庭院五味"行动。动员巾帼村播直播进庭院、盐姐姐宣讲进庭院、执委工作室进

庭院、妇女微家进庭院、妇儿活动阵地进庭院、学生劳动教育进庭院,带动庭院人气,注入庭院活力。以"盐姐姐宣讲团"为载体,讲述诸如心舍、沫然小屋、江湖居、卷小冉的花园等一批庭院故事。在各大平台上多角度立体化宣传白地、冯呈艺、小森林、任美等一批有情怀的庭院女主人。推出"农味、原味、戏味、诗味、禅味"等一系列庭院"五味"。三是赋能"盐姐姐"庭院女主人行动。针对庭院女主人,在原有的农村实用女性培训、农家女素质课堂培训等基础上,依托县女性发展指导服务中心、妇儿活动中心,引入庭院经济培训课程、庭院经济运营指导培训等。制订每年、每季培训清单式计划,特别是加强对发展庭院经济农户的理念创新、技术扶持、畅通市场信息的服务,为发展庭院经济创造良好的空间氛围。针对庭院经济开展培训45场,培训庭院女主人325名,开展"盐姐姐"庭院经济秀5场。沈荡镇五圣村的董小霞通过在庭院里做手作售卖,秦山街道的马时芬利用自家庭院开办农家乐,已经实现了经济转化,获得了经济收益。

后 记

在推进浙江高质量发展建设共同富裕示范区的铿锵节奏中,《女性发展与共同富裕——浙江妇女研究(第六辑)》与大家见面了。本书内容以女性发展与共同富裕为中心,涵盖女性权益与法律保障、家庭建设与社会发展、妇女工作创新与实践等主题,由浙江省妇女研究会会刊《浙江妇女研究》2022年的优秀成果荟集而成。

《浙江妇女研究》创办于2016年,是由浙江省妇联主管、浙江省妇女研究会主办的学术性内部交流刊物。刊物以聚焦妇女话题、创新妇女研究、引领妇女发展为宗旨,立足浙江、面向全国,多学科、多视角、多层面地刊发妇女/性别研究成果。2017~2022年,《浙江妇女研究》共出版24期,刊发文章421篇,为创新妇女研究、引领妇女发展作出了自己的努力和贡献。在新的起点上,《浙江妇女研究》仍然秉承宗旨,持续刊发妇女/性别研究成果,在现有学术资源和编辑成果的基础上,踔厉奋发,接力开拓,力争拿出具有浙江特色和妇联标识的理论与实践学术成果。

在浙江省妇女联合会和浙江省妇女研究会的大力支持下,《女性发展与共同富裕——浙江妇女研究(第六辑)》出版了,本书凝聚了众多作者的辛勤劳动和智慧成果。浙江省妇女干部学校党委书记兼校长、《浙江妇女研究》总编陈步云,为本书的主题内涵、结构框架和内容编排进行了全面把关和精心指导。浙江省妇女干部学校副校长、《浙江妇女研究》常务副主编徐春法,为素材的筛选编排提出了具体合理的建议。徐士青、高立水、金朝霞等《浙江妇女研究》编辑部同仁,为素材的编校成型付出了辛勤努力。本书的出版,还得到了浙江工商大学出版社同仁的悉心指导与真诚帮助。在此对为本书出版付出努力的各位领导、作者、编辑和朋友们,一并表达我们的崇高敬意和衷心感谢。

　　《浙江妇女研究》创刊至今已有7年,聚焦妇女话题、创新妇女研究、引领妇女发展的使命宗旨始终不改,加强理论研究、深化实践探索、助推妇女工作的责任担当依然在肩。本书的出版,延续和体现了《浙江妇女研究》的办刊宗旨和初心使命。由于经验有限,时间仓促,本书难免存在不足之处,敬请各位专家学者批评指正。